Ulrich von Alemann / Rolf G. Heinze (Hrsg.)

Verbände und Staat

W0188361

Ulrich von Alemann / Rolf G. Heinze (Hrsg.)

Verbände und Staat

Vom Pluralismus zum Korporatismus.
Analysen, Positionen, Dokumente

Mit Beiträgen von

Ulrich von Alemann
Rüdiger Altmann
Heiner Geißler
Rolf G. Heinze
Gerhard Lehmbruch
Claus Offe
Friedrich Schäfer
Philippe C. Schmitter
Wolfgang Tönnesmann
Günter Verheugen
Heinz O. Vetter

2. Auflage

Westdeutscher Verlag

CIP-Kurztitelaufnahme der Deutschen Bibliothek

Verbände und Staat: vom Pluralismus zum
Korporatismus; Analysen, Positionen, Dokumente/
Ulrich von Alemann; Rolf G. Heinze (Hrsg.).
Mit Beitr. von Ulrich von Alemann ... — 2. Aufl. —
Opladen: Westdeutscher Verlag, 1981.
    ISBN 3-531-11488-3

NE: Alemann, Ulrich von [Hrsg.]

2. Auflage 1981

© 1979 Westdeutscher Verlag GmbH, Opladen

Umschlaggestaltung: Horst Dieter Bürkle, Darmstadt
Satz: Vieweg, Braunschweig
Druck: E. Hunold, Braunschweig
Buchbinderische Verarbeitung: W. Langelüddecke, Braunschweig

ISBN 3-531-11488-3

Inhaltsverzeichnis

VORBEMERKUNG

Zu lange sind die Verbände einseitig als „Interessengruppen" betrachtet worden, die als „pressure groups" durch Lobbyismus den Staat, vertreten durch Parteien, Parlamente und Administration, zu beeinflußen trachten. Diese auf den Staat fixierte Sicht wird erst in jüngster Zeit dadurch durchbrochen, daß der Staat selbst, und hier wieder Parteien, Parlamente und Administration, verstärkt auf die Verbände rückzuwirken beginnt. Eine „Lobbyliste" beim Bundestag, in die sich jeder Verband, der in Bonn verhandeln will, eintragen muß, ist nur ein bescheidener Anfang einer Debatte, die mittlerweile bei dem Entwurf eines Verbändegesetzes angelangt ist, mit der den gesellschaftlichen Großorganisationen innere und äußere Demokratiegebote auferlegt werden sollen.

Ziel dieses Buches soll es sein, diese aktuelle Debatte um Kontrolle der Verbände, d. h. auch um eine Neudefinierung des Verhältnisses von Verbänden und Staat, öffentlich zu machen. Denn sie hat sich bisher zu sehr in internen Entwürfen, Programmformulierungen, Vorträgen und Tagungsberichten abgespielt. Die *Dokumentation* am Schluß dieses Bandes macht damit die Materialbasis für die Verbändedebatte erstmals umfassend zugänglich.

Über die Dokumentation von Entwürfen, Beschlüssen und Standpunkten der Parteien und Großverbände zum Thema hinaus sollten authentische Aussagen von den beteiligten Kontrahenten in den Parteien und Verbänden selbst zu Wort kommen. Der Teil *Positionen* bringt deshalb Beiträge von den Akteuren der politischen Szene, die unmittelbar in der Sache engagiert sind: der Bundesgeschäftsführer der FDP, Günter *Verheugen*; der Generalsekretär der CDU, Heiner *Geißler*; der stellvertretende Fraktionsvorsitzende der SPD, Friedrich *Schäfer*; der Publizist und ehemals stellvertretende Hauptgeschäftsführer des DIHT, Rüdiger *Altmann*; und der Bundesvorsitzende des DGB, Heinz Oskar *Vetter*.

Schon die Spannweite der Argumentationen aus diesen Positionen — von der Rolle der Bürgerinitiativen, des Parlaments, der Parteien bis zu alternativen Repräsentationsmodellen, wie den Wirtschafts- und Sozialräten — zeigt, daß die Problematik einer Kontrolle der Verbände untrennbar verbunden ist mit allen wesentlichen Grundfragen nach der Verteilung von Macht und Herrschaft, nach Struktur und Wandel der bundesrepublikanischen Gesellschaft. Die *Analysen* von U. v. Alemann, für die Diskussion in der FDP, Wolfgang Tönnesmann für die CDU und Rolf G. Heinze für SPD und Gewerkschaften wollen versuchen, gerade diesen gesamtgesellschaftlichen Hintergrund der Verbändedebatte aufzuzeigen.

Auch hier stößt man bereits an die Grenzen der bundesdeutschen Diskussion. Es gilt, die Tendenzen einer allgemeinen Einbindung (Inkorporierung) der Verbände in einen gesamtstaatlichen Rahmen auf einen gemeinsamen Nenner, ein klares begriffliches Konzept zu bringen. Denn diese Tendenzen zeigen sich nicht nur in der Bundesrepublik mit dem Verbändegesetz, oder vielleicht ebenso deutlich mit der ,,Konzertierten Aktion" und auch in den Gewerkschaftsvorschlägen nach Bildung von ,,Wirtschafts- und Sozialräten", sondern sie werden generell in den liberal-demokratischen und kapitalistischen westlichen Ländern sichtbar — einmal stärker formalisiert, wie etwa in Österreich, ein anderes Mal mehr informell, wie in Schweden. Ein solches Konzept bietet sich mit dem Begriff eines ,,neuen", ,,liberalen" oder ,,pluralistischen" *Korporatismus* an, wie er in der angelsächsischen Diskussion bereits seit einigen Jahren intensiv und kontrovers debattiert wird. In der Bundesrepublik war von dieser Diskussion zunächst nur von konservativer Seite das Problem der ,,Unregierbarkeit" der postindustriellen Gesellschaften als Symptom der Verflechtung von Staat und gesellschaftlichen Gruppen bruchstückhaft herausgegriffen worden.

Mit einer *Einleitung* in diese Diskussion eines ,,neuen Korporatismus" (v. Alemann/Heinze 2.1.) wird zunächst eine Einführung in die aktuelle internationale Korporatismusdebatte gegeben.

Gerhard *Lehmbruch* liefert anschließend an den Überblick eine breit angelegte Darstellung über korporative Tendenzen in Europa und blickt von daher zurück auf die bundesdeutsche Situation. Claus *Offe* analysiert insbesondere die grundlegenden Aporien

liberaler Verbandsinstitutionalisierung als „ordnungspolitische Zwickmühle". Philippe *Schmitter*, der der Diskussion in den USA um die
Wiederbelebung des Korporatismus die entscheidenden Impulse
gab, faßt noch einmal seine Grundgedanken des Verhältnisses von
Interessenvermittlung, Korporatismus und Regierbarkeit zusammen.

Eine *Einführung* der Herausgeber schließlich versucht, die bisherige Behandlung des Themas Verbändeeinfluß in der Bundesrepublik übersichtlich zusammenzufassen. Vorliegende Forschung
und Literatur wird kritisch gewürdigt und ein kurzer Abriß der
Entwicklung des deutschen Verbändewesens geliefert.

Insgesamt will dieses Buch damit einen doppelten Zweck erreichen: in die theoretische Diskussion um Verbandseinfluß mit
dem neuen Begriff des Korporatismus einführen und zugleich am
Fall des Verbändegesetzes konkret Gründe und Konsequenzen
aufzeigen, um zu demonstrieren, war passiert, wenn die Institutionalisierung des Verbandseinflusses tatsächlich über rechtliche
Regelungen formalisiert wird.

Das Buch würde seinen Zweck erfüllen, wenn es sowohl der
sozialwissenschaftlichen Theorie als auch der politischen Praxis
in Parteien und Verbänden Impulse zur Diskussion und Weiter-
arbeit geben könnte. Wir hoffen, daß sich dieser Band durch die
doppelte Zielsetzung auch gut zur Einführung in die Verbändeproblematik für Studium und Weiterbildung eignet. Die Mitarbeit
von Autoren aus Wissenschaft und Politik, die in diesem Buch
gelungen ist, und denen wir an dieser Stelle für ihre Bereitschaft
herzlich danken möchten, könnte ein vielversprechendes Zeichen
für den immer noch vorhandenen Diskussionsspielraum zwischen
Theorie und Praxis sein.

Bonn/Bad Oeynhausen, Juli 1978   *U. v. A. / R. G. H.*

Vorbemerkung zur 2. Auflage

In erstaunlich und erfreulich kurzer Zeit ist eine zweite Auflage dieses Buches notwendig geworden. Der Grund liegt sicherlich nicht darin, daß seither die Tendenzen zur rechtlichen Kontrolle der Verbände durch den Staat drastisch zugenommen hätten. Eher im Gegenteil hat vielleicht der Teil des Buches, der die drohenden Folgen der Einbindung der Verbände durch Verbändegesetz — bei der FDP diskutiert — oder verfassungsrechtliche Sozialpflichtigkeitsklausel — wie bei der CDU debattiert — ein wenig mitgeholfen, diese Debatte als fruchtlos und auch als gefährlich zu beenden. Die Programme der CDU/CSU und der FDP zur Bundestagswahl 1980 gehen mit keinem Wort mehr auf eine Verstärkung der Kontrolle des Staates über die Verbände ein. Auch eine Grundsatz-Kommission zur politischen Rolle der Verbände, wie die Enquete-Kommission Verfassungsreform des Bundestages 1976 sie gefordert hatte, ist nicht gebildet worden — und zwar mehr aus Desinteresse als aus Uneinigkeit der Parteien im Parlament.

Kontrolle der Verbände durch den Staat mit den Mitteln des Rechts galt uns allerdings nur als ein typisch deutsches Exemplum allgemein wachsender Inkorporierung der organisierten Interessen in der Politik. Als Beispiel für eine derartige „Elitenkooperation" sei nur die formelle Kooperation in der Wirtschaftspolitik genannt, die unter dem Stichwort „Modell Deutschland" auch in andere europäische Länder exportiert werden soll. Aber auch auf regionaler Ebene finden wir neokorporatistische Politikmuster, etwa bei der Ruhrgebietskonferenz oder bei der Krisenregulierung in der saarländischen Stahlindustrie. Unter dem Stichwort liberaler oder Neo-Korporatismus ist diese grundsätzliche Debatte in der Tat seit Erscheinen des Buches stark verbreitert worden. An dieser Stelle kann dies mit nicht mehr als drei Streiflichtern skizziert werden.

— Neo-Korporatismus als Verbund von Staat, ökonomischen und sozio-politischen Großorganisationen hat sich in den liberal-demokratischen und kapitalistischen Industriestaaten zum Beginn der achtziger Jahre mehr informell als formal institutionalisiert weiterentwickelt. Seit der britische social contract scheiterte, die Konzertierte Aktion auch nach dem Mitbestimmungsurteil des Bundesverfassungsgerichts nicht wieder auflebte und die langjährige schwedische Tarifpartnerschaft in einem tiefgreifenden landesweiten Lohnkampf in Frage gestellt wurde, hat sich die Labilität und Krisenanfälligkeit von neokorporativen Aushandlungsprozessen erneut unter Beweis gestellt. Positiv ausgedrückt zeigte sich, daß die Option des „exit" und damit das Konstituens „liberalen" Korporatismus noch funktioniert.

— In der wissenschaftlichen Diskussion scheint sich in Konsequenz zur angedeuteten Entwicklung mehr der Konsens durchzusetzen, daß mit dem Neo-Korporatismus keine generell neue Ära oder ein neues Gesellschaftssystem heraufzieht, das gar den Kapitalismus ablöst. Vielmehr handelt es sich um eine diskrete Strategie, die nur in bestimmten Gesellschaftssystemen, nur von bestimmten Akteuren mit spezifischen Zielen, nur mit bestimmten, wechselnden Mitteln und Formen eingeschlagen wird.

— Schließlich ist drittens in der wissenschaftlichen Forschung der fällige Wechsel von der konzeptionellen Phase in die empirische Bearbeitung neokorporativer Entwicklungen anzuzeigen. Allein in der Bundesrepublik begannen in den letzten zwei Jahren eine Reihe von größeren Forschungsprojekten, die explizit oder implizit neokorporative Entwicklungen und Strukturen thematisieren wollen. So u.a. am Wissenschaftszentrum Berlin nationale und international vergleichende Untersuchungen zur Politik von Unternehmerverbänden (Streeck, Schmitter, u.a.); an der Universität Konstanz Projekte zu politischen und ökonomischen Bedingungen und Folgen von Wandel in Industriegesellschaften (Lehmbruch, Esser, Fach); an der Universität Bielefeld Forschungen gemeinsam mit dem WZB und Analysen in Sozial- und Gesundheitspolitik (Offe, Wiesenthal, Heinze); an der Universität Duisburg Projekte im Zusammenhang mit Regionalpolitik und Strukturförderung besonders im Ruhrgebiet oder auch an der FU Berlin, der Universität Mannheim und der Universität Tübingen. Die Herausgeber dieses Bandes selbst beginnen ein Projekt über korporative Strategien in der Umweltpolitik. Der Vorwurf spekulativer Bastelei an Konzeptionen ohne empirischen Unterbau verliert so immer mehr seine Basis.

Ein ausgewähltes Literaturverzeichnis von Veröffentlichungen zur Korporatismusdiskussion dokumentiert als neuer Anhang dieser zweiten Auflage die Weiterentwicklung der Diskussion. Den zahlreichen Rezensenten und Kritikern sei für ihre Auseinandersetzung mit diesem Buch gedankt. Obwohl Herausgeber und Autoren dieses Buches ihre Positionen weiterentwickelt haben, wie dem neuen Literaturverzeichnis zu entnehmen ist, hat uns das positive Echo ermutigt, diese zweite Auflage zunächst ohne wesentliche Änderungen im materiellen Teil herauszugeben.

Duisburg/Paderborn   *U. v. A./R. G. H.*

1. EINLEITUNG

Ulrich von Alemann, Rolf G. Heinze

Verbändepolitik und Verbändeforschung in der Bundesrepublik

Die aktuelle politische Relevanz der Parteien und Verbände springt ins Auge, wenn man sich Begriffe vergegenwärtigt wie *„Parteienstaat"* und *„Verbändestaat"*, oder in jüngerer Zeit *„Unternehmerstaat"* und *„Gewerkschaftsstaat"*. Unter diesen Schlagworten besitzt der „Gewerkschaftsstaat" die aktuellste politische Brisanz. Nachdem sich die größten drei Parteien der Bundesrepublik seit 1949 — mit damals insgesamt 72,1 % aller gültigen Stimmen der Bundestagswahl — in den beiden letzten Bundestagswahlen mit jeweils 99,1 % ein faktisches Tripol gesichert haben, ist kaum mehr kontrovers, daß wir mindestens *auch* in einem Parteienstaat leben.

War der „Parteienstaat" eher das Schreckbild der Weimarer Staatslehre, so beschäftigte die Furcht vor dem „Verbändestaat" eine politische Öffentlichkeit, in den fünfziger und sechziger Jahren, die durch eine *„Herrschaft der Verbände"* von Bauern, Vertriebenen, Arbeitnehmern, Unternehmern, Ärzten etc., die Autorität der freien Entscheidung der verantwortlichen Repräsentanten in Parlament und Regierung bedroht sah. Hier lag noch viel antipluralistisches Ressentiment gerade von konservativer und altliberaler Seite vor, das durch die stabile Entwicklung der Bundesrepublik nicht nur obsolet wurde, sondern geradezu umgekehrt in die Apologie des erreichten pluralistischen Kräftespiels umschlug. Verfemung, Duldung und schließlich Anerkennung — wiederholte sich also mit Verspätung bei den Verbänden. Die Verbändestaatsdiskussion überholt die Parteienstaatsdiskussion.

Während sich die „herrschende Meinung" mit dem pluralistischen Parteien- und Verbändestaat einrichtete, wurde dieser Grundkonsens zum Ende der sechziger Jahre vehement von einer marxistischen Kritik in Frage gestellt.

Aus der noch radikaldemokratischen Kritik am „CDU-Staat" wurde die Verurteilung des Staates des Kapitals, der Monopole, des *Unternehmerstaates.*

Im Gegenzug zu dieser Zuspitzung der Verbändestaatsthese auf die Allmacht einer Gruppe findet sich in den letzten Jahren immer forcierter das Schlagwort des *„Gewerkschaftsstaates".* Dieses Stichwort trifft heute auf das stärkste politische Interesse. In NRW wurde es zum Wahlkampfthema erhoben; der Deutsche Instituts- verlag des BDI publizierte ein Taschenbuch mit dem Titel „Auf dem Weg in den Gewerkschaftsstaat?"; in CDU und FDP begannen Überlegungen zu Vorschlägen für ein „Verbändegesetz", das nicht zuletzt auf die Gewerkschaften zielt.

Diese selbst nahmen die Kampagne von Anfang an sehr ernst und setzen sich damit auf Tagungen und in der Gewerkschafts- presse auseinander, z. B. in zahlreichen Beiträgen in den Gewerk- schaftlichen Monatsheften und in den WSI-Mitteilungen seit 1974 — einschließlich des Nachweises der unguten Tradition dieses Be- griffes, der zum erstenmal im Anti-Gewerkschaftsschrifttum aus dem Nationalsozialismus aufgetaucht sei. Eine Sozialwissenschaft, die sich politisch verantwortlich fühlt, ist deshalb aufgerufen sich mit dem Thema Verbände und Staat auseinanderzusetzen.

1.1 Überblick über Verbandsforschung

In der wissenschaftlichen Forschung wurde erst seit Mitte der 50er Jahre die Funktion und Stellung der Verbände im politisch-admi- nistrativen System stärker thematisiert. Dabei dominierten Unter- suchungen der juristischen Staatslehre, die im Einfluß der Verbände auf den Staat eine *Gefährdung der staatlichen Autorität* sahen und dies scharf kritisierten. Im Gegensatz zum angelsächsischen Bereich, wo die Repräsentation organisierter Interessen durch Par- teien und Verbände nie als ein großes Problem angesehen wurde, wirkte auf dem europäischen Kontinent und hier ganz besonders in Deutschland eine ausgeprägte staatsrechtliche Trennung von Staat und Gesellschaft bis in unsere Tage. Nachdem die Parteien durch Art. 21 des Grundgesetztes – „die Parteien wirken bei der politischen Willensbildung des Volkes mit" – eine privilegierte Stellung erhalten hatten, konnte die Staatsrechtslehre der Bundesrepublik nicht mehr an ihrer herausgehobenen Stellung vorbei. Die Verbände verblieben demgegenüber weiterhin – in Grundgesetz allein durch den Artikel 9 abgesichert, der die *Vereinigungs- und Koalitionsfreiheit* garantiert, – im gesellschaftlichen Bereich. Besonders deutlich wird diese Situation von dem Staatsrechtler Joseph H. Kaiser in seinem Buch „Die Repräsentation organisierter Interessen" (1956) formuliert:

„Die Parteien sind aus der Region der nichtstaatlichen Gesellschaft abgewandert und zu Trägern der staatlichen Herrschaft geworden, ‚während das Volk unabänderlich Volk bleibt' und sich mittels der von ihm herausgestellten Interessenorganisationen zu den Parteien fast wie zu den sonstigen Staatsorganen in Beziehung setzt."

Die Parteien seien also aus ihrer früheren Domäne der öffentlichen Meinung zu Staatsorganen befördert worden, dem Volk verbleiben die Verbände und Interessenorganisationen zur Artikulierung seiner Bedürfnisse und Interessen.

Die *konservative Pluralismuskritik* berief sich auf Carl Schmitt, der sich Ende der Weimarer Republik gegen die Pluralismustheorien wandte. Er sah durch diese Theorieansätze die souveräne Einheit des Staates geleugnet (vgl. Schmitt 1972 a, 95 ff.) und durch den gerade in der Weimarer Republik intensiven Verbandseinfluß auf die staatliche Gesetzgebung die staatliche Autorität gefährdet. Als Abhilfe wurde eine Stärkung des Beamtenstaates und vor allem eine umfassende Aufgaben- und Befugniserweiterung für den Reichspräsidenten als „Hüter der Verfassung" gefordert (vgl. Schmitt 1972 b, 120).

An diese Thesen knüpften in der Bundesrepublik direkt konservative Autoren an, um die Macht der Verbände und vor allem der Gewerkschaften negativ zu akzentuieren. Besonders pronociert zur Charakterisierung der Verfallserscheinungen des Staates äußerte sich Werner Weber (1972, 132):

„Wir haben in Verkennung unserer historischen Lage seit vielen Jahrzehnten in dem Glauben gelebt, wir müßten den Staat und seine Würde demontieren, um den Einzelnen Freiheit und politische Selbstbestimmung zu sichern. Aber wir haben uns wohl der staatlichen Autorität entäußert, und indessen den Staatsapparat umso mehr wuchern sehen. ... Es kommt deshalb gerade um der individuellen und der politischen Freiheit und der Demokratie willen darauf an, die staatliche Substanz wieder zu verdichten."

Ähnlich argumentierte auch Theodor Eschenburg in seiner die Verbands- und Pluralismusdiskussion stark beeinflussenden Schrift „Herrschaft der Verbände?" (1955), in der zwar die Berechtigung des Verbandseinflusses anerkannt, aber dennoch die Auflösung des Staates als ein Menetekel an die Wand geschrieben wird. Während diese Autoren ihre überkommenen staatstheoretischen Ansichten einer empirisch nur unzureichenden Analyse der Einflußstrukturen von Parteien und Verbänden gegenüberstellten (vgl. Steinberg 1973, 27), hat Altmann einen Gegenentwurf, die *„formierte Gesellschaft"* in die Debatte geworfen (vgl. Altmann 1960 und 1968). Die Auflösung des Staates ist für ihn nur durch eine Disziplinierung der Verbände — allen voran der Gewerkschaften — und durch eine Stärkung der Funktion des Kanzlers und eines kompetenten Führungsstabes zu bremsen. Diese Argumentation wurde dann von Bundeskanzler Erhard auf dem Bundesparteitag der CDU, 1965, in die Forderung nach einer *solidarischen Volkgemeinschaft* gegenüber einem neutralen und rationalen Staat umgesetzt (vgl. Gudrich/Fett 1972, 47 ff.).

Derartige Vorstöße dienten nicht zuletzt dazu, staatliche Entscheidungen als einen zweckrationalen und damit nicht mehr zu kritisierenden Vorgang erscheinen zu lassen, um so die demokratischen Gegenkräfte, vor allem die Gewerkschaften, aber auch die Minderheiten, zu „formieren". Viele heute wieder eingebrachte Argumentationen für eine politische Disziplinierung der Verbände, die vor allem auf die Gewerkschaften zielen, ähneln frappierend den Positionen der 50er und 60er Jahre.

Erst in den 60er Jahren mehren sich empirische Arbeiten, besonders Fallstudien, zum Einfluß der Verbände auf den Staat. Nicht zufällig hatte sich gleichzeitig seit Ende der 50er Jahre die vor allem von Ernst Fraenkel konzipierte *Pluralismustheorie* in der bundesrepublikanischen Politikwissenschaft zum leitenden Paradigma herauskristallisiert. Der Einfluß westlicher, vor allem amerikanischer Demokratietheorien wird bei Fraenkel verschmolzen mit sozialdemokratischen Rechtstheorien, die schon in der Weimarer Republik als Gegenposition zu monistischen Staatstheorien aufgebaut worden waren (vgl. Kremendahl 1977, 186 ff.). Nach dem II. Weltkrieg sollte der (Neo)-Pluralismus das Gegenmodell gegen jeglichen Totalitarismus verkörpern. Die *Verbände* sind hier keine Gefahr für den Staat, sondern *legitime Teilnehmer* am politischen Willensbildungsprozeß. Die *Konkurrenz* zwischen den verschiedenen Interessengruppen und Parteien wird als ein wesentliches Strukturmerkmal westlicher Industriegesellschaften gedeutet.

„In der Gegenwart stellen politische Entscheidungen zumeist die Resultante im Parallelogramm von Kräften dar, an deren Zustandekommen die Interessenorganisationen maßgeblich teilhaben." (Fraenkel 1973, 45)

Das aus der Geometrie entliehene Bild des Parallelogramms will sagen, daß erstens politische Entscheidungen nicht von vorneherein anhand eines festgelegten Gemeinwohls getroffen werden können, daß zweitens die Verbände nicht nur maßgeblich beteiligt werden, sondern durch die Beteiligung von Parteien und Verbänden ein *Kräftegleichgewicht* — analog zu den "countervailing powers" (Galbraith) im Wirtschaftsbereich — im politischen System zum Tragen kommt.

Das *neoliberale* Modell mit seinen harmonistischen und equilibristischen Tendenzen ist abzugrenzen von Positionen, die Pluralismus als normatives Ziel verwirklichen wollen. Nicht Gleichgewicht sondern soziale und politische Gleichheit ist das Leitmotiv solcher mehr demokratisch-sozialistischer Ideen — gerade im Rückgriff auf Harold Laskis Pluralismusentwurf (vgl. Bermbach/Nuscheler 1972 und Eisfeld 1972).

Für die empirische Erforschung der Verbände der 60er Jahre hat sich dieses neoliberale Modell als wertvoll erwiesen. Vor dem Hintergrund dieses Ansatzes wurden seit Anfang der 60er Jahre mehrere *empirische Untersuchungen* angestellt (vgl. Stammer u. a. 1965, Bethusy-Huc 1962, Varain 1964, Naschold 1967 und Ackermann 1970), deren Verdienst darin liegt, die konservativen Befürchtungen über den Funktionsverlust des Staates und die umfassende Herrschaft der Verbände widerlegt zu haben.

Schwerpunkt der Arbeiten war die Analyse des Einflusses der Verbände auf staatliche Gesetzgebung. Dabei wurden allerdings gesamtgesellschaftliche Machtfragen ausgeblendet (vgl. auch Zeuner 1976, 172). Gemeinsames Ergebnis ist, daß die Verbände in allen Stadien der Gesetzgebung (Referenten-, Parlaments- und Regierungsebene) ihren Einfluß geltend machen. Analog der Machtverschiebung vom Parlament zur Exekutive wurde in zunehmendem Maße vor allem die *Ministerialbürokratien* und die *Regierungen* zum Hauptadressat der Verbände (vgl. Hennis 1968 und Grottian 1974). Wichtig für die Erfolgsaussichten eines Verbandes sind besonders folgende Faktoren:

— Entzugsmöglichkeiten gegenüber dem politischen System, z. B. Streiks, Boykott, Investionsstreik, Entzug von Wählerstimmen;
— Mobilisierbarkeit und Konfliktfähigkeit der Mitglieder;
— finanzielle Ressourcen;
— Organisationsgrad;
— personelle Penetration der Institutionen.

Diese Arbeiten geben ein besseres Bild über die realen Einflußmöglichkeiten der Verbände, die nicht den Staat usurpieren können, sondern sich den innerorganisatorischen Strukturen des politisch-administrativen Systems und den dort dominierenden politischen Verhaltensweisen anpassen müssen.

Neben diesen Studien erschienen in den 60er Jahren mehrere *historische* Arbeiten (vgl. u.a. Horn 1964, Esenwein/Rothe 1965, Werner 1968), die großenteils in dem von Varain 1973 herausgegebenen Reader „Interessenverbände in Deutschland" dokumentiert sind. Sie zeigen, daß nicht einmal der wilhelminische Obrigkeitsstaat jenen „neutralen" Monismus zeigte, von dem manche Staatsrechtslehrer heute noch träumen.

Immer stärker wurden auch amerikanische Ansätze rezipiert (vgl. Narr/Naschold 1971, 205 f. und Köser 1973, 152 ff.) und in die empirische Forschung miteingebracht. Durch diese Einbeziehung von system- und rollentheoretischen Verbandstheorien und komparativen Analysen wurden oft empirisch fruchtbare Ergebnisse erzielt, dennoch verbleiben diese Ansätze oft im subjektivistischen Rahmen (vgl. Massing 1974, 111) und blenden so gesellschaftliche Herrschaftsmomente weitgehend aus. Dieser Mangel an Gesellschaftstheorie, der auch in empirischen Arbeiten der bundesrepublikanischen Verbandsforschung deutlich zum Ausdruck kommt, ist eben nicht durch eine Verfeinerung des methodischen Instrumentariums zu kompensieren.

So setzte denn auch die Pluralismuskritik an der Ausblendung *struktureller gesellschaftlicher Ungleichheiten* an und hob die Benachteiligung und Nichtberücksichtigung gewisser Interessen im politisch-administrativen System hervor. Im Verbandssystem seien gerade nicht alle möglichen Interessen adäquat repräsentiert und diese befinden sich eben nicht in einem gesellschaftlichen Machtgleichgewicht, wie es von den Pluralismustheorien oft suggeriert wird (vgl. Adam 1978). Sondern es herrscht ein *„Kartell"* von organisierten Interessen vor, das sich zudem gegen nichtorganisierte und umfassende Änderungen anstrebende Gruppen abschottet (vgl. u.a. Narr 1969, 53 ff.).

In die Kritik an den Pluralismustheorien wurde das Begriffspaar *Organisations- und Konfliktfähigkeit* von Interessen zur Erklärung der Restriktivität des pluralistischen Willensbildungsprozesses eingebracht. So lassen sich mehrere Interessen und Bedürfnisse, vor allem allgemeine Grundbedürfnisse aus den Bereichen Gesundheit, Wohnung und Freizeit etc. aufzählen, die nicht an individuell-ökonomische und/oder an bestimmte Statusgruppen zu binden und so nur sehr schwer zu organisieren sind. Neben der Organisationsfähigkeit ist die politische Relevanz von Interessen vor allem durch ihre Konfliktfähigkeit determiniert. Die Konfliktfähigkeit manifestiert sich in den als Sanktionen gegenüber den staatlichen Instanzen zur Verfügung stehenden *Entzugsmöglichkeiten* (vgl. Offe 1973, 145 ff.). Die politische Macht *marginalisierter Gruppen* (Frauen, Alte, Behinderte, Arbeitslose u.a.), die am Rande oder außerhalb des in unserer Gesellschaft dominierenden Leistungsverwertungsprozeß stehen, wird so strukturell beeinträchtigt.

Schon diese kurzen Erörterungen machen deutlich, daß die Pluralismuskonzepte lediglich Elemente der spätkapitalistischen Gesellschaftsstruktur thematisieren, aber keine Strukturanalyse der Herrschaftsverhältnisse liefern (vgl. auch Bergmann 1967, 48). Das Pluralismusmodell ist deshalb nicht als ein gesamtgesellschaftliches Gestaltungsprinzip — wie es zunehmend in politischen Auseinandersetzungen ideologisch verwandt wird — anzusehen, sondern analytisch als eine deskriptive Theorie eines reduzierten pluralistischen Verbandsystems und einer pluralistisch strukturierten staatlichen Bürokratie (vgl. Narr/Offe 1975, 41 f.).

Durch diese Beschränkungen der pluralistischen Verteilungspolitik auf nur bestimmte Interessen werden Forderungen und Alternativen, die über diesen prozessualen Rahmen hinausgehen, ignoriert und können so zur Frustation der benachteiligten Gruppen führen.

„Seine spezifische Gefahr liegt in der möglichen Akkumulation verdrängter Konflikte, die dann entweder unter Preisgabe der freiheitlichen Ziele des Modells gewaltsam unterdrückt werden müssen oder in einer krisenhaften Entladung das pluralistische System selbst zerstören können." (Scharpf 1970, 53)

Noch schärfer prononciert Lowi seine Meinung gegen den Modus der etablierten Interessenvertretung in den USA, den er generell als konservativ und statisch charakterisiert:

"The highly organized groups that abound in our society seem to present a picture, not of dynamic equilibrium but of a society that is running down, a society in a state of decadence." (Lowi 1971, 32)

Derartige Kritik trifft nicht nur die nordamerikanischen Verhältnisse, sondern ebenso die Bundesrepublik. Als Ausgleich für die *asymmetrische Machtverteilung* werden deshalb von kritischen Demokratietheoretikern Forderungen nach einer „aktiven" Politik oberhalb der pluralistischen Entscheidungsstrukturen erhoben, die auf die benachteiligten Interessen in relativer Unabhängigkeit von den etablierten organisierten Interessen eingehen soll (vgl. Scharpf 1970, 1975 und Kevenhörster 1976, 211 ff).

Ähnliche Zielvorstellungen für eine „aktive Sozialpolitik" formuliert auch Widmaier unter Hinzunahme von Ansätzen aus dem Umkreis der neuen politischen Ökonomie (vgl. bes. Olson 1968 und Bernholz 1974). Ausgehend von einem individuellen ökonomischen Rationalverhalten wird die „Tendenz der Ausbeutung der Nichtorganisierten durch die Organisierten" (Widmaier 1976, 66) betont.

In der seit Mitte der sechziger Jahre einsetzenden Pluralismuskritik lassen sich verschiedene Positionen und Ansatzpunkte unterscheiden. Neben den schon skizzierten Analysen wurden vor allem
Arbeiten von Marcuse (1971) und Wolff et al (1967) herangezogen,
die anhand der amerikanischen Gesellschaft jegliche Pluralismuskonzepte nur noch als *Rechtfertigungsideologien* einer entfremdeten
Gesellschaft deuteten. Großen Einfluß in der BRD hatte neben
diesen Arbeiten die Arbeit von Agnoli/Brückner (1968), die ebenfalls den Pluralismus als Rechtfertigungsideologie geißelten, aber im
Gegensatz zu anderen marxistischen Kritikern auf die Verdoppelung
der gesellschaftlichen Wirklichkeit — sowohl Pluralität der Interessen auf der Verteilungsebene als auch Polarität an der gesellschaftlichen Basis — hinwiesen.

Diese pluralismuskritischen Analysen waren selten zugleich
empirisch orientiert; es wurde vielmehr versucht, die vorliegenden
empirischen Einflußstudien theoretisch einzuordnen und zu überwinden. Man erhoffte sich stattdessen, z. B. in der marxistischen
Staatsdiskussion, durch die kategoriale Aufarbeitung des Marxschen
Werks neue Dimensionen für eine Realanalyse der bundesrepublikanischen Gesellschaft.

Von den Pluralismuskritikern wurde richtig erkannt, daß eine
Verbandstheorie nicht losgelöst von den sozialstrukturellen Bedingungen und den konkreten Machtverhältnissen konzipiert werden kann. Ihr Mangel ist jedoch die unzureichende, auch empirische Konkretisierung. So wurden aufgrund der in der Politikwissenschaft abnehmenden Bedeutung der Pluralismustheorie
seit Anfang der siebziger Jahre nicht mehr viele empirische Ver-
bandsstudien durchgeführt.

Unter den mehr marxistisch inspirierten Arbeiten ragen die kritischen Analysen von Mills (1959), Ehrlich (1962), Miliband (1969)
und die einführende Darstellung von Jaeggi (1969) hervor.

In der fundierten Studie von Ehrlich wird scharfe Kritik an der
reduktionistischen Argumentation geübt, „derzufolge das Spitzen-
organ der politischen Struktur einfach der Vollstrecker der Empfehlungen der einflußreichsten kapitalistischen Gruppen ist" (279).
Er verweist auf die Gegensätze zwischen den kapitalistischen Interessen und bezeichnet mechanische Theorien, die vor allem die per-

sonelle Identität von Monopolen und Staatsvertretern herausstellen, (vgl. DWI, Die Macht der Hundert 1966 und Banaschak 1964), als eine Vulgarisierung der marxistischen Theorie. Allerdings fällt auch Ehrlich an manchen Stellen auf agenturtheoretische Überlegungen zurück, derzufolge das Monopolkapital und die davon gelenkten Unternehmerverbände die staatliche Politik weitgehend dominieren.

In der DDR wurde vor allem die personelle Identität von Monopol- und Staatsvertretern in der BRD untersucht, um so ihre „verschwörungstheoretischen" Ansätze empirisch abzusichern. In neueren Analysen des *staatsmonopolistischen Kapitalismus* (Stamokap) werden die bis Ende der sechziger Jahre vorherrschenden agenturtheoretischen Aussagen durch die teilweise Anerkennung einer relativen Autonomie des Staates gegenüber dem ökonomischen Bereich etwas zurückgenommen. Den von den Monopolen dirigierten Unternehmerverbänden wird eine immer größer werdende Rolle zugeschrieben. Sie werden zur Schaltstelle für die Umsetzung ökonomischer in politische Macht. Der seit Ende der sechziger Jahre gewachsene Einfluß auf staatliche Entscheidungen wird als eine neue Qualität der Wirkungsradien des BDI, BDA und des DIHT gedeutet (vgl. Imperialismus der BRD 1973, 197; Schirmeister 1972 und Schuster 1976).

Jüngst hat Simon (1976) eine empirisch und historisch informative Arbeit über die Macht der Unternehmerverbände vorgelegt. Auch bei ihm stehen die personellen und organisatorischen Verpflechtungen von Unternehmerverbänden (auch „Monopolverbände" genannt) und staatlichen Institutionen im Vordergrund. Der politische Einfluß der Kapitalverbände wird als weitaus höher als der anderer Verbände, z. B. der Gewerkschaften, eingeschätzt. Diese Auffassung, daß staatliche Politik letztendlich von den Monopolen determiniert wird, ist verschiedentlich zurückgewiesen worden (vgl. u.a. Greven 1975, 141 ff., Preuß 1975, 105 ff.) und braucht hier nicht näher belegt werden.

Methodisch ähnlich, politisch aber völlig konträr hierzu wird in den Thesen vom drohenden *Gewerkschaftsstaat* argumentiert, die in den letzten Jahren durch die CDU/CSU, von Unternehmerverbänden und einigen Publizisten und Wissenschaftlern popularisiert wurden (vgl. u.a. Institut der Deutschen Wirtschaft 1974).

Mit der Wiederaufnahme dieser These, die schon in der Weimarer Republik von den Unternehmerverbänden benutzt wurde (vgl. Hemmer/Borsdorf, 1974) und die auch in anderen westeuropäischen Ländern, z.B. Großbritannien, vor allem in Wahlkampfzeiten, von den Konservativen gern plakatiert wird (vgl. dazu exemplarisch die „Filzokratie"-Kampagne von Biedenkopf im letzten Bundestagswahlkampf), erhofft man sich eine breite Zustimmung in der Bevölkerung. Die einzelnen Argumente dieser These sind hinreichend zurückgewiesen worden (vgl. die Sonderhefte „Gewerkschaftsstaat oder Unternehmerstaat?" der WSI-Mitteilungen, 1976 und 1977 und Krug 1976).

Deutlich wird in der Verbändeforschung insgesamt eine zunehmende *Politisierung*, die sich besonders bei den Spitzenverbänden von Kapital und Arbeit zeigt, deren Forschungsinstitute — mehr oder weniger wissenschaftlichen Standards genügend — die Verbändediskussion mitgestalten.

Im Gegensatz zu den Sozialwissenschaften, deren Interesse an Verbandsforschung in den letzten Jahren zurückgegangen ist, gibt es eine Reihe von neueren juristischen Arbeiten über die verfassungsrechtliche Stellung der Verbände und deren innere Ordnung (vgl. u.a. Böckenförde 1976 und Teubner 1978).

Intensiver bearbeitet wurden von marxistisch inspirierten Sozialwissenschaftlern die Gerkschaften (vgl. u.a. Zoll 1977), weil diese für politische Strategien eine größere Relevanz besitzen. Dabei wird die gegenwärtige Gewerkschaftspolitik in den meisten Analysen einer generellen Kritik unterzogen, die darauf hinausläuft, daß die Gewerkschaftsführung sich zu sehr von der Basis entfernt habe und zu eng mit der reformerischen Führung der Sozialdemokratischen Partei kooperiert (vgl. u.a. Bergmann et. al. 1975 und Zeuner 1977).

Zusammenfassend läßt sich sagen, daß einzelne Sparten der Verbandsforschung in der Bundesrepublik, besonders die Analyse der Gewerkschaften (vgl. u.a. v. Beyme 1977 u. Witjes 1976), relativ breit betrieben werden. Lücken bestehen aber besonders bei empirisch abgesicherten Studien und bei theoretischen Arbeiten zur gesamtgesellschaftlichen Stellung und Funktion der Verbände.

1.2. Entwicklung der Verbände

Die verschiedenen Wirtschaftsverbände, die seit Bestehen der Bundesrepublik eine wichtige Rolle im politischen Entscheidungsprozeß spielen, sind nicht erst nach dem zweiten Weltkrieg oder in der Weimarer Republik entstanden. Ihre Genese reicht zurück bis in die erste Hälfte des 19. Jahrhunderts und ihre Ausbreitung läuft parallel zur Entwicklung der kapitalistischen Industriegesellschaft. Die ersten Verbände waren noch lose Zusammenschlüsse ohne bürokratische Apparate, z.B. der 1820 gegründete „Norddeutsche Apothekerverein" oder der 1825 gegründete „Börsenverein des Deutschen Buchhandels", die aber auch schon regen Einfluß auf die staatliche Gesetzgebung nahmen (vgl. Weber 1977, 60 f).

Die Industrialisierung und der zunehmende staatliche Interventionismus in wirtschaftliche Prozesse führte zu einem Boom von Verbandsgründungen seit 1870 (vgl. Varain 1973, 11 ff.). Die nun entstehenden Wirtschaftsverbände sind organisatorisch vielfach aus den schon länger bestehenden Kammern und Korporationen hervorgegangen, entwickelten aber freiere Organisationsprinzipien (vgl. Schulz 1973, 36 f.). Besonders durch die protektionistische Handelspolitik wurden zahlreiche Verbände ins Leben gerufen, um effektiver auf die staatliche Politik Einfluß nehmen zu können, z. B. der 1876 gegründete Zentralverband Deutscher Industrieller und der 1893 entstandene Bund der Landwirte. Die Entwicklung der Gewerkschaften wurde durch die Sozialistengesetze Bismarcks behindert; gewerkschaftliche Organisationen wurden aufgelöst. Erst seit Ende des 19. Jahrhunderts konnten sich die Gewerkschaften freier entfalten und wurden bald zu Massenorganisationen.

Mehrere empirische Untersuchungen zeigen, daß schon im Kaiserreich Verbände eine dominierende Rolle im Politikformulierungsprozeß spielten (vgl. u.a. Fischer 1973 und Puhle 1975). Ihre Einflußnahme auf politische Prozesse wurde in der Weimarer Republik weiter intensiviert. Durch vielfältige Beziehungen zu den staatstragenden Parteien und der staatlichen Bürokratie gelangt es ihnen, ihre Einflußstrukturen abzusichern und auszubauen.

Mit dieser realen Bedeutung der Verbände geht nur zum Teil eine offizielle Anerkennung einher. Zwar wurden die Unternehmerverbände und die Gewerkschaften in der Weimarer Reichsverfassung als die wesentlichen Kräfte im Wirtschaftsleben anerkannt (vgl. Varain 1973, 17), dennoch wurde von vielen Wissenschaftlern und Politikern ein überkommenes Staatsideal propagiert, in dem der Staat relativ unabhängig von den gesellschaftlichen Kräften agieren sollte. Diese Widersprüche zwischen einer konservativen Staatstheorie und der realen Praxis der Verbände setzten sich bis in die bundesrepublikanische Geschichte fort (vgl. Ellwein 1973, 148 f.).

Nach dem zweiten Weltkrieg wurde die Neuentwicklung der Wirtschaftsverbände und Gewerkschaften durch die Besatzungsmächte maßgeblich beeinflußt. Die Gewerkschaften entstanden zuerst im Betrieb, dann regional und zonal; an sich waren dies gute Bedingungen für einen spontanen und demokratischen Aufbau von der Basis her (vgl. Niethammer u. a. 1976).

Anfangs wurde der demokratische Neubeginn und die Errichtung einer alternativen sozialistischen Wirtschaftsordnung von allen Parteien unterstützt (vgl. Schmidt 1971). Die Sozialisierungsforderungen wurden aber von den Amerikanern energisch abgelehnt; und sie schufen den Marschall-Plan, der die weitere Entwicklung der Bundesrepublik wesentlich determinierte.

Deutlich wird dieses restaurative Moment in der Entwicklung der Unternehmerverbände, die, nachdem sie sich anfangs relativ uneinheitlich zonal und branchenmäßig entwickelten, schon 1948/ 49 ihre alten Organisationsstrukturen neu belebten und sofort sehr selbstbewußt auf die Politik einzuwirken begannen (vgl. Simon 1976, 48 ff.). Durch die enge Kooperation mit der regierenden CDU/CSU gelang es den 1950 offiziell gegründeten BDI und BDA, auf die staatliche Politik in den fünfziger Jahren massiven Einfluß zu gewinnen.

Die Gewerkschaften paßten sich ebenfalls der veränderten politischen Situation an und entfernten sich von umfassenden wirtschaftlichen Neugestaltungskonzepten und radikalen Strategien, wenn auch unter internen Auseinandersetzungen und anfänglicher harter Opposition zum Adenauer-Staat. Stattdessen griffen sie auf die klassische Arbeitsteilung zurück: parlamentarisch agiert die SPD, tarifpolitisch die Gewerkschaften.

Der DGB mit seinen Einzelgewerkschaften konstituierte sich im Oktober 1949 und verwirklichte annähernd die Prinzipien einer *Einheitsgewerkschaft:* ein Betrieb — eine Gewerkschaft. Dabei blieben die Einzelgewerkschaften weitgehend autonom in Tarif- und Finanzfragen. Durch diese grundlegenden organisatorischen Bedingungen ist im DGB schon genügend Konfliktstoff und Kräfteverschleiß zwischen Dachverband und den Einzelgewerkschaften sowie zwischen den großen (z.B. IG-Metall mit 35 % der DGB-Mitglieder) und kleinen Gewerkschaften vorprogrammiert (z. B. die Gewerkschaften Gartenbau, Land- und Forstwirtschaft oder Kunst mit je ca. 0,5 %).

Der Einheitsgedanke war schon früh durch Sonderorganisationen der Angestellten und Beamten (DAG, DBB) beeinträchtigt, die als ständische Berufsorganisationen nicht in den DGB integriert werden konnten.

Gegenüber der beginnenden Restauration im Adenauer-Staat befanden sich SPD und Gewerkschaften in einer „natürlichen" Solidarität, die jedoch weitgehend defensiv war und sich vorwiegend an einzelnen politischen Entscheidungen, z. B. Adenauers einseitiger Außenpolitik (Westintegration und Wiederbewaffnungspolitik), entzündete, aber nie das Gesamtsystem ernsthaft infrage stellte.

Da die SPD „den CDU-Erfolgen und Formeln nichts oder doch kaum etwas entgegenzusetzen" hatte (Narr 1976, 177) und zudem ein harter Antikommunismus herrschte, ist es kein Wunder, daß gerade im Nachkriegsdeutschland die Kirchen mit ihren vielen zugeordneten Vereinigungen und die Vertriebenen- und Kriegsopferverbände zu einem wichtigen politischen Faktor wurden, die die CDU/CSU-Herrschaft vor allem legitimatorisch absicherten. Neben der dominanten Stellung der Unternehmerverbände, der Kirchen und der Vertriebenen- und Kriegsopferverbände im reduzierten pluralistischen Verbandssystem spielten in den fünfziger Jahren die Mittelstandsverbände (vor allem Handwerker-, Bauern- und Ärzteverbände) eine bedeutsame Rolle. Der Zentralverband des Deutschen Handwerks (ZDH) und der Deutsche Bauernverband (DBV) wollten 1951 die gemeinsamen Interessen des Mittelstandes sogar organisatorisch absichern und initiierten einen *Mittelstandsblock,* der aber 1963 wegen zu großer Interessendifferenzen wieder aufgelöst wurde. In den letzten Jahren hat sich die Zusammenarbeit zwischen dem DBV, der im landwirtschaftlichen Organisationswesen eine Monopolstellung innehat und dem ZDH wieder intensiviert. Im Bundestagswahlkampf 1972 wurde eine Erklärung dieser beiden Verbände und des BDI veröffentlicht, in dem eine gemeinsame Frontstellung gegenüber Reformen eingenommen wurde (vgl. Heinze 1976, 99 ff.).

Durch die 1959 mit dem Godesberger Programm offiziell vollzogene Wendung der SPD zu einer *Volkspartei,* die nicht mehr nur die Interessen der Arbeiterklasse vertreten, sondern zu einer „Partei aller Schichten" werden will (vgl. Kaste/Raschke 1977, 45 ff.) veränderte sich nur wenig am Verhältnis der Gewerkschaften zur SPD; vielmehr zog der DGB programmatisch 1963 mit einem von ähnlichen Zielvorstellungen getragenen Grundsatzprogramm nach. Damit hatten sich die pragmatischen Kräfte in der SPD (allen voran Wehner) und im DGB (besonders Leber) durchgesetzt, die die kapitalistische Wirtschaftsordnung grundsätzlich anerkannten (vgl. Grebing 1976, 260).

In den fünfziger Jahren hatte sich zwischen den genannten Verbänden und den für sie relevanten Ministerien schon eine zur Routine gewordene enge Verflechtung herausgebildet, die 1958 durch den § 23 der Gemeinsamen Geschäftsordnung (GGO) der Bundesministerien rechtlich abgesichert wurde. Nach dieser GGO können die Ministerien bei der Ausarbeitung von Gesetzesinitiativen Vertreter von sachlich interessierten Spitzen- und Dachverbänden hinzuziehen; zudem können Verbände in Beiräten, Ausschüssen und Fachkreisen bei den obersten Bundesbehörden mitarbeiten. Diese sehr weitgehende rechtliche Regelung des Verhältnisses der Verbände zur Ministerialbürokratie änderte nicht viel an der geläufigen Praxis, allerdings wurde durch die Privilegierung einzelner Spitzenverbände eine Hierarchisierung des Verbandswesens offiziell registriert (vgl. auch Hennis 1968, 192 ff.). Der Einfluß der Verbandsfunktionäre auf die Ministerialbürokratie bleibt aber weiterhin verdeckt, und noch heuzutage erfahren Verbandsvertreter oft eher Einzelheiten bei Gesetzesinitiativen als Parlamentarier (vgl. Engholm 1975).

Bei den meisten Bundesministerien hatte sich seit Beginn der CDU/CSU-Ära unter Kanzler Adenauer, der mit vielen Verbandsführern direkten Kontakt pflegte (was nach Meinung einiger Politikwissenschaftler z.T. verfassungswidrig war (Hennis 1968, 199), eine derartig enge Verbindung entwickelt, daß man sie gelegentlich als „Verbandsherzogtümer" (von Beyme, 1974, 112 ff.) charakterisiert hat.

Die Verbände haben sich oft auf einen Ausschnitt des politisch-administrativen Systems besonders spezialisiert (meistens die Bürokratie) und können dort auf die Politikentwicklung direkt einwirken, z. B. gilt das Bundeswirtschaftsministerium als „Erbhof der Wirtschaftsverbände" (vgl. Simon 1976, 168); das Bundesministerium für Ernährung, Landwirtschaft und Forsten als Domäne des DBV, das Bundesministerium für Vertriebene als Tummelplatz der Vertriebenenverbände; das Arbeits- und Sozialministerium, besonders seit die SPD in der Regierungsverantwortung ist, als Stützpunkt der Gewerkschaften.

Offensichtlich haben sich seit Mitte der 60er Jahre die Methoden der politischen Einflußnahme der Verbandsspitzen verfeinert. Statt offener publizistischer Attacken (z. B. Drohen mit Wählerentzug) wird *internes lobbying* bevorzugt, indem personelle und politische Vorstellungen mit Bürokratie- und Parteispitzen vorher abgeklärt werden.

Anhand des DBV läßt sich der Wandel plastisch illustrieren. Während der DBV früher durch aggressive Protestaktionen auf sich aufmerksam machte, gelingt es ihm heute, hinter den Kulissen zentrale Machtpositionen zu besetzen. Deutlich wurde dieser Sachverhalt, als bekannt wurde, daß der Vorsitzende des DBV, Heremann, beim Wahlsieg der CDU/CSU 1976 das Ministerium für Landwirtschaft übernommen hätte. Das Verhalten der CDU/CSU, noch 1976 einen derartigen Kandidaten aufzustellen, zeigt, wie wenig noch immer die demokratische Öffentlichkeit in der BRD entwickelt und wie zwiespältig die politische Strategie der CDU/CSU ist: Auf der einen Seite vehemente Kampagnen gegen die Verfilzung von

SPD und Gewerkschaften durch Biedenkopf, andererseits die Nominierung eines befreundeten Verbandvertreters für ein Ministeramt, das von seiner Aufgabenstellung her eben nicht nur die Belange der Landwirte, sondern vor allem auch der Verbraucher vertreten soll (vgl. Heinze 1977).

Bis Mitte der sechziger Jahre war die CDU/CSU federführend in der Regierungsverantwortung, und besonders die mit ihr auf einer gemeinsamen ideologischen und ökonomischen Basis kooperierenden Verbände waren in den Staatsapparat auf den verschiedenen Ebenen institutionalisiert. Durch den Eintritt der SPD in die Große Koalition 1966 vor dem Hintergrund der ersten größeren Rezessionsphase in der Bundesrepublik nach dem 2. Weltkrieg und die von SPD-Wirtschaftsminister Schiller propagierte Keynesianische Globalsteuerung wurden die Gewerkschaften stärker in die gesamtwirtschaftliche Steuerung integriert. Äußeres Kennzeichen dieser „kooperativen" Politik war der, wenn auch nicht begeisterte, sondern eher abwartende Eintritt in die von Schiller konzipierte „Konzertierte Aktion", die als *Clearing House* die ökonomischen Interessen von Staat, Unternehmerverbänden und Gewerkschaften abstimmen sollte (vgl. Seitenzahl 1976 und Lehmbruch/Lang 1977).

Die von Bundeskanzler Brandt 1969 nach der Regierungsübernahme der SPD/FDP-Koalition euphorisch propagierten Reformen auch in gewerkschaftlich interessanten Fragen sahen den DGB in enger Solidarität mit der Regierungspartei SPD. Ihren Höhepunkt erreichte diese Verbindung im Bundestagswahlkampf 1972, der durch eine nicht mehr gekannte Polarisierung geprägt war, in der einige konservative Gruppen und Verbände die Konfrontation mit den Gewerkschaften und der SPD über die Parole „Freiheit oder Sozialismus" erprobten. Nach den gewonnenen Wahlen und den seit 1972 dann im Parlament konkret durchzusetzenden Reformen in den gewerkschaftlich besetzten Bereichen Mitbestimmung, Berufsbildungsreform etc. zeigte sich aber schnell, wie stark der FDP-Einfluß, z.B. gegen das geplante Mitbestimmungsmodell war, und wie wenig dagegen die Repräsentanz von Gewerkschaftlern in der Regierung und im Parlament bedeutete. Dadurch breitete sich in den Gewerkschaften einige Enttäuschung aus und man entwickelte zur SPD eine gewisse Distanz. Dies änderte aber nichts grundlegend an den nach wie vor engen personellen Beziehungen zwischen Gewerkschaften und SPD, wenngleich die euphorische Phase der Solidarisierung vorüber zu sein scheint. Man kann sich momentan nicht vorstellen, daß Arbeiter spontan für Bundeskanzler Schmidt demonstrieren würden, während dies 1972 für den damaligen Bundeskanzler Brandt beim Mißtrauensvotum auf der Tagesordnung stand.

Die CDU/CSU pflegt demgegenüber weiter ein relativ ungebrochenes Verhältnis zu den Unternehmerverbänden, dem Bauernverband, Kirchen, dem Beamtenbund und anderen mittelständischen konservativen Verbänden.

Für die FDP, die zu keinem der Großverbände von Kapital und Arbeit ein solidarisches Verhältnis hat, dennoch mit einigen Industrieverbänden und auch Standesorganisationen (z. B. der Union Leitender Angestellter) relativ gute Kontakte pflegt, stellt sich das Problem der parteipolitischen Verpflechtung der Verbände weitaus eher als für die CDU/CSU oder die SPD. Deshalb ist es auch verständlich, daß gerade die FDP die Möglichkeiten eines *Verbändegesetztes* diskutiert und z.B. Bundesminister Ertl 1976 eine Untersuchung über die Verpflechtung von Parteien und Verbände forderte, da gerade ihre weitere Existenz davon direkt tangiert wird.

1.3. Vergesellschaftung des Staates oder Verstaatlichung der Verbände

Die skizzierte enge Verknüpfung von Staat und Verbänden darf nicht als einseitiger Druck („*Pressure*") der Verbände interpretiert werden, sondern stellt eine *wechselseitige Beziehung,* die beiden Seiten Vorteile bringt, dar: der staatlichen Verwaltung, aufgrund der besseren Information durch die Verbände und deren Beitrag zur Kanalisierung und Selektion von gesellschaftlichen Interessen; den Verbandspitzen eine wirksamere Durchsetzung ihrer Interessen.

Besonders stark sind die Spitzenverbände von Kapital und Arbeit im Bundestag vertreten. Dabei steht an erster Stelle die Gruppe der Gewerkschafter, die vorwiegend in den Reihen der SPD anzutreffen sind. Daraus ist aber nicht zu schließen, wie in den Thesen vom

Gewerkschaftsstaat, daß die Gewerkschaften den meisten Einfluß auf die staatliche Politik haben, denn diese treten nicht als überparteiliche Fraktion auf, sondern folgen fast stets der Fraktionsmeinung.

Eine andere Möglichkeit für die Verbände, sich im Parlament Gehör zu verschaffen, besteht in den in der Bundesrepublik erst seit 1966 durchgeführten *Hearings*, zu denen einzelne Verbände geladen werden und damit eine größere Publizität erreichen können. Diese öffentlichen Anhörungen sind seither bei vielen Gesetzentwürfen durchgeführt worden. Einige Autoren sprechen sich für einen weiteren Ausbau aus, um so der Öffentlichkeit stärker den Verbandseinfluß vor Augen führen zu können (vgl. von Beyme 1974, 173 ff.).

Demgegenüber steht der für die Öffentlichkeit weitgehend verdeckte Einfluß der Verbände im Referentenstadium eines Gesetzentwurfes.

Die offiziell in der Ministerialbürokratie im Geschäftsbereich eines Ministeriums oder bei Bundesbehörden eingerichteten *Beiräte* (auch Arbeits- oder Gesprächskreise genannt) stellen die bisher umfassendste Institutionalisierung der Verbände dar. In dieser vorparlamentarischen Phase ist es zu einer Symbiose zwischen den dominierenden Verbänden eines Politikbereiches bzw. ihren Funktionären und der zuständigen Verwaltung gekommen (vgl. Häußermann 1977, 68 f.), die in der Literatur als *Klientelverhältnis* zur Kennzeichnung der dauerhaften und intensiven Interaktion angesprochen wird (vgl. La Palombara 1963). In der Bundesrepublik gab es im Umfeld der Bundesministerien 1969 133 Beiräte, in denen Verbandsvertreter direkt vertreten waren. Die meisten Beiräte existieren beim Wirtschaftsministerium (19), z. B. der Gesprächskreis für Fragen der beruflichen Bildung, beim Arbeits- und Sozialministerium (22), beim Gesundheitsministerium (18) und beim Landwirtschaftsministerium (17), (vgl. Weber 1977, 274 ff.). In diesen Beiräten breiten sich auf der Ebene der Ressorts die schon geschilderten „Verbandsherzogtümer" aus, in denen die dominierenden Verbände zusammen mit den Bürokraten zu entscheidenden, für die Öffentlichkeit und auch die meisten Parlamentarier im Detail kaum durchsichtigen, politikbeeinflussenden

Größe werden. Im Gesetzgebungsverfahren ist dem Referenten-stadium die Ausschußarbeit des Bundestages nachgeordnet. Deren Beratung wird kein so großer Wert mehr beigemessen, da die entscheidenden Kompromisse schon in der vorparlamentarischen administrativen Phase geschlossen werden. In den einzelnen Aus-schüssen zeigt sich dennoch auch recht gut, wie dieser „Kolonial-pluralismus" (Ellwein) aussieht.

Die Institutionalisierung der dominanten gesellschaftlichen Interessen bringt für die Interessenverbände nicht nur Vorteile, sondern hat auch immer den anderen Effekt, daß gewisse forma-lisierte Verhaltensweisen und nicht vollkommen überzogene For-derungen und Taktiken von den Verbänden erwartet werden. Die Anpassungsstrategien können von einzelnen Verbandsführungen, vor allem in den Gewerkschaften, bereits soweit internalisiert wer-den, daß ihre wesentliche Vetomacht (z.B. Streiks) entscheidend geschwächt wird, oder es kann zwischen der kooperativen Ver-bandsführung und der Basis zu Spannungen kommen, die in spon-tane, von der Gewerkschaftsführung nicht mehr kontrollierte Streiks (wie 1969) münden.

Die Institutionalisierung der Verbände kann man theoretisch nicht adäquat mit einflußtheoretischen Konzeptionen, wie z. B. der Stamokap-Theorie oder den Gewerkschaftsstaatskonzepten, analysieren. Das Verhältnis Staat-Verbände ist nicht als eine „Pres-sure"-Beziehung, sondern als ein „Push- and Pull"-Verhältnis zu charakterisieren, bei dem die für die Funktionen des politisch-administrativen Systems relevanten Interessenverbände relativ fest im System selbst integriert sind. Diese Konstellation wird von einflußtheoretischen Argumentationen marxistischer und kon-servativer als auch pluralistischer Provenienz immer zu einseitig wie-dergegeben. Neuere Konzeptionen eines „Liberalen Korparatis-mus" versuchen das Geflecht ökonomischer, politischer und ge-sellschaftlicher Faktoren adäquater zu erfassen (vgl. Lehmbruch, Offe, Schmitter in diesem Band).

Die nur partiell politisch wirksame „aktive Politik" (vgl. Mayntz/ Scharpf 1973), die seit Ende der sechziger Jahre das politisch-ad-ministrative System durch Reformen und umfassende Planungs-prozesse effektiver gestalten wollte, konnte das symbiotische Verhältnis zwischen den dominanten Verbänden und Einzelkapitalen und der staatlichen Bürokratie kaum in ihrem Sinne überwinden. „Formale Organisationsreformen scheitern, wenn damit bestimmte institutionalisierte Interessen getroffen werden sollen." (Häußermann 1977, 78; vgl. auch Grottian 1974, 42 ff. und Narr/Offe 1975, 42).

Die bisherige Diskussion der Verbandsentwicklung in der Bundesrepublik beschränkte sich weitgehend auf die großen Verbände, deren primäres Ziel in der Beeinflussung staatlicher Entscheidungen liegt und abstrahierte von der Vielzahl der vor allem auf *kommunaler Ebene* tätigen Vereine und Verbände, die den Hauptanteil der Vereine und Verbände in der BRD ausmachen. Um die verschiedenen Zielsetzungen, Aufgabenbereiche und Funktionen der Vereinigungen differenzierter analysieren zu können, sind in der Verbandsforschung mehrere Typologien entwickelt worden, die hier nicht alle referiert werden können. Von marxistischer Seite wurde die generelle *Differenzierung* zwischen ökonomischen und nichtökonomischen Organisationen betont (vgl. Ehrlich 1962, 38 ff.) und auch in der deutschen Verbandsforschung angewandt, z.B. unterscheidet von Beyme (1974, 32 ff.) nach wirtschaftlichen Interessengruppen und ideellen Förderverbänden (Promotional Groups).

Für eine empirische Totalerhebung aller Frankfurter Vereine und Verbände ist eine Typologie von Raschke (1978) entwickelt worden (vgl. auch Ellwein 1973, 152ff.), der folgende Verbandsgruppen zusammenfaßt:

1. Vereinigungen des Wirtschafts- und Arbeitssystems (u.a. Bundesverband der deutschen Industrie, Hauptgemeinschaft des deutschen Einzelhandels, aber auch der Deutsche Gewerkschaftsbund, der Deutsche Beamtenbund und die Verbraucherverbände.)
2. Sozialvereinigungen
   (u.a. Behinderten- und Vertriebenenverbände, Fürsorgevereinigungen, Naturschutzvereine etc.)
3. Vereinigungen im Bereich der Wissenschaft und Kunst
   (u.a. Wissenschaftliche und künstlerische Fördervereine etc.)
4. Wertorientierte Vereinigungen
   (religiöse und weltanschauliche Vereinigungen)
5. Freizeitvereinigungen
   (u.a. Sport-, Geselligkeits- und Hobbyvereine)

Von den 2634 Frankfurter Vereinigungen, die Anfang der siebziger Jahre untersucht wurden, waren die meisten (814 = 31 v.H.) Freizeitvereinigungen und aus dieser Sparte besonders Geselligkeits-, Hobby- und Sportvereine. Einen hohen Anteil hatten ebenfalls die Vereinigungen des Wirtschafts- und Arbeitssystems mit 777 Organisationen, deren Mehrzahl (487) Wirtschaftsverbände waren und nur wenige Verbraucherverbände (27). Es folgt schon mit beträchtlichem Abstand die Gruppe der Sozialvereinigungen (508), der Vereinigungen in Wissenschaft und Kunst (278) und schließlich die wertorientierten Vereinigungen mit 205 Organisationen (vgl. Raschke 1978, 68 ff.).

Dieser kursorische Überblick über die Frankfurter Vereinsstruktur zeigt, daß viele Verbände ihre primäre Funktion nicht in der Beeinflussung staatlicher Entscheidungen, sondern in den *Dienstleistungsangeboten* sehen. Vor allem auf kommunaler, aber auch auf gesamtgesellschaftlicher Ebene haben sich mehrere Dienstleistungsorganisationen entwickelt (exemplarisch der ADAC: vgl. Krämer-Badoni et al 1971), die auch von der sozialwissenschaftlichen Verbandsforschung noch viel intensiver analysiert werden müßten.

Die bisherige Verbändeforschung konzentrierte sich zwar auf das Verhältnis Staat — Verbände, aber nur unter einflußtheoretischem Paradigma. Diese verkürzte Perspektive versucht die Korporatismus-Diskussion zu überwinden, die das neue Verhältnis zwischen aktiv intervenierendem Staat und korporativer Einbindung gesellschaftlicher Großorganisationen anders zu bestimmen sucht und sich eher eignet, gewisse soziopolitische Phänomene — wie z.B. ein geplantes Verbändegesetz — sozialwissenschaftlich zu analysieren.

Ackermann, P., 1970: Der Deutsche Bauernverband im politischen Kräfte-spiel der Bundesrepublik, Tübingen.

Adam, H., 1978: Theorie gesellschaftlicher Machtverteilung, Köln.

Agnoli, J., Brückner, P., 1967: Die Transformation der Demokratie, Berlin.

Altmann, R., 1960: Das Erbe Adenauers, Stuttgart.

ders., 1968: Späte Nachrichten vom Staat, Stuttgart.

Banaschak, M., 1964: Die Macht der Verbände, Berlin (DDR).

Bergmann, J., 1967: Konsensus und Konflikt, in: Das Argument 9, 41–59

ders., Jacobi, O., Müller-Jentsch, W., 1975: Gewerkschaften in der Bundes-republik, Frankfurt − Köln.

Bermbach, U., Nuscheler, F. (Hg.), 1973: Sozialistischer Pluralismus, Hamburg.

Bernholz, P., 1974: Die Machtkonkurrenz der Verbände im Rahmen des politischen Entscheidungsprozesses, in: H. P.Widmaier (Hg.) Politische Ökonomie des Wohlfahrtsstaates, Frankfurt, 173–196.

Bethusy-Huc, V. G. v., 1962: Demokratie und Interessenpolitik, Wiesbaden

Beyme, K. v., 1974: Interessengruppen in der Demokratie, München (4. Aufl.).

ders., 1977: Gewerkschaften und Arbeitsbeziehungen in kapitalistischen Ländern, München.

Böckenförde, E. W., 1976: Die politische Funktion wirtschaftlich-sozialer Verbände und Interessenträger in der sozialstaatlichen Demokratie, in: Der Staat 15, 457–483.

DWI (Deutsches Wirtschaftsinstitut) (Hg.), 1966: Die Macht der Hundert, Berlin (DDR).

Ehrlich, S., 1962: (poln. Ausgabe) Die Macht der Minderheit, Wien −Frank-furt/M. − Zürich (o.J.).

Eisfeld, R., 1972: Pluralismus zwischen Liberalismus und Sozialismus, Stutt-gart u.a.

Ellwein, T., 1973: Das Regierungssystem der Bundesrepublik Deutschland, Opladen (3. Aufl.).

Engholm, B., 1975: Herrschaft ohne Kontrolle? Zur Rolle der Verbände in der Bundesrepublik Deutschland, in: Die Neue Gesellschaft 22, 321–324.

Eschenburg, T., 1955: Herrschaft der Verbände?, Stuttgart 1955

Esenwein-Rothe, J., 1965: Die Wirtschaftsverbände von 1933 bis 1945, Berlin.

Fischer, W., 1973: Staatsverwaltung und Interessenverbände im Deutschen Reich 1871–1914. in: H. J. Varain (Hg.). Interessenverbände in Deutsch-land, Köln, 139–161.

Fraenkel, E., 1973: Deutschland und die westlichen Demokratien, Stuttgart u.a..

Grebing, H., 1976: Geschichte der deutschen Arbeiterbewegung, München

Greven, M. T., 1975: Zur Kritik der theoretisch-methodischen und inhaltlichen Marx-Lenin-Rezeption der Theorie des staatsmonopolistischen Kapitalismus, in: ders., B. Guggenberger, J. Strasser, Krise des Staates?, Darmstadt u. Neuwied, 105—172.

Grottian, P., 1974: Strukturprobleme staatlicher Planung, Hamburg.

Gudrich, H. u. St. Fett, 1974: Die pluralistische Gesellschaftstheorie, Stuttgart.

Häußermann, H., 1977: Die Politik der Bürokratie, Frankfurt/M.

Heinze, R. G., 1976: Zur politisch-sozialen Funktion des Deutschen Bauernverbandes (DBV), Diplomarbeit an der Fak. f. Soziologie der Universität Bielefeld (hekt. Ms).

ders., 1977: Struktur und Politik des Deutschen Bauernverbandes, in: A. D. Brockmann (Hg.), Landleben, Reinbek, 322—340.

Hemmer, H. O., Borsdorf, U., 1974: Gewerkschaftsstaat — Zur Vorgeschichte eines aktuellen Schlagwortes, in: Gewerkschaftliche Monatshefte 25, 640—652.

Hennis, W., 1968: Verfassungsordnung und Verbandseinfluß, in: ders., Politik als praktische Wissenschaft, München (zuerst in: PVS 1961), 188—200.

Horn, H., 1964: Der Kampf um den Bau des Mittellandkanals, Köln — Opladen.

Institut der deutschen Wirtschaft (Hg.), 1974: Auf dem Weg in den Gewerkschaftsstaat, Köln.

Institut für Gesellschaftswissenschaften beim ZK der SED (Hg.), 1973: Der Imperialismus der BRD, Berlin (DDR).

Jaeggi, U., 1969: Macht und Herrschaft in der Bundesrepublik, Frankfurt/M.

Kaiser, J. H., 1956: Die Repräsentation organisierter Interessen, Berlin.

Kaste, H., Raschke, J., 1977: Zur Politik der Volkspartei, in: W. D. Narr (Hg.), Auf dem Weg zum Einparteienstaat, Opladen, 26—74.

Kevenhörster, P., 1976: Kollektive Güter und organisierte Interessen in: W. Dettling (Hg.), Macht der Verbände — Ohnmacht der Demokratie, München, 189—220.

Köser, H., 1973: Parteien und Verbände in westlichen Demokratien, in: W. Jäger (Hg.), Partei und System, Stuttgart, 152—181.

Krämer-Badoni, T., Grymer, H., Rodenstein, M., 1971: Zur sozioökonomischen Bedeutung des Automobils, Frankfurt/M.

Kremendahl, H., 1977: Pluralismustheorie in Deutschland, Leverkusen.

Krug, P., 1976: Gewerkschaftsstaat oder Unternehmerstaat?, in: Die Neue Gesellschaft 23, 921—925.

La Polambara, J., 1963: Interessengruppen und Gesetzgebung in Italien, in: PVS 4, 386—426.

Lehmbruch, G., Lang, W., 1977: Die „Konzertierte Aktion", in: Der Bürger im Staat 12, 202—208.

Lowi, T. J., 1971: The Politics of Disorder, New York — London.

Marcuse, H., 1971: Der eindimensionale Mensch, Neuwied — Berlin

Massing, O., 1974: Parteien und Verbände als Faktoren des politischen Prozesses, in: ders., Politische Soziologie, Frankfurt, 76—122.

Mayntz, R., Scharpf, F. W., 1973: Kriterien, Vorraussetzungen und Einschränkungen aktiver Politik, in: dies. (Hg.), Planungsorganisation, München, 115—145.

Miliband, R., 1972: Der Staat in der kapitalistischen Gesellschaft, Frankfurt/M.

Mills, C. W., 1956: The Power Elite, New York.

Narr, W. D., 1969: Pluralistische Gesellschaft, Hannover.

ders., 1976: Der Weg zum Volksparteien-Staat der christdemokratischen Grundordnung, in: B. Blanke et al., Die Linke im Rechtsstaat I, Berlin, 159—184.

ders., Naschold, F., 1971: Theorie der Demokratie, Stuttgart u.a.

ders., Offe. C. (Hg.), 1975: Wohlfahrtsstaat und Massenloyalität, Köln.

Naschold, F., 1967: Kassenärzte und Krankenversicherungsreform, Freiburg.

Niethammer, L. et al. 1976: Arbeiterinitiative 1945, Wuppertal.

Offe, C., 1973: Politische Herrschaft und Klassenstrukturen, in: G. Kress, D. Senghaas (Hg.), Politikwissenschaft, Frankfurt, 135—164.

Preuß, U. K., 1975: Bildung und Herrschaft, Frankfurt.

Puhle, H. J., 1975: Agrarische Interessenpolitik und preußischer Konservatismus im wilhelminischen Reich (1893—1914), Bonn.

Raschke, P., 1978: Vereine und Verbände, München.

Scharpf, F. W., 1970: Demokratietheorie zwischen Utopie und Anpassung Konstanz.

Schirmeister, C., 1972: Verbände des Finanzkapitals, in: IPW Forschungshefte 7, 24—67.

Schmidt, E., 1971: Die verhinderte Neuordnung, 1945—1952, Frankfurt/M.

Schmitt, C., 1972a: Pluralismus als Theorie der Auflösung des Staates, in: F. Nuscheler, W. Steffani (Hg.), Pluralismus, München, 93—98.

ders., 1972b: Die konkrete Verfassungslage der Gegenwart, in: F. Nuscheler, W. Steffani (Hg.), Pluralismus, München, 99—120.

Schulz, G., 1973: Über Entstehung und Formen von Interessengruppen in Deutschland seit Beginn der Industrialisierung, in: H. J. Varain (Hg.), Interessenverbände in Deutschland, Köln, 25—54.

Schultz, R., 1977: Arbeitnehmerkammern und Wirtschafts- und Sozialräte als Instrumente gesamtwirtschaftlicher Mitbestimmung. in: aus politik und zeitgeschichte (B 22/77) v. 4.6.77, 13—21.

Schuster, J., 1976: Parlamentarismus in der BRD, Berlin (DDR).

Simon, W., 1976: Macht und Herrschaft der Unternehmerverbände, Köln.

Stammer, O. et al. 1965: Verbände und Gesetzgebung, Köln — Opladen.

Steinberg, R., 1973: Die Interessenverbände in der Verfassungsordnung, in: PVS 14, 27—65.

Teubner, G., 1978: Organisationsdemokratie und Verbandsverfassung, Tübingen.

Varain, H. J., 1964: Parteien und Verbände, Köln — Opladen.

ders. (Hg.), 1973: Interessenverbände in Deutschland, Köln.

Weber, J. 1977: Die Interessengruppen im politischen System der Bundesrepublik Deutschland, Stuttgart u.a.

Weber, W., 1972: Das Kräftesystem in der wohlfahrtsstaatlichen Demokratie, in: F. Nuscheler, W. Steffani (Hg.), Pluralismus, München (zuerst 1958), 123—132.

Werner, K.-G., 1968: Organisation und Politik der Gewerkschaften und Arbeitgeberverbände in der deutschen Bauwirtschaft, Berlin.

Widmaier, H. P., 1976: Sozialpolitik im Wohlfahrtsstaat, Reinbek.

Wolff, R. P., Moore, B., Marcuse, H., 1967: Kritik der reinen Toleranz, Frankfurt/M. (3. Aufl.).

WSI — Mitteilungen, 1976 u. 1977: Gewerkschaftsstaat oder Unternehmerstaat I + II (Sonderhefte).

Zeuner, B., 1976: Verbandseinflußforschung und Pluralismustheorie, in: Leviathan 4, 137—177.

ders., 1977: „Solidarität" mit der SPD oder Solidarität der Klasse. Zur SPD-Bindung der DGB-Gewerkschaften, in: Prokla 7, Nr. 26, 3—37.

Zoll, R., 1976: Der Doppelcharakter der Gewerkschaften, Frankfurt/M.

2. ANALYSEN

Ulrich von Alemann, Rolf G. Heinze

2.1. Auf dem Weg zum liberalen Ständestaat? Einführung in die Korporatismusdiskussion

Vor kurzer Zeit wurde das letzte, fast schon vergessene Relikt ständischer, korporativer Verfassung, die spanische *Cortes*, ohne große Gegenwehr liquidiert. Ständische und korporative Verfassungssysteme schienen durch den Faschismus endgültig so diskreditiert, daß die allzulange konservierten Reste auf der iberischen Halbinsel ohne erneuten Bürgerkrieg in Richtung auf die „moderne" Regierungsform der liberalen, parlamentarischen Demokratie überführt werden konnten.

Es scheint paradox, daß in dieser Situation der Begriff *Korporatismus* wieder zum Leben erweckt wird und das gerade zur Kennzeichnung großer liberaler pluralistischer Demokratien in Mitteleuropa. Hatte man doch lange Zeit die „Parlamentaristen" und die „Korporatisten" als die erklärten Gegenpole betrachtet. Offenbar ist aber eine ganze Reihe politischer Beobachter und sozialwissenschaftlicher Analytiker der gemeinsamen Überzeugung, daß mit „Korporatismus" ein Konzept vorliegt, das aktuelle Zustände und Wandlungsprozesse besser beschreibt, als die bekannten Theorien des liberalen Pluralismus, Spätkapitalismus, Staatsmonopolistischen Kapitalismus oder auch der postindustriellen Gesellschaft.

Keineswegs liegt aber ein klarer Terminus für einen konkreten Gegenstand vor. Nicht nur variiert die Bezeichnung zwischen „*Neo-*", „*liberalem*", „*pluralistischem*" „*Neuem*" oder „*gesellschaftlichem Korporatismus*" oder auch „*Korporativismus*", sondern die Diskussion ist sich nicht einmal einig, was sie eigentlich damit meint: ein in erster Linie *ökonomisches* Phänomen – nämlich die Verbindung von privatem Eigentum mit öffentlicher Kontrolle – oder ein *politisches* – nämlich die funktionale, z.B. berufsständische Repräsentation von Interessen in paritätisch besetzten Räten – oder ein „sozio-politisch-ökonomisches" Syndrom – nämlich allgemeine Formierungstendenzen staatlicher Institutionen mit gesellschaftlichen Großgruppen˙ und Eliten, um durch harmonisierende Gemeinwohlvorstellungen Legitimationsdefizite zu überwinden. Dissens herrscht darüberhinaus, ob dies eine globale Entwicklung in allen liberalkapitalistischen Staaten anzeigt oder aber auf wenige ganz bestimmte Länder beschränkt bleibt (wie z.B. Österreich oder Schweden).

Der Blick in die wichtigsten sozial- und politikwissenschaftlichen Lexika hilft kaum, das Begriffsdickicht zu lichten: entweder kennt man den Begriff überhaupt nicht oder man verweist auf den Begriff *Ständestaat, ständische Verfassung* (wie besonders im deutschen Sprachraum) bzw. auf den *Faschismus* (wie besonders im englischen und romanischen Bereich). Damit sind immerhin die beiden wichtigsten Bezugspunkte genannt, wenn auch eine dritte Assoziation noch fehlt. Denn da die aktuelle Diskussion um „Corporatism" besonders im englischen Sprachraum geführt wird, drängt sich noch als dritte Linie eine Verbindung zu den ökonomischen „corporations" i.S. der wirtschaftlichen Großkonzerne auf, die den „corporative state" beherrschen.

Die Theorie des *Ständestaats* oder der ständischen Verfassung verkörpert eine besonders im Deutschen ausgeprägte verfassungsgeschichtliche Tradition, die bis heute immer wieder einmal zu neuem Leben zu erwecken versucht wird. Ständische Ordnungen sind für sich allerdings sehr komplex. Sinnvoll ist deshalb zunächst die Unterscheidung von altständischer oder herrschaftsständischer Verfassung und neuständischer Ordnung. Die altständische Verfassung bildet in Europa einen Übergang von der mittelalterlichen Feudalverfassung zum bürgerlichen Staat. Nicht etwa die gesamte Gesellschaft wurde in Stände organisiert, sondern nur die sozioökonomisch potenten Schichten – in der Regel Adel, Klerus und städtisches Bürgertum – erhielten als Stände relative Autonomie und verbriefte Hoheits- und Freiheitsrechte. Hierarchisch abgesetzt waren sie nicht nur von der Masse der nicht „standesgemäßen" Bevölkerung in Land und Stadt, sondern auch zwischen und in den Ständen selbst vielfältig abgestuft. Diese verfaßte Ungleichheit wurde von der mittelalterlichen Scholastik gerechtfertigt durch die höhere Gerechtigkeit des suum cuique im organologisch zusammengefügten Gesellschaftskörper, nicht zuletzt unter Berufung auf Aristoteles' „proportionale Gleichheit".

Die bürgerlichen Revolutionen fegten altständische Strukturen, die auch noch dem Absolutismus standgehalten hatten, hinweg unter der Parole Gleichheit vor dem Gesetz. Neuständische und berufsständische Ideologien und Strukturen widersetzten sich allerdings im Deutschland des 19. Jahrhunderts erfolgreich der parlamentarischen Repräsentationsidee des Bürgertums. Die Rechtfertigung einer funktionalen, berufsständischen Repräsentation konnte sich auf Hegel berufen, der in Abgeordneten als politischen Repräsentanten nur dann „einen organisch vernünftigen ‚Sinn'" sehen konnte, wenn „sie nicht Repräsentanten ... von Einzelnen, von einer Menge ...‚ sondern Repräsentanten einer der wesentlichen Sphären der Gesellschaft, Repräsentanten ihrer großen Interessen" sind (Hegel 1972, 277).

Die berufsständische Idee einer funktionalen Repräsentation der ständisch gegliederten Gesellschaft hat bis heute dem liberalen, parteienstaatlichen Parlamentarismus die Fähigkeit abgesprochen, die wesentlichen Interessen der Gesellschaft gerecht und adäquat zu vertreten. Theorien der funktionalen Repräsentation dieses Jahrhunderts, die ständisch definierte Berufsgruppen oder sozioökonomische Klassen an die Stelle der Herrschaft der „bloßen Zahl" im liberalen Parlament setzen wollen, haben allerdings ganz unterschiedliche ideologische Wurzeln und verkörpern divergierende gesellschaftliche Interessen. Gemeinsam ist ihnen die Kritik am Individualismus des bürgerlichen Liberalismus, der die Gesellschaft atomisiere, statt organische Gemeinschaft oder gesamtgesellschaftliche Totalität begründen zu können. Die *universalistische* Staats- und Gesellschaftstheorie eines Ottmar Spann mit ihrem engen Bezug zu korporativen Ideen des Faschismus teilt diesen negativen Bezugspunkt mit der *solidaristischen* katholischen Soziallehre, wie sie am deutlichsten in der Enzyklika ,,Quadrogesimo anno" von 1931 formuliert wurde (vgl. dazu Mayer-Tasch 1971). Aber auch die *genossenschaftliche* Theorie des Gildensozialismus, wie sie besonders in Großbritannien diskutiert wurde (G. H. D. Cole 1921), und auch im Konzept der ,,Wirtschaftsdemokratie" der deutschen Gewerkschaften der Weimarer Republik erkennbar ist (Naphtali 1928), weist in die Richtung der ständisch-funktionalen Repräsentation. Alle drei Linien, die historisch parallel die Diskussion der zwanziger/dreißiger Jahre bestimmten, sind bis heute nicht abgebrochen worden. Die universalistisch-korporative Idee scheint immer wieder in konservativen Konzepten einer organischen, ganzheitlichen Gemeinschaft, wie z.B. bei der ,,Formierten Gesellschaft", durch; der theologisch abgeleitete Solidarismus ist weiter ein Thema der katholischen Soziallehre (von Nell-Breuning 1959) und kann auch fragmentarisch in der ,,Neuen Sozialen Frage" identifiziert werden; die genossenschaftliche Idee des Gildensozialismus ist mit ihrer funktionalen Repräsentation in das jugoslawische Sozialismus-Modell mit eingegangen und auch in der Forderung des DGB nach Repräsentation durch Wirtschafts- und Sozialräte lebendig.

Obwohl korporative Argumentationen der Gegenwart nicht fremd sein können, wächst die Debatte um einen ,,neuen" Korporatismus aus keiner der alten Quellen unmittelbar. Denn die alte gemeinsame Prämisse ist aufgegeben: kein Gegeneinander von regionaler (durch Wahlkreise) und ideologischer (durch Parteien) Repräsentation des pluralistischen Liberalismus zur organologischen oder funktionalen Vertretung (durch Berufsstände oder Klassen) im Korporatismus, sondern Synthese.

Der politische Liberalismus des organisierten Kapitalismus habe selbst auf korporative Mechanismen zurückgegriffen, um anders nicht mehr erreichbare Integrationsleistungen zu erbringen. Die seit einigen Jahren breit geführte Diskussion um die ,,Unregierbarkeit" der westlich-kapitalistischen Gesellschaft ist ein Signal für die wachsende Instabilität der Systeme, die durch neue, prozedurale Steuerungsmethoden korrigiert werden sollen (vgl. Böckenförde 1976 und Beiträge in Hennis et. a. 1977).

Korporatismus ist im Begriff, mehr als ein Konzept zu werden, sondern ein Paradigma der Analyse liberal-demokratischer, kapitalistischer Industriegesellschaften. Es könnte Kategorien aufnehmen und ablösen, die bisher die Debatte bestimmten, aber alle nicht befriedigen konnten. Das gilt z.B. für den Begriff des „organisierten Kapitalismus", der von Rudolf Hilferding geprägt die neuere sozialhistorische Diskussion stark beeinflußt (vgl. Winkler 1974); oder für die liberale Pluralismustheorie, die nach dem zweiten Weltkrieg immer selbstverständlicher zu dominieren schien, bis sie nicht nur von konservativem Staatsdenken, sondern auch von herrschaftskritischen Ansätzen wie der Theorie des Spätkapitalismus oder des staatsmonopolistischen Kapitalismus und schließlich sogar von einer neukonservativen „Neuen sozialen Frage" ob ihrer idealistischen oder verschleiernden Gleichgewichtsprämissen angegriffen wurde.

Die Korporatismus-Theorie versucht in einem umfassenden Sinn blinde Stellen der traditionellen Analysemuster aufzuhellen. Tendierte die Pluralismustheorie zu einer optimistisch bis naiven oder auch verschleiernden Übertragung des freien Konkurrenzprinzips auf den politischen Markt, so soll hier die Konsequenz daraus gezogen werden, daß in der Ökonomie längst eine Marktvermachtung stattgefunden hat, die ihr politisches Pendant in hegemonialen Großparteien und im sozioökonischen Sektor in fest etablierten Großverbänden — besonders von Arbeit und Kapital — findet. Wurde in der Pluralismustheorie die ökonomische Machtfrage meist ausgeklammert, so dominiert sie in neueren marxistischen Theorien oft so stark, daß für die konkrete oder relative Autonomie staatlicher Politik zuwenig Raum blieb.

Korporatismus-Theorien streben eine Synthese sozioökonomischer und soziopolitischer Faktoren zur Erklärung von Zustand und Wandel der liberal-demokratischen kapitalistischen Industriegesellschaften an. Daneben können regionale Bedingungen von Entwicklungsländern — nämlich im lateinamerikanischen Raum — unter stärkerem Rückgriff auf die Traditionen des iberischen faschistischen Korporatismus mit dem Konzept des „Staatskorporatismus" erfaßt werden (vgl. Schmitter 1974, Pike/Stritch 1974). Hier sollen allerdings die Industriestaaten im Vordergrund stehen. Die wesentlichen Voraussetzungen für die Ablösung pluralistischer soziopolitischer Strukturen durch einen „societal corporatism" in den Industriestaaten sieht Schmitter in folgenden Bedingungen (Schmitter 1974, 107 f.):

- Verstärkung der ökonomischen Konzentration und der
- Konkurrenz zwischen nationalen Volkswirtschaften,
- Ausdehnung des Staatsinterventionismus in alle wirtschaftlichen und gesellschaftlichen Bereiche,
- Rationalisierung der staatlichen Entscheidungsprozesse, um
- untergeordnete Statusgruppen stärker in den politischen Prozeß zu inkorporieren;
- die Steuerung dieser Prozesse verlangt ein stabiles, pluralistisches Ordnungssystem das durch
- gesellschaftlichen Korporatismus die vorher pluralistisch zersplitterte Interessenstruktur stärker zusammenzubinden in der Lage ist.

Innerhalb der Korporatismus-Debatte, die in der Bundesrepublik erst allmählich Konturen annimmt, wird noch mit ganz unterschiedlichen Gewichtsverteilungen gearbeitet. Wir wollen versuchen, kurz die wichtigsten Diskussionslinien anzusprechen. Sie unterscheiden sich nicht nur nach Schwerpunkten der gesellschaftlichen Begründungszusammenhänge – hier sind unterscheidbar 1. ökonomische Argumentationen, 2. politische und 3. soziopolitische – sondern auch nach den wissenschaftspolitischen Interessen – ob ein kritisches Interesse an Aufdeckung von Machtstrukturen oder ein pragmatisches an Erklärung von Stabilitätsbedingungen überwiegt.

1. Korporatismus als ökonomisches Prinzip

Bereits in den Kriegswirtschaften der kapitalistischen Staaten in den vierziger Jahren, ganz abgesehen von den faschistischen Regimen bereits der dreißiger Jahre nicht nur in Italien und Deutschland, sondern auch in Österreich, Portugal, Spanien und einigen Balkanstaaten – hat sich fast überall das Syndrom des ökonomischen Korporatismus mehr oder weniger dominant verwirklicht, als alle soziopolitischen Großgruppen und Interessen sich halb bereitwillig halb gezwungen den nationalen Imperativen unterordneten. So wurde von Maurice Dobb bereits Ende der vierziger Jahre von

„Corporate capitalism" oder „Corporation capitalism" gesprochen (Dobb, vgl. Kocka 1974, 24). Die Ära des Neoliberalismus, dem ideologischen Todfeind jeglichen ,Korporatismus' ließ korporative Theorien zunächst zurücktreten, ohne freilich die längst vorwärtsstürmende sozioökonomische Entwicklung der wirtschaftlichen Konzentration und die Expansion des Staatseinflusses erkennen oder gar verhindern zu wollen.

In den sechziger Jahren belebte das neue Interesse an kapitalismuskritischer Analyse den Rückgriff auf die vertraute Kategorie. Andrew Shonfield will in seiner einflußreichen Analyse des „Wandels der Balance von öffentlicher und privater Macht" (Untertitel) durch staatliche Planung in Großbritannien, Frankreich, Bundesrepublik und USA den Terminus „korporativ" nicht im pejorativen Sinn verstanden wissen:

All planning of the modern capitalist type implies the acceptance of some measure of corporatism in political organisation: that follows from basing the conduct of economic affairs on the deliberate decisions of organized groups of producers, instead of leaving the outcome to the clash between individual competitors in the market. It is, however, a matter of concern when the new corporatist organizations bypass the ordinary democratic process — neither throwing their own deliberations open to the public nor subjecting the bargains struck between the main centers of economic power to the regular parliamentary scrutiny. (Shonfield 1965, 161)

In der jüngeren Debatte seit Mitte der siebziger Jahre wird eine ökonomische Ebene der Korporatismus-Theorie (vgl. z.B. Harris 1972) weiterhin am klarsten bei den britischen Autoren vertreten, und hier besonders bei J.T. Winkler, wenn er definiert:

Corporatism is an economic system in which the state directs and controls predominantly privately-owned business according to four principles: unity, order, nationalism and success. (Winkler 1976, 136).

Die Konzeptualisierung von Korporatismus als ökonomisches Strukturprinzip und seine Bezüge zu alternativen Modellen wird am klarsten durch Winklers Schema, in dem die beiden Ebenen ökonomische Besitzverhältnisse und Kontrolle nach privat und öffentlich gekreuzt werden (Winkler 1976, 113):

Besitzverhältnisse

		öffentlich	privat
Kontrolle	öffentlich	Sozialismus	Korporatismus
	privat	Syndikalismus	Kapitalismus

Durch eine solche Zuspitzung des Konzepts auf die ökonomische Ebene geht freilich viel von der gesamtgesellschaftlichen
Perspektive, die gerade diese Kategorie auszeichnet, verloren. Wichtig
ist zwar, daß durch die Inkorporierung ökonomischer Macht in
politische Strukturen Machtungleichgewichte nicht nur in einer
gerechten Ordnung aufgehoben, sondern durch die tendenzielle
Entpolitisierung eher perpetuiert werden. Aber eine nur auf ökonomische Steuerung rekurrierende Argumentation läßt die Bedeutung der funktionalen Lücke im Konsensbildungsprozeß außer
acht, die durch den Legitimationsverlust von staatlicher Exekutive
und Legislative sowie der Parteien entstanden ist. Die verstärkte
Einbindung von gesellschaftlichen Großverbänden kann jedoch
diese Defizite nicht in jedem Fall überwinden, was sich am aktuellen
Problem der Kernenergiepolitik zwischen Staat, ökonomischen
Großverbänden (Konzerne und Gewerkschaften) und Bürgerinitiativen illustrieren läßt (vgl. von Alemann/Mambrey 1978). Dieser
tendenziell „hierarchische Korporatismus" vorgeblich größerer
Rationalität, der Kontrollfunktionen übernehmen soll, kennzeich-
net vor allem Theorien, die den Korporatismus eher affirmativ auf
Tendenzen der Manager-Revolution und Verbürokratisierung der
Großindustrie zurückführen wollen (vgl. Winkler 1976).

2. Korporatismus als politisches Prinzip

Hatte die ökonomische Variante der Korporatismus-Theorie besonders die neue aktive Rolle des Staates im Wirtschaftsprozeß
kapitalistischer Gesellschaften thematisiert, so stellt die politische
Variante stärker auf die neue aktive Rolle der großen Interessengruppen und ihre institutionalisierte Macht im politischen System

ab. Damit wird deutlicher auf die ständische Tradition zurückgegriffen, da eine funktionale Repräsentation von sozioökonomischen
Gruppen neben und/oder statt regionaler Repräsentation durch
allgemein gewählte Parlamentarier als Hauptcharakteristikum des
neuen Korporatismus herausgestellt wird. In diesem Sinne definiert
Anderson:

> Corporatism is the term that is properly applied to the structured represen-
> tation of functional interest in the process of policy-making (Anderson 1977,
> 191).

Wirtschafts- und Sozialräte, wie seit langem von DGB vorgeschlagen,
würden hier ihren Platz ebenso finden, wie auch informelle Gremien
wie die ,,Konzertierte Aktion". Dieses vom Staat initiierte Gremium
sollte Steuerungsfunktionen übernehmen, da hier das Verhalten
der wichtigsten Interessen des ökonomischen Prozesses abgestimmt
werden könnte. Ob dies Ziel tatsächlich erreicht wurde, kann bezweifelt werden; einzelne Autoren sprechen der Konzertierten
Aktion in erster Linie Legitimationsfunktionen zu (vgl. Lehmbruch/
Lang 1977, 207). Diese Form der Einkommenspolitik, der es in der
Regel meist mehr um die Löhne als um die Preise zu tun ist — ganz
zu schweigen von Investitionen — wird vor allem in Österreich und
einigen skandinavischen Staaten erprobt.

Die Einbeziehung der wirtschaftlichen Großverbände in die
staatliche Einkommenspolitik geht nicht unbedingt konform mit
einer formalen, rechtlichen Institutionalisierung. Beispiele aus
anderen Ländern zeigen, daß nicht so streng institutionalisierte
Formen der Kooperation zwischen Staat und Verbänden (z.B.
in Schweden, s. Lehmbruch 1977, 108; und in Großbritannien,
s. Streeck 1978) ebenfalls ,,funktional" sein können.

Vor dem Hintergrund der relativ ausgeprägten korporatistischen
Strukturen Schwedens stellt Ruin seine Korporatismus-Definition
besonders stark auf den Partizipationseffekt ab:

> The word corporativism as used in this essay encompasses two dimensions.
> First, it refers to groups formed according to roles and occupations of single
> individuals rather than according to beliefs. The groups I have in mind —
> to speak in specific structural terms — are interest organizations of different

kinds, and not political parties. Second, the word corporatism refers to a situation where interest organizations are integrated in the governmental decision-making process of a society, regardless of whether this takes place on a national or local level. (Ruin 1974, 172).

Neue Formen der gruppenorientierten (korporativen) Partizipation brachten immer wieder neue Forderungen nach einer individuellen, direkten Partizipation, auch in den Parteien und Verbänden, mit sich. Dieses Phänomen kann durch ein Beispiel aus der Bundesrepublik illustriert werden. Die Einbindung von spontanen Bürgerinitiativen durch deren „Dachverbände" in traditionelle Einflußstrukturen sowie ihre Wahlbeteiligung und ihre Integration in den definierten Rahmen des rechtsstaatlichen Prozesses durch mögliche Einräumung der „Verbandsklage" zeigt die schnelle Ablösung individuell-orientierter Partizipationsforderungen durch gruppenförmige Organisationsbeteiligung.

Die Integration der Interessenverbände in das politische System geschieht deshalb nach Ruin nicht kontinuierlich, sondern folgt einem zyklischen Muster: „Traits of corporativism evoke dissatisfaction that evokes more corporativism, and so forth" (Ruin 1974, 183).

3. Korporatismus als soziopolitisches Prinzip

Schon in den sechziger Jahren hat Rokkan in dem einflußreichen Band von Robert Dahl, Political Oppositions in Western Democracies (1966), in seiner Fallstudie Norwegen als „Corporate pluralism" charakterisiert. Drei „Stände" dominierten die sozioökonomischen Entscheidungsprozesse: Arbeiterschaft, Landwirtschaft und Unternehmer. Alle drei Stände bzw. deren jeweilige Verbände und Parteien können sich bis zu einem gewissen Grad blockieren; mit allen drei wird informell von der Regierung vorverhandelt, bevor Entscheidungen anstehen. Sie reichen als „Säulen" in eine dreifach segmentierte Gesellschaft hinein.

Die soziopolitische Variante der Korporatismustheorie hat deshalb einen engen Bezug zu der Diskussion um „Consociational democracy" in kleineren europäischen Staaten, bes. den Niederlanden, aber auch Österreich, Schweiz und in Skandinavien (vgl. Lijphardt 1969, Lehmbruch 1969). Die Vagheiten und Begrenzungen des Konzepts der *consociational democracy* müssen davor warnen, das Korporatismuskonzept nur als ein neues Wort für dasselbe schillernde Phänomen zu benutzen.

Schmitter (1974) scheint es mit seinem Konzept des „societal corporatism" gelungen zu sein, eine zugleich konkretere und operationalisierbare aber dennoch umfassende Kategorie zu formulieren. Die genetische Entwicklung von Pluralismus über Korporatismus bis hin zum Syndikalismus, die er andeutet, bleibt freilich ein mehr geschichtsphilosophischer Ausflug. „Den" Pluralismus hat es sicher in der Realität nie gegeben. Auch „der" Korporatismus ist ein gradualisitisches Konzept. Unterschiedliche Länder weisen zu verschiedenen Zeitpunkten mehr oder weniger ausgeprägte korporative Strukturen auf. Wichtig in diesem Konzept ist die Verbindung der ökonomischen, politischen, sozialen und ideologischen Ebene. Auch bei Panitch (1977, 66), wird der kritische und analytische Aspekt verbunden zu einer umfassenden Definition, die geeignet ist, abschließend die neuere Diskussion zusammenzufassen:

„The corporatist paradigm as understood to connote a political structure within advanced capitalism which integrates organized socioeconomic producer groups through a system of representation and cooperative mutual interaction at the leadership level and of mobilization and social control at the mass level can be a heuristic tool for appropriating the social reality of many western liberal democracies."

Literaturverzeichnis zu 2.1.

v. Alemann, U., Mambrey, P., 1980: Gewerkschaften und Bürgerinitiativen, in: O. Rammstedt (Red.), Bürgerinitiativen in der Gesellschaft, Villingen-Schwenningen, 233–263.
Anderson, Ch.W., 1977: Political Design and the Representation of Interests, in: Comparative Political Studies 10, 127–152.
Böckenförde, E.W., 1976: Die politische Funktion wirtschaftlich-sozialer Verbände und Interessenträger in der sozialstaatlichen Demokratie, in: Der Staat 15, 457–483.
Cole, G.H.D., 1921: Guild Socialism, New York.

Dobb, M.H., 1974: Studies in the Development of Capitalism, London, 2.A.

Harris, N., 1972: Competition and the Corporate Society, London.

Hegel, G.W.F., 1972:Grundlinien der Philosophie des Rechts, Frankfurt a.M. (zuerst 1921).

Hennis, W. u.a., 1977, Unregierbarkeit. Probleme der Regierbarkeit in den westlichen Staaten, Stuttgart.

Kocka, J., 1974: Organisierter Kapitalismus oder Staatsmonopolistischer Kapitalismus? Begriffliche Vorbemerkungen, in: H.A. Winkler (Hrsg.), Organisierter Kapitalismus, Göttingen, S. 19–35.

Lijphart, A., 1969: Consociational Democracy, in: World Politics 21, 207–225.

Lehmbruch, G., 1969: Konkordanzdemokratien im internationalen System, in: Politische Vierteljahresschrift 10, Sonderheft 1, 139–163.

ders., 1977: Liberal Corporatism and Party Government, in: Comparative Political Studies 10, 91–126.

ders., Lang, W., 1977: Die „Konzertierte Aktion". Ansätze zu einem neuen Korporatismus in der Bundesrepublik? in: Der Bürger im Staat 12, 202–208.

Mayer-Tasch, P.C., 1971: Korporativismus und Autoritarismus. Eine Studie zu Theorie und Praxis der berufsständischen Rechts- und Staatsidee, Frankfurt/M.

Naphtali, F. (Hrsg. im Auftrag des ADGB), 1928: Wirtschaftsdemokratie. Ihr Wesen, Weg und Ziel, Berlin.

Nedelmann, B., Meier, K.G., 1977: Theories of Contemporay Corporatism: Static or Dynamic, in: Comparative Political Studies 10, 39–60.

v. Nell-Breuning, O., 1959: Ständischer Gesellschaftsaufbau, in: Handwörterbuch der Sozialwissenschaften, Stuttgart, Bd. 10, 6–11.

Panitch, L., 1977: The Development of Corporatism in Liberal Democracies, in: Comparative Political Studies 10, 61–90.

Pike, F.B., Stritch, T. (Hrsg.), 1974: The New Corporatism. Social-Political Structures in the Iberian World, London.

Rokkan, S. 1966: Norway: Numerical Democracy and Corporate Pluralism, in: R.A. Dahl (Hrsg.), Political Oppositions in Western Democracies, New Haven, 70–115.

Ruin, O., 1974: Participatory Democracy and Corporativism. The Case of Sweden, in: Scandinavian Political Studies 9, 171–184.

Schmitter, P.C., 1974: Still the Century of Corporatism? in: Review of Politics 36, 85–131.

ders., 1977: Modes of Interest Intermediation and Models of Societal Change in Western Europe, in: Comparative Political Studies 10, 7–38.

Shonfield, A., 1965. Modern Capitalism, Oxford.

Streeck, W., 1978: Staatliche Ordnungspolitik und industrielle Beziehungen: Der Britische Industrial Relations Act von 1971, IIMV, IIM/78-3, Berlin.

Winkler, H.A. (Hrsg.), 1974: Organisierter Kapitalismus. Voraussetzungen und Anfänge, Göttingen.

Winkler, J.T., 1976: Corporatism, in: European Journal of Sociology 17, 100–136.

Gerhard Lehmbruch

2.1.1. Wandlungen der Interessenpolitik im liberalen Korporatismus

Mit dem Begriff des „Korporatismus" bezeichnen wir einen neuen Modus von Interessenpolitik, der sich in einer Reihe von westeuropäischen Ländern abzeichnet und seit den sechziger Jahren stark an Bedeutung gewonnen hat. Die Analyse der organisierten Interessenvermittlung war bislang von einem einflußreichen Modell beherrscht, das mit der (amerikanischen) Formel der „pressure politics" den prägnantesten Ausdruck gefunden hat: Organisierte Interessen suchen staatliches Handeln in ihrem (jeweils partikulären) Sinne zu beeinflussen. Die sozialwissenschaftliche Forschung geht dann der Frage nach, welcher Einflußtechniken und welcher Zugangswege zu den Entscheidungszentren sich die Verbände bedienen, und inwieweit politische Entscheidungen auf solch organisierten Gruppeneinfluß zurückgeführt werden können. In der amerikanischen Politikwissenschaft konnte das bei der lange Zeit die interessenpolitische Verbandsforschung beherrschenden pluralistischen Schule von Arthur Bentley (1908) und David Truman (1951) einen gerafften Ausdruck in der Vorstellung von staatlicher Politik als Vektorensumme (oder als Resultante eines Kräfteparallelogramms) finden. Traditionen kontinentaleuropäischen Politikverständnisses widersetzten sich hierzulande zwar der Rezeption eines so ausgeprägt instrumentellen Staatsverständnisses und suchten den normativen Vorrang der „Staatsautorität" vor „Gruppenegoismus" zu behaupten. Aber dahinter stand eine vergleichbare analytische Perspektive, denn wiederum ging es um die Frage, wie weit staatliche Entscheidungen aus Einflüssen privater, wenngleich mächtiger Interessen zu erklären seien. Es ist dies eine Perspektive, die dem Aufkommen der organisierten Interessenpolitik nach dem

Ende des Laissez-faire-Liberalismus, also etwa seit den letzten Jahrzehnten des 19. Jahrhunderts, nicht unangemessen war und für den Übergang staatlicher Wirtschaftspolitik zu Protektionismus und Interventionismus brauchbare (wenngleich nicht erschöpfende) Erklärungshilfen anbot.

Der neue Modus von Interessenpolitik, von dem hier die Rede sein soll, ist nun aus dieser hergebrachten „einflußtheoretischen" Perspektive (in der Einflußvektoren von den organisierten gesellschaftlichen Interessen zum Staatsapparat verlaufen) nicht mehr zureichend zu erfassen. Die strukturelle Transformation der organisierten Interessenvermittlung, die in der politikwissenschaftlichen Forschung mit dem Typusbegriff *Korporatismus* bezeichnet wird (am explizitesten bei Schmittler 1974), steht vielmehr — so meine Grundthese — in Zusammenhang mit der tendenziellen Instrumentalisierung der Großorganisationen für staatliche Steuerungsleistungen (vgl. Lehmbruch 1974, 1977). Damit soll nicht etwa behauptet werden, es werde zukünftig keine „pressure politics" mehr geben. Natürlich suchen Unternehmerverbände und Großunternehmer, Gewerkschaften und die organisierte Landwirtschaft weiterhin Einfluß auf die Staatsverwaltung oder das Parlament im Sinne ihrer „Sonderinteressen" auszuüben. Aber es gibt jetzt zunehmend gegenläufige Bemühungen, die Großorganisationen — insbesondere diejenigen der Produktionssphäre — zu einem mit der staatlichen Politik „abgestimmten Handeln", zu „konzertierter Aktion" zu veranlassen — so die Formel, die in die deutsche Diskussion mit dem „Gesetz zur Förderung der Stabilität und des Wachstums der Wirtschaft" von 1967 Eingang gefunden hat. Stabilisierungs- und Wachstumspolitik erfordern, so die zugrundeliegende Überlegung, eine Koordination nicht nur zwischen den verschiedenen staatlichen Akteuren (etwa des Bundes mit den Ländern und Gemeinden, oder der Fachressorts miteinander), sondern auch mit den „privaten" Großorganisationen, die auf die Einhaltung „gesamtwirtschaftlich" orientierter Zielvorgaben verpflichtet werden sollen. Und die Formulierung dieser Ziele fällt naturgemäß in die staatliche Verantwortung. Es liegt auf der Hand, daß eine solche Instrumentalisierung der organisierten Interessen nicht ohne Widerstände vor sich geht, daß sie häufig nur unvollkommen gelingt oder gänzlich scheitern kann. Denn, wie gesagt, diese Tendenz ist ja gegenläufig zur herkömmlichen „pressure politics". Nichtsdestoweniger zeichnet sich diese Tendenz in den westeuropäischen Ländern mit unterschiedlicher Deutlichkeit ab. Und soweit sie sich durchzusetzen vermag, kehren sich — im Vergleich zum klassischen pluralistischen Modell der Politik als Vektorensumme — die Einflußvektoren um. Sie verlaufen jetzt, vereinfachend gesprochen, nicht mehr von den „privaten" Verbänden zu den staatlichen Steuerungszentren, sondern umgekehrt. Ähnliches hat offenbar Ernst-Wolfgang Böckenförde (1977) im Auge, wenn er zwei Typen des Verbandshandelns unterscheidet: Auf der einen Seite gebe es Verbände, die lediglich Einfluß auf die staatliche Willensbildung nehmen könnten (zum Beispiel der Bauernverband); demgegenüber seien andere Organisationen in der Lage, Daten zu setzen, die die staatliche Wirtschaftspolitik berücksichtigen müsse, und gewännen dadurch Anteil an der „staatlichen Entscheidungsgewalt". Zu diesem Typus, der eben von dem Modell der pluralistischen Einflußpolitik nicht mehr abgedeckt wird, rechnet Böckenförde die Tarifparteien und die Großinvestoren.

Daß diese neueren Entwicklungen mit dem Begriff des „Korporatismus" beschrieben werden, stößt gelegentlich auf Befremden. Die Vokabel hat für viele einen pejorativen Beiklang. Man assoziiert mit ihr gern antiparlamentarische und antidemokratische Programme — beispielsweise die reaktionär-romantische Vorstellung einer „ständestaatlichen" Ordnung im Sinne von Doktrinären wie Othmar Spann. Oder man denkt an autoritäre Gleichschaltung wie im „korporativen Staat" des italienischen Faschismus und im Portugal Salazars. Daher überrascht es nicht, daß ein Autor wie Böckenförde, dessen normative Position im Sinne unserer Terminologie als neokorporatistisch charakterisiert werden kann, diese Vokabel vermeidet. Solche Zurückhaltung ist angesichts der bei uns verbreiteten Neigung, wissenschaftliche und politische Gegner gleichsam mit begriffsgeschichtlichen Keulenschlägen niederzustrecken, nicht unverständlich. Aber damit wird nicht nur ein weitaus komplexerer ideengeschichtlicher Zusammenhang (in den beispielsweise auch der englische „Gildensozialismus" eingeordnet werden kann) zu einem Kampfbegriff verengt. Man verbaut sich damit auch die

Möglichkeit zu wissenschaftlich fruchtbarer typologischer Differenzierung, wie sie gerade an der Analyse des autoritären Korporatismus faschistischer Obervanz ansetzen kann.

Die Rezeption des Konzepts in der Politikwissenschaft ist nämlich dadurch ausgezeichnet, daß sie zwei typologische Varianten einander gegenüberstellt, den ,,gesellschaftlichen" dem ,,Staatskorporatismus" (so zuerst, und definitorisch besonders ausgearbeitet, Schmitter 1974), oder den ,,liberalen Korporatismus" dem ,,autoritären Korporatismus" (so Lehmbruch 1974, 1977). Beide Begriffspaare decken sich weithin. Liberaler Korporatismus beruht nicht, wie das romantisch-reaktionäre Programm einer ,,ständischen Ordnung", auf mehr oder weniger rigiden Statuszuschreibungen, wie sie vorindustriellen Sozialstrukturen eigentümlich waren, sondern auf der konfliktreichen Interessendifferenzierung einer durch relativ hohe gesellschaftliche Mobilität charakterisierten kapitalistischen Industriegesellschaft nach sektoraler und Klassenlage. Im Gegensatz zu autoritär-korporativen Experimenten bildet sich der liberale Korporatismus auf der Grundlage von Vereinigungsfreiheit, Koalitionsfreiheit und Verbandsautonomie aus und hält prinzipiell daran fest, schon aus Eigeninteresse der beteiligten organisierten Gruppen, die sich — in der Spannung zwischen dem Mitgliederinteresse einerseits, den Koordinationsanforderungen des politischen Steuerungszentrums andererseits — die Alternative des ,,exit" (Hirschman 1970), des Auszugs, zumindest als ultima ratio offenhalten wollen. Damit hängt zusammen, daß die Entstehung des liberalen Korporatismus weit weniger ausgeprägt von doktrinären Programmformulierungen geleitet ist: Zwar spielen auch hier Doktrinen eine nicht unbeachtliche, motivierende und rechtfertigende Rolle — insbesondere die Interdependenzvorstellungen der neueren makroökonomischen Theorie —, doch ist insgesamt die Genese des Typus weit stärker von pragmatischen Erwägungen geprägt. Damit aber scheint der liberale Korporatismus sich gegenüber der autoritären Variante durch größere politisch-gesellschaftliche Flexibilität und relative Anpassungsfähigkeit auszuzeichnen und so den funktionalen Steuerungsbedürfnissen von Politik und Ökonomie einer hochindustrialisierten Gesellschaft offenbar auch eher gerecht zu werden.

Die partielle Affinität zwischen „liberalem" oder „gesellschaftlichem" Korporatismus einerseits, „autoritärem" oder „Staatskorporatismus" andererseits tritt am deutlichsten bei einer Analyse der Strukturveränderungen der organisierten Interessenvermittlung zutage. Schmitter (1974) hat gezeigt, wie beide Varianten sich gegenüber originär pluralistischer Interessenorganisation unter anderem durch die Tendenz zur Zentralisierung, zum Vertretungsmonopol von − klassen- und branchenspezifisch einheitlich organisierten − Spitzenverbänden und zur organisatorisch möglichst vollständigen Erfassung der vertretenen Gruppen auszeichenen. Er hat andererseits aber auch herausgearbeitet, wie diese Strukturen bei der einen Variante weitgehend staatlicher Zwangsorganisation zu verdanken, bei der anderen dagegen weit eher das Ergebnis spontaner gesellschaftlicher Zentralisierungs- und Monopolisierungstendenzen sind.

Eine solche Strukturanalyse des liberalen Korporatismus muß nun − und damit komme ich auf meine Grundthese zurück − im Zusammenhang mit der veränderten Rolle der organisierten Interessen im Prozeß der „Politikentwicklung" gesehen werden, die ich eingangs schon andeutungsweise skizziert habe: Sie nehmen nicht mehr bloß aus „Partialinteresse" Einfluß auf politische Entscheidungen (wie im Vektorsummenmodell der „pressure politics"), sondern sind an der Mitformung und Mitdurchsetzung der staatlichen Steuerungsleistungen beteiligt. Dabei kann diese Beteiligung so weit gehen, daß die Konzertation der Verbände als das Kernelement der Steuerung erscheint und die Rolle des staatlichen Apparats demgegenüber zurücktritt, wie dies besonders deutlich bei der österreichischen „Sozialpartnerschaft" der Fall ist: Dort haben z.B. in der „Paritätischen Kommission für Preis- und Lohnfragen" die Regierungsvertreter kein Stimmrecht. Wichtige wirtschafts- und sozialpolitische Schlüsselentscheidungen fallen in den Aushandlungsprozessen der „Präsidentenbesprechung" von Bundeswirtschaftskammer, Gewerkschaftsbund und Landwirtschaftskammern, von der die Regierung überhaupt ausgeschlossen ist. Selbst wichtige ordnungspolitische Gesetze (wie Kartell- und Mitbestimmungsgesetzgebung) sind zwischen den Verbänden ausgehandelt und von Regierung und Parlament bloß formell verabschiedet −

gewissermaßen ratifiziert — worden (vgl. Lehmbruch 1977). Dieses Beispiel deutet zugleich eine Veränderung der staatlichen Steuerungsmechanismen an, die den liberalen Korporatismus auszeichnet: Die Verbände werden dermaßen in den Staat „inkorporiert", daß ihre institutionalisierte Abstimmung Funktionen der Interessenaggregation übernehmen kann, die herkömmlicherweise dem traditionellen Staatsapparat oblagen.

Welche politischen Funktionen hat nun diese „Inkorporierung" der Großorganisationen in den Staat? Schon ein flüchtiger Überblick im internationalen Vergleich zeigt zweierlei: Inkorporiert werden insbesondere die Großorganisationen der Produktionssphäre, also die Unternehmervertretungen und die Gewerkschaften, seltener (und mit geringerem Gewicht) landwirtschaftliche Spitzenverbände. Und zwar ist ihre Zusammenarbeit untereinander und mit der Staatsverwaltung ganz überwiegend auf Probleme der Wirtschaft- und Sozialpolitik konzentriert. Wir haben es hier also mit einem sektoral spezialisierten Subsystem der politischen Problembearbeitung zu tun. Was ist aber das Spezifikum der Probleme, die diesen neuen Typus der korporatistischen Interessenpolitik hervorgebracht haben?

Offenbar geht es dabei — und dies wäre eine zweite Grundthese — vornehmlich um die Regulierung von Verteilungskonflikten, die für die staatliche Verantwortung für wirtschaftliche und gesellschaftliche Stabilität und wirtschaftliches Wachstum relevant sind. Es handelt sich dabei insbesondere um den Verteilungskonflikt zwischen Kapital und Arbeit: Der liberale Korporatismus stellt primär eine neue Form der staatlich gelenkten Regulierung des Klassenkonflikts dar. Und in der Ambivalenz dieser Regulierungsfunktion liegt denn auch die politische Kernfrage: Haben wir es hier mit einer neuen — und effektiveren — Spielart des Reformismus zu tun? Aber die „Konzertierte Aktion im Gesundheitswesen", also der mit dem Kostendämpfungsgesetz gestartete Versuch, durch neokorporatistische Aushandlungsprozesse zwischen den Krankenkassen, den Ärzteverbänden, den Krankenhausträgern und dem Staat die Kostenentwicklung in der Krankenversicherung in den Griff zu bekommen, zeigt, daß die Formel auch auf weitere Politikbereiche übertragbar ist, wenn sie sich als (abgeleiteter) Ver-

teilungskonflikt darstellen und für die stabilitäts- und wachstums-
politische Verantwortung des Staates von erheblicher Bedeutung
sind.

Primär und dominierend ist freilich, wie gesagt, die Funktion
der Regulierung des Konflikts von Arbeit und Kapital. Daher macht
den Kernbestand korporatistischer Politikentwicklung offensichtlich
die Einkommenspolitik aus, oder genauer gesagt: die Anbindung der
Lohnpolitik an die makroökonomische Steuerung. Seit dem Aufkommen die keynesianischen Wirtschaftspolitik hatte die Lohnpolitik immer wieder der fiskalpolitischen Nachfragesteuerung
Flankenschutz geben müssen, und seither hatte es sich andererseits immer wieder als schwierig erwiesen, ein „imperative" oder
„indikative", vom Staat mit Zwang (z. B. Preis- und Lohnstop)
oder mit „Lohnleitlinien" einseitig auferlegte Einkommenspolitik
effektiv durchzusetzen. Daher erscheint die „kooperative", mit
den organisierten Tarifparteien ausgehandelte Einkommenspolitik
als attraktive Alternative. (Zur Unterscheidung dieser drei Typen
der Einkommenspolitik vgl. Rall 1975). Dem hohen Konsensbe-
darf der neuen Wirtschaftspolitik wurden korporatistische Koope-
rationsformen offenbar besonders gerecht.

Daran hat das Scheitern keynesianischer Politik, wie es in den
siebziger Jahren offenkundig wurde, nicht entscheidendes geändert.
Denn radikale Alternativen zum Keynesianismus, etwa eine konsequente monetaristische Politik der Geldmengensteuerung, haben
sich politisch nur in stark verwässerter Form durchsetzen lassen.
Im Gegenteil legt die neuere Entwicklung eher die empirische
Generalisierung nahe, daß in der Konkurrenzdemokratie so etwas
wie ein „Gesetz" des tendenziell wachsenden Konsensbedarfs
staatlicher Politik wirksam ist. Angesichts des Versagens fiskal-
politischer Globalsteuerung gegenüber einem Phänomen wie der
„Stagflation" einerseits, der begrenzten Wirksamkeit monetärer
Instrumente andererseits ist die direkte Verhaltensbeeinflussung
— gleichsam als Lückenbüßer — eher noch wichtiger geworden,
und sie setzt mit den relativ größten Erfolgsaussichten bei jenen
makroökonomischen Größen an, die durch Organisationsentschei-
dungen gesteuert werden können, also insbesondere der Tarifpolitik. Die Kooperation der Großverbände im liberalen Korpora-

tismus erhält von diesen wirtschaftspolitischen Steuerungserfordernissen ihren kräftigsten Antrieb.

An dieser Stelle muß angemerkt werden, daß die angedeuteten Entwicklungen nicht primär aus dem Erfahrungshorizont der Bundesrepublik beurteilt werden dürfen. Denn hier hat sich im Kernbereich der Einkommenspolitik nur eine sozusagen aufklärerisch verwässerte Form des Korporatismus ausbilden können. Das Steuerungspotential der „Konzertierten Aktion", die formal ausländischen Versuchen kooperativer Einkommenspolitik vergleichbar ist, hat man in ihren Anfängen mitunter erheblich überschätzt — so unter anderem linke Kritiker, die darin ein Unternehmen zur Disziplinierung der Gewerkschaften durch staatliche „Lohnleitlinien" sahen (z.B. Huffschmid 1969). Tatsächlich hat dieses Gremium aber keine echten Entscheidungsfunktionen gehabt, sondern war als „Gesprächsrunde" konzipiert, der vornehmlich eine Informationsfunktion zugedacht war. Nach der Erwartung Karl Schillers, des sozialdemokratischen Wirtschaftsministers der Großen Koalition, dem diese Einrichtung in erster Linie zu verdanken war, sollte es möglich sein, mit Hilfe der von der Regierung zur Verfügung gestellten „Orientierungsdaten" den Sozialpartnern die Interdependenz ihrer Interessen zu verdeutlichen, wie sie sich aus der Perspektive makroökonomischer Kreislauftheorien ergibt: Die Einsicht, daß — wie es dann der Sachverständigenrat formulierte — Verteilungskämpfe „funktionslos" seien, insbesondere wegen der Möglichkeit, Lohnzugeständnisse abzuwälzen, und die Einsicht in die Abhängigkeit des Beschäftigungsniveaus von den Investitionen und der letzteren von den unternehmerischen Gewinnerwartungen, sollten die Tarifparteien (und das betraf insbesondere die Gewerkschaften) zu einem konvergierenden, konjunktur- und wachstumspolitisch „rationalen" Verhalten veranlassen. Dieser Mechanismus hat aber tatsächlich nur in Rezessionsphasen — wie 1967/68 — funktioniert, und auch da nur solange, als die These vom Zusammenhang zwischen Beschäftigungsniveau, Investitionen und Gewinnen einigermaßen unbestritten blieb. Je deutlicher aber im Gefolge des Konjunktureinbruchs seit 1974/75 Phänomene einer strukturellen, noch dazu sektoral differenzierten Wachstumskrise, mit struktureller Arbeitslosigkeit auf Teilarbeitsmärkten sichtbar wurden, je stärker in diesem Zusammenhang die Unternehmen zu arbeitsplatzsparenden Investitionen und zu Rationalisierung durch Intensivierung der Arbeit ihre Zuflucht nahmen, um so mehr wurde dem Versuch einer Koordinierung der Großorganisationen durch aufklärende Information der Boden entzogen, nämlich der Glaube an eine sich letztlich immer wieder herstellende Interessenkonvergenz.

Der Unverbindlichkeit dieser „Gesprächsrunde" entsprach die Inflationierung der Teilnehmerzahl. Nicht nur die großen Dachverbände, also der Bundesverband der Deutschen Industrie, die Bundesvereinigung der Arbeitgeberverbände und der Deutsche Gewerkschaftsbund waren in der „Konzertierten Aktion" vertreten. Dazu kamen auf der Gewerkschaftsseite noch große Einzelgewerkschaften, denen in der Tarifpolitik vielfach die Rolle von „Lohnführern" zufällt (die Industriegewerkschaft Metall und die ÖTV) sowie rivalisierende Organisationen, nämlich die Deutsche Angestelltengewerkschaft und der Deutsche Beamtenbund. Auf der Unternehmerseite war das Bild noch bunter; so begegnete man hier den Bundesverbänden des Groß- und Außenhandels und des privaten Bankgewerbes. Dazu kam noch der Deutsche Bauernverband. Rechnet man weiter die Regierungsvertreter (insbesondere Wirtschafts-, Finanz-, Arbeitsminister) und die Vertreter der Bundesbank und des Sachverständigenrates zur Begutachtung der gesamtwirtschaftlichen Entwicklung hinzu, dann wird deutlich, daß schon die hohe Teilnehmerzahl (zeitweise gut ein halbes Hundert), ganz abgesehen von der Heterogenität der vertretenen Positionen und Organisationsinteressen, eine Entscheidungsfunktion des Gremiums gar nicht zuließ.

Diese Problematik läßt sich verdeutlichen, wenn man zum Vergleich die Institutionen der „Sozialpartnerschaft" im benachbarten *Österreich*, von der oben schon kurz die Rede war, genauer betrachtet. Formell beruht sie auf der Zusammenarbeit von vier Organisationen: der Bundeskammer der gewerblichen Wirtschaft, dem Österreichischen Gewerkschaftsbund, der Präsidentenkonferenz der Landwirtschaftskammern und dem Arbeiterkammertag. Dabei haben die beiden erstgenannten, stark zentralistischen Verbände eine Schlüsselstellung. Die Spitzenvertretung der Landwirtschaftskammern (die föderativ organisiert sind) hat gegenüber den fünfziger Jahren, als die Sozialpartnerschaft entstand, an politischem Gewicht verloren, und die Arbeiterkammern, die ganz vom ÖGB kontrolliert werden, stellen de facto nur eine Verdoppelung der gewerkschaftlichen Vertretung dar — dies, um die zahlenmäßige Parität zu den Organisationen herzustellen, die der konservativen Österreichischen Volkspartei nahestehen. Jedenfalls sind in der „Quartalsbesprechung" der Verbände mit dem Finanzminister nur vier Organisationen durch ihre Vorsitzenden und Generalsekretäre vertreten; dazu kommen nur noch die Vertreter der Nationalbank und des Österreichischen Wirtschaftsforschungsinstituts. In der jeweils vorangehenden „Präsidentenbesprechung" verhandeln, wie schon erwähnt, lediglich die genannten Spitzenfunktionäre der organisierten Sozialpartner. Wir begegnen diesen Verbänden dann wieder in der „Paritätischen Kommission für Preis- und Lohnfragen", diesmal zusammen mit dem Bundeskanzler, dem Vizekanzler und zwei Ministern (die aber kein Stimmrecht haben). Die Kommission hat zwei Unterausschüsse, die ihre Entscheidungen vorbereiten und nur aus Experten der Spitzenorganisationen zusammengesetzt sind: Der eine, für Lohnfragen zuständig, muß die Tarifverhandlungen in den einzelnen Branchen genehmigen. Und dem Unterausschuß für Preisfragen obliegt die Prüfung der Anträge aus der Wirtschaft auf Preiserhöhungen im Rahmen der von den Verbänden vereinbarten Preiskontrolle. Schließlich hat die Paritätische Kommission noch einen „Beirat für Wirtschafts- und Sozialfragen", ein wissenschaftliches Sachverständigengremium, das wirtschafts- und sozialpolitische Gutachten für die Regierung erstatten kann und wiederum paritätisch von den „Sozialpartnern" beschickt wird.

Dieses Netzwerk von Gremien ist, wie man sieht, durch eine starke organisatorische Konzentration ausgezeichnet, und eben das ist offenbar eine wesentliche Voraussetzung der — im Vergleich zur „Konzertierten Aktion" — relativ großen Entscheidungsfähigkeit der österreichischen „Sozialpartnerschaft". Das wird allerdings durch die Eigenart des österreichischen Verbandswesens erleichtert: Sowohl die Gewerktschafts- als auch die Unternehmerseite sind ihrerseits schon durch ausgeprägte organisatorische Konzentration und Zentralisierung ausgezeichnet. Die Bundeskammer der gewerblichen Wirtschaft hat als öffentlich-rechtlich verfaßter Dachverband einen erheblichen Einfluß gegenüber den Branchenverbänden und ein weitgehendes Vertretungsmonopol; nur so kann beispielsweise die Preiskontrolle halbwegs funktionsfähig gehalten werden. (Der „Verband österreichischer Industrieller" ist die einzige größere formal von ihr unabhängige Organisation der Unternehmerseite, vertritt aber nur mittlere und kleine Unternehmen, die zudem gleichzeitig der Kammerorganisation angehören.) Der ÖGB erfaßt praktisch die Gesamtheit der abhängig Beschäftigten (es gibt keine autonomen Beamten- oder Angestelltenverbände von Bedeutung), und die Entscheidungskompetenzen sind weitgehend beim Dachverband zentralisiert: Nicht nur Arbeitskampfmaßnahmen (die praktisch kaum vorkommen) bedürfen der Genehmigung durch die ÖGB-Führung, sondern auch die Tarifforderungen der Einzelgewerkschaften; auf diese Weise ist dem Verfahren der „Paritätischen Kommission" schon ein gewerkschaftsinternes Clearing vorgeschaltet.

Österreich ist zweifellos eines der Länder, in denen der liberale Korporatismus besonders klar ausgeprägt ist und übrigens auch schon eine mehr als zwanzigjährige Geschichte hat. Aber was an diesem Beispiel illustriert werden sollte, ließe sich auch im systematischen internationalen Vergleich herausarbeiten: daß nämlich in der Bundesrepublik dieser Politiktypus nur in sehr abgeschwächter Form hat Fuß fassen können. Dabei wird man freilich im einzelnen auf eine durch nationale Sonderheiten geprägte Vielfalt der konkreten Ausgestaltung stoßen. Die wohl weitestgehende Institutionalisierung begegnet in den *Niederlanden*, wobei als politisches Zentrum des komplexen Gefüges öffentlicher und privater Institutionen der Gruppenkooperation (die aber auch mit einem System staatlicher Schlichter gekoppelt ist) der „Sozial-Ökonomische Rat" angesehen werden kann, der hier zweifellos ein weit stärkers politisches Gewicht hat gewinnen können als vergleichbare Einrichtungen in anderen Ländern. Die österreichischen „Sozialpartner" haben bezeichnenderweise die — in der Regel von einer legalistischen Version des Rechtsstaatsprinzips her begründete — Forderung nach der Einrichtung eines solchen „Wirtschafts- und Sozialrates" immer abgelehnt, vornehmlich aus der Sorge heraus, daß ihre eher pragmatisch konzipierte Zusammenarbeit bei einem Übermaß an Reglementierung die notwendige Flexibilität einbüßen würde. Es mag aber sein, daß unter den spezifisch niederländischen Bedingungen diese Institutionalisierung nötig war, um die Verbändekooperation zu stabilisieren, denn diese mußte hier unter Umständen etabliert werden, die sonst korporatistischer Zusammenarbeit eher hinderlich sind, nämlich einer ausgeprägten weltanschaulichen Segmentierung nicht nur der Gewerkschaften, sondern auch der meisten anderen Interessenverbände in Richtungsorganisationen.

Als Gegenbeispiel relativ geringer Institutionalisierung des liberalen Korporatismus ließe sich *Schweden* anführen, wo die Regierung auf eine offizielle Einkommenspolitik weitgehend verzichtet hat. Als funktionales Äquivalent haben hier offenbar die zentralen Tarifverhandlungen gewirkt, die von den hochgradig zentralisierten Spitzenverbänden mit Wirkung für die gesamte schwedische Industrie geführt werden; die Regierung hat sich in der Regel darauf beschränkt, den Tarifparteien informell die Orientierungsdaten ihrer Wirtschaftspolitik mitzuteilen. Ein ähnliches System zentraler Tarifverhandlungen war dagegen in *Norwegen* mit einer aktiveren Einkommenspolitik der Regierung verbunden. Aber auch hier hat die hochgradige Zentralisierung der Verbände offenbar eine stärkere institutionelle Formalisierung entbehrlich gemacht.

Auffallend ist im internationalen Vergleich dies, daß der liberale Korporatismus sich vorwiegend in kleineren europäischen Ländern durchgesetzt hat, während er in den vier größten Staaten Westeuropas weniger oder gering entwickelt ist. Das sind neben der Bundesrepublik noch Großbritannien, Frankreich und Italien. In der Tat scheint der Umstand, daß in kleineren Ländern die innergesellschaftlichen Kommunikationsnetze enger, Rollenkumulation in Organisationen häufiger und die persönlichen Kontakte dichter sind, die Ausbildung korporatistischer Zusammenarbeit zu erleichtern. Aber die Unterschiede in der Größenordnung sind zweifellos nicht der einzige Erklärungsfaktor, der hier in Frage kommt. Vielmehr kommen in den drei eben genannten Ländern spezifische Hindernisse in der organisatorisch vermittelten gesellschaftlichen Konfliktstruktur hinzu.

Frankreich hat zwar eine starke Tradition korporatistischen Denkens und hat auch Institutionen ausgebildet, die ihrer Intention nach korporatistischen Charakter haben, so vor allem den *Conseil Economique et Social* sowie im System der indikativen Wirtschaftsplanung die branchenspezifischen *Commissions de Modernisation*, in denen neben den „Technokraten" des staatlichen Planungsmanagements die Unternehmerverbände ebenso wie die Gewerkschaften Sitz und Stimme haben. Aber die Gewerkschaften haben sich bis zur Gegenwart nicht auf eine engere Kooperation einlassen wollen. Stephen Cohen (1969) hat in seiner Analyse der „planification" gezeigt, wie diese insbesondere deshalb in die Sackgasse geriet, weil wegen des Widerstandes der Gewerkschaften eine kooperative Einkommenspolitik nicht zustande kam. Die Erklärung liegt offensichtlich in der politischen Polarisierung und in der organisatorisch vermittelten Intensität des Klassenkonflikts. Dabei ist der Zusammenhang zwischen der Kommunistischen Partei und der Gewerkschaftsbewegung von zentraler Bedeutung.

In allen westeuropäischen Ländern, in denen der liberale Korporatismus sich etablieren konnte, geschah diese nicht ohne politischen Flankenschutz: Die Gewerkschaften waren hier eng mit der Sozialdemokratie verbunden, und sie entschlossen sich zur Zusammenarbeit, wenn ihnen die Regierungsbeteiligung der Sozialdemokraten die Garantie zu geben schien, daß ihre Kooperationsbereichtschaft politisch honoriert werden würde. Entfiel diese Garantie, so geriet auch das korporatistische Subsystem in Gefahr. So brach in den Niederlanden die in den fünfziger Jahren von den Gewerkschaften rigoros praktizierte einkommenspolitische Disziplin Anfang der sechziger Jahre als Folge des Ausscheidens der Sozialdemokraten aus der Regierungskoalition zusammen. Dieser Zusammenhang gilt natürlich auch für die Länder mit einer starken Kommunistischen Partei: Ist diese in der Opposition, so wird ein funktionierender Korporatismus nicht zustande kommen. Interessant ist in diesem Zusammenhang vor allem das finnische Beispiel: Die seit einigen Jahren hier praktizierte korporatistische Stabilisierungspolitik, mit kooperativer Einkommenpolitik als ihrem Kernstück, wurde erst dadurch möglich, daß sie durch die Bildung einer großen Koalition unter Einschluß der Kommunisten politisch abgestützt wurde.

Auch in *Italien* besteht ein deutlicher Zusammenhang zwischen der Diskussion über den „historischen Kompromiß", also die Regierungsteilnahme des PCI, und den Bestrebungen, zu einer kooperativen Einkommenspolitik als Voraussetzung wirtschaftspolitischer Stabilisierung zu kommen — Bestrebungen, denen gerade kommunistische Gewerkschaftsführer wie Lama neuerdings relativ aufgeschlossen gegenüberzustehen scheinen.

Freilich führt eben dieses Beispiel noch auf andere, in diesem Zusammenhang gravierende Strukturprobleme der gewerkschaftlichen Organisation. Das eine ist die Aufspaltung der Gewerkschaften in Richtungsorganisationen und rivalisierende politische Affinitäten. In Italien sind die kommunistischen Gewerkschaftsführer bei ihrer Annäherung an die Wirtschaftspolitik der Regierung auf Widerstand bei sozialistischen und — vor allem — linkssozialistischen Gewerkschaftlern gestoßen. Und auch in Frankreich hat die Rivalität der Richtungsgewerkschaften eine deutliche Bremswirkung. Verallgemeinernd wird man sagen können, daß Einheitsgewerkschaften die günstigsten Voraussetzungen für den liberalen Korporatismus bieten.

Die Widerstände gegen Lamas neuen Kurs kamen in Italien zum andern von der Basisorganisation der Gewerkschaften in den Betrieben. Seit den sozialpolitischen Auseinandersetzungen von 1968 (dem „heißen Herbst") hat sich in Italien in wichtigen Industriezweigen ein System von Fabrikräten und Vertrauensleuten in den Betrieben ausgebildet, das sich durch beträchtliche Autonomie gegenüber den Gewerkschaftsführungen auszeichnet. Diese Demokratisierung der gewerkschaftlichen Basisorganisation schränkt die Kooperationsfähigkeit der Spitze deutlich ein. Insofern ist die italienische Situation nicht unähnlich der britischen. Auch hier haben die Betriebsvertrauensleute, die *Shop Stewards*, eine beträchtliche Autonomie gegenüber der Gewerkschaftsführung, und daran hat deren einkommenspolitische Kooperationsbereichtschaft immer wieder enge Grenzen gefunden. Eine zentralisierte, korporatistische Lohnkontrolle ist hier schon dadurch erschwert, daß im System der „industriellen Beziehungen" die Branchentarife in ganz erheblichem Maße durch betriebliche Zusatzvereinbarungen überlagert werden, die von den *Shop Stewards* ausgehandelt werden (*shop-level bargaining*).

Diese Hinweise mögen zeigen, daß die „oligarchische" Struktur der gewerkschaftlichen Organisation, die starke Stellung der Führungsgruppen, wie sie im Anschluß an den Syndikalisten (und späteren Faschisten) Robert Michels immer wieder zur Zielscheibe von linken wie von liberalen Gewerkschaftskritikern geworden ist, funktional zumindest ambivalent ist. Solange es in der Gewerkschaftspolitik nur um unmittelbare Umsetzung von Impulsen und Forderungen aus der Basis geht, also insbesondere in der Perspektive des revolutionären Syndikalismus, unterliegt organisatorische Zentralisierung naturgemäß dem Oligarchieverdikt. Eine reformistische Gewerkschaftspolitik wird hingegen nicht umhin können, sich auch an gesamtwirtschaftlichen Erwägungen zu orientieren. Solche Erwägungen müssen keineswegs mit denen der Unternehmerseite oder der staatlichen Politik identisch sein, im Gegenteil kann es hier zu erheblichen Spannungen kommen. Aber auch dann wird gewerkschaftliche Tarifpolitik nicht auf Koordinierung und auf die Berücksichtigung gesamtwirtschaftlicher, langfristiger Zusammenhänge verzichten können, wenn sie effizient gerade im Mitgliederinteresse sein will. Und das ist ohne ein gewisses Maß an zentraler Leitung nicht gut möglich. Hinzu kommt, daß die gewerkschaftliche Verhandlungsmacht — nicht erst im liberalen Korporatismus, sondern durchaus schon in traditioneller, einseitiger mitgliederbezogener Tarifpolitik — von der Fähigkeit der gewerkschaftlichen Verhandlungspartner abhängt, nicht nur die Basis notfalls für einen Arbeitskampf zu mobilisieren, sondern auch die Respektierung einmal ausgehandelter und von den Mitgliedern gebilligter Abmachungen zu garantieren. Das erfordert eine organisatorische Belance zwischen klaren Führungskompetenzen und Basisbeteiligung, der sich mit dem allzu einliniger Oligarchiekritik nicht gerecht werden läßt. (Es muß in diesem Zusammenhang darauf hingewiesen werden, daß zumindest dort, wo — wie in der Bundesrepublik — der „closed shop" oder andere Formen des Beitrittszwanges nicht bestehen, eine Gewerkschaftsführung, die die Mitgliederinteressen vernachlässigt, dies auf längere Sicht am Mitgliederschwund deutlich spüren würde. So ausgeprägt ist die oft behauptete Mitgliederapathie nicht, daß sie blinde Folgebereitschaft zu begründen vermöchte.)

Die Schwierigkeiten, die die Führung des britischen *Trade Union Congress* hat, den „Social Contract" durchzusetzen, haben offenbar eine wesentliche Ursache in ihrer relativen Schwäche gegenüber der Basis, die es ihr nicht erlaubt, die Respektierung eingegangener Abmachungen durchzusetzen. Funktionsbedingung des liberalen Korporatismus ist ein ausreichend starker Einfluß der Spitzen- und Dachverbände. Eben das scheint auch einer der Gründe dafür zu sein, daß die Vereinigten Staaten, in denen Dachverbände wie die *AFL/CIO* und die *National Association of Manufacturers* notarische Durchsetzungsprobleme mit ihren Mitgliederverbänden haben, gegenüber dem Korporatismus bislang so resistent geblieben sind.

In der Bundesrepublik ist dieses Problem freilich weniger gravierend. Zwar hat der Druckerstreick von 1976 gezeigt, daß einzelne Gewerkschaften unter Umständen von der tarifpolitischen Linie der übrigen Gewerkschaften abweichen werden. Aber im großen und ganzen kann trotz der organisatorisch schwachen Stellung der DGB-Führung gegenüber den Einzelgewerkschaften von einer weitgehenden informellen Koordination zwischen ihnen ausgegangen werden. Ob die Unternehmerseite eine gleichermaßen große Koordinationsfähigkeit aufbringen könnte, mag (trotz ausgeprägter Zentralisierungstendenzen in ihrem Verbandswesen) eher fraglich sein. Die Schwäche der „Konzertierten Aktion" und ihr schließliches Auseinanderfallen — jedenfalls in der von Karl Schiller inaugurierten Form — kann aber nicht nur mit organisatorisch-strukturellen Ursachen erklärt werden. Vielmehr muß sie wohl — und dies ist unsere dritte Grundthese — auch auf die funktionale Beschränkung ihrer politischen Reichweite zurückgeführt werden. Es scheint, daß die Effektivität des liberalen Korporatismus davon abhängt, wieweit es ihm gelingt, die organisatorisch vermittelten Probleminterdependenzen zwischen verschiedenen Bereichen der Wirtschafts- und Sozialpolitik simultan zu verarbeiten und durch die daraus resultierenden „trade-offs" dem näherzukommen, was seinerzeit — damals in erheblicher Verkürzung der Problematik — schlagwortartig als „soziale Symmetrie" bezeichnet worden ist.

Im Zusammenhang mit der oben erörterten Beschränkung der „Konzertierten Aktion" auf eine bloße Informationsfunktion steht nämlich weiterhin die Eingrenzung dieser verwässerten westdeutschen Version des liberalen Korporatismus auf den engeren Bereich der Einkommenspolitik. Darin manifestiert sich deutlich das Fortwirken der neoliberalen Sonderentwicklung der westdeutschen Wirtschaftspolitik. Bestrebungen der Gewerkschaften, den Themenbereich, der in der „Konzertierten Aktion" behandelt werden sollte, auf weitere Bereiche der Wirtschaftspolitik auszudehen, sind am Widerstand der Unternehmerseite gescheitert und fanden auch nicht die Unterstützung des die Regierung vertretenden Wirtschaftsministers. Probleme, die die unternehmerische Entscheidungsfreiheit hätten tangieren können, blieben daher ausgeschlossen – insbesondere also Fragen der industriellen Strukturpolitik. Auch das Instrumentarium einer aktiven Arbeitsmarktpolitik wurde nicht so entwickelt, daß die Gewerkschaften eine im Verhältnis zur Einkommenspolitik ins Gewicht fallenden Einfluß auf ihre konkrete Ausformung hätten nehmen können. Da aber die Einkommenspolitik sich in der „Konzertierten Aktion" faktisch weitgehend auf die Kontrolle der Lohnpolitik beschränkt, Preise und erst recht Gewinne dagegen effektiv ausspart, lag es für die Gewerkschaften ständig nahe, hierin eine strukturelle Asymmetrie zu sehen, die allenfalls auf Grund der Hypothese des Zusammenhangs zwischen Lohnkosten, Investitionen und Beschäftigungsniveau zu rechtfertigen war. Jedoch die makroökonomische Orientierung hatte in der gewerkschaftlichen Tarifpolitik schon vor der Einrichtung der „Konzertierten Aktion" eine zunehmende Rolle gespielt (vgl. J. Bergmann u.a. 1975), und sie konnte für sich genommen wohl noch kein ausreichendes Motiv für die Mitwirkung der Gewerkschaften bei einer Veranstaltung sein, die durch ihre Publizitätswirkung jedenfalls eine Einengung ihres Handlungsspielraum zu bewirken geeignet war. Man wird vielmehr die politisch-strategischen Motive für ihren Eintritt und ihr Verbleiben in der Gesprächsrunde nicht zuletzt in der Erwartung politischer Kompensationen zu suchen haben. In diesem Zusammenhang hat vor allem seit der Bildung der sozial-liberalen Koalition die Mitbestimmungsfrage offenbar besondere Bedeutung gewonnen: Die gewerkschaftliche Mitwirkung in der „Konzertierten Aktion" wirkte als Unterstützung der Regierungsmehrheit, von der man insbesondere in dieser Frage eine gewerkschaftsfreundliche Regelung erhoffte, und zugleich als Entgegenkommen an die Unternehmerseite, das mit der Tolerierung einer solchen Regelung hätte honoriert werden können. Die Unternehmerklage gegen das Mitbestimmungsgesetz — mit dem offensichtlichen Ziel, durch Richterspruch zumindest eine Ausdehnung der Mitbestimmung zur vollen Parität zu verhindern — machte deutlich, daß diese Rechnung nicht aufgegangen war, und insofern war dann der Rückzug des DGB aus der „Konzertierten Aktion" nicht ohne innere Folgerichtigkeit.

Denn grundsätzlich wird man davon ausgehen müssen, daß der liberale Korporatismus nur auf einer Kompensationsbasis funktionieren kann. Er läßt sich nicht bloß als Aufklärungsveranstaltung zur Vermittlung von Einsicht in kreislauftheoretische Zusammenhänge begründen und stabilisieren, sondern muß sozusagen als maßstäbliche Vergrößerung der Tarifverhandlungen mit ihrer Logik des Austauschs von Vorteilen auf die Gesamtwirtschaft verstanden werden. Gewiß wird die makroökonomisch begründete Vorstellung einer gesellschaftlichen Interesseninterdependenz in der Regel die wichtige Funktion einer ideologischen Rechtfertigung für alle Beteiligten haben. Aber damit ist wohl noch keine ausreichende strategische Motivation begründet. Man muß sich klar machen, daß insbesondere kooperative Einkommenspolitik mit Interessendefinitionen kollidiert, die in der kulturellen Überlieferung der Arbeiterbewegung stark verankert sind und zu ihrem organisatorischen Zusammenhang wesentlich beitragen. Das wird insbesondere da deutlich, wo die Einkommenspolitik auf eine langfristige Festschreibung der Verteilungsrelationen hinausläuft, also von den Gewerkschaften die Zurückstellung ihrer verteilungspolitischen Ziele — wenn nicht gar den faktischen Verzicht — erfordert. Solche Zugeständnisse können von einer auf freiwilliger Mitgliedschaft beruhenden Massenorganisation nicht gut ohne die realistische Erwartung von anderweitigen „trade-offs" gemacht werden. Eine auf solche Kompensationen gerichtete Politik liegt aber um so näher, je deutlicher die Einkommenspolitik interdependent mit anderen wirtschafts- und sozialpolitischen Problemen verflochten ist.

Es spricht denn auch vieles für die Hypothese, daß die Effektivität des liberalen Korporatismus davon abhängt, inwieweit es gelingt, solche interdependenten Probleme simultan zu bearbeiten und damit zugleich kompensatorische Problemlösungen zur Verfügung zu stellen. Der nächstliegende Zusammenhang ist hier der mit der Steuerpolitik. Die Einkommenspolitik läßt sich ja von den Wirkungen des progressiven Einkommensteuertarifes unter inflatorischen Bedingungen nur in sehr künstlicher Weise abtrennen, ist vielmehr um ihrer eigenen Effektivität willen darauf angewiesen, die Einkommensteuer mit in Betracht zu ziehen. Aber auch die Auswirkungen der Unternehmensbesteuerung auf die Ertragslage müssen bei einer Diskussion der Lohnkostenbelastung mitbedacht werden. Der liberale Korporatismus wird daher dazu tendieren, die Steuerpolitik mit den betroffenen Großorganisationen mehr oder weniger stark abzustimmen, beispielsweise den Einkommensteuertarif mit den Gewerkschaften – wie dies etwa in Österreich auch immer wieder geschehen ist. In verschiedenen skandinavischen Ländern ist man in den letzten Jahren geradezu zu ausgehandelten Paketlösungen übergangen, die die tarifliche Lohnpolitik, Einkommensteuerregelungen und Steuerpräferenzen für die Unternehmen auszubalancieren suchten. In Norwegen wurden 1976 in das Verhandlungspaket außer Löhnen, Gehältern und Steuern auch Renten, Lebensmittelpreise, Kinderzulagen und Agrarpreisstützungsmaßnahmen einbezogen. Ähnlich wurde neuerdings in Finnland verfahren.

Derartige einkommenspolitische Paketlösungen werfen naturgemäß erhebliche Dosierungs- und Abstimmungsprobleme auf und sind nicht ohne wirtschaftspolitische Risiken. Und es fragt sich, ob die aus Politikinterdependenzen begründbaren „trade-offs" nicht in erheblichem Maße außerhalb der Einkommenspolitik als solcher gesucht werden müssen. Hier ist insbesondere an die Arbeitsmarktpolitik zu denken, deren Effektivität durch eine aktive Beteiligung insbesondere der Gewerkschaften, wie das schwedische Beispiel zu zeigen scheint, nicht unerheblich gestärkt werden könnte. In anderen Fällen hat sich eine Ausdehnung korporatistischer Formeln auf die regionale und sektorale Strukturpolitik vollzogen, so in den Niederlanden. Und es kann nicht ausgeschlossen werden, daß auch

Politikfelder wie Mitbestimmung und Vermögensbildung im Rahmen einer korporatistischen Regulierung des Klassenkonflikts kompensatorische Bedeutung gewinnen. Die hier nur angedeutete Problematik bedarf noch eingehender Untersuchung.

Seit dem Ende der sechziger Jahr ist nun der liberale Korporatismus von zwei Seiten her zunehmenden Belastungen ausgesetzt: Einerseits haben die Verbände in verschiedenen Ländern eine zunehmende Basismobilisierung erfahren. Andererseits haben sich mit der Wachstumskrise der siebziger Jahre die Verteilungskonflikte tendenziell verschärft. In diesem Zusammenhang muß die Problematik einer *gesetzlichen Verbändergulierung*, wie sie neuerdings in der Bundesrepublik diskutiert worden ist, gesehen werden.

Regulierungspostulate dieser Art sind nichts gänzlich Neues; in der Bundesrepublik waren sie schon in der ersten Hälfte der sechziger Jahre im Zusammenhang mit der diffusen Wunschvorstellung einer „Formierten Gesellschaft" angedeutet worden. Konkret lief das meist auf eine Reglementierung der Gewerkschaften hinaus. Bisher haben sich solche Projekte aber meist durch ein hohes Maß an Inkonsistenz ausgezeichnet, indem sie Elemente einer korporatistischen Einbindung der Verbände mit Garantien einer prononcierten negativen Koalitionsfreiheit vermischten, deren erklärte Absicht nicht selten war, eine ordnungspolitisch orientierte Beschneidung der „Verbandmacht" zu bewirken. Ein Musterbeispiel für solche Inkonsistenz war der gescheiterte „Industrial Relations Act" der konservativen Regierung Heath in Großbritannien 1971, der einerseits durch die Registrierungspflicht für die Gewerkschaften und ihre damit verbundene rechtliche Einbindung die Kooperationsfähigkeit der Gewerkschaften für korporatistische Einkommenspolitik erzwingen wollte, andererseits aber durch das Verbot des „closed shop" die Gewerkschaften organisatorisch zu schwächen unternahm (dazu vgl. auch Streeck 1978). Während des Hafenarbeiterstreiks von 1972 haben auch Sprecher der „Confederation of Britsh Industries" kritisch darauf hingewiesen, daß man die Gewerkschaften nicht einerseits zur Disziplinierung ihrer Shop Stewards zwingen und sie andererseits des Beitrittszwangs als eines in England bislang gebräulichen Organisationsmittels berauben könne. Eine ähnliche Inkonsistenz zeichnet aber viele der Überlegungen zur Verbändegesetzgebung aus, wie sie in FDP und CDU angestellt worden sind. Wer die innerverbandliche Demokratisierung und die Verstärkung der negativen Koalitionsfreiheit gesetzlich festschreiben will, der muß sich im klaren sein, daß er damit unter Umständen die Bedingungen für eine verstärkte Militanz der Gewerkschaften schafft und die zentralisierenden Organisationsinstrumente schwächt, die für eine einkommenspolitische Kooperation von Bedeutung sind. Man kann nicht, wie es in dem bekannten englischen Sprichwort heißt, den Kuchen gleichzeitig haben und aufessen. Es ist immerhin bemerkenswert, daß in den Niederlanden die einkommenspolitische Kooperationsbereitschaft der Gewerkschaften nie so starken Belastungen ausgesetzt war wie in den siebziger Jahren, nachdem die von der revoltierenden Studentenbewegung in Gang gesetzte Basisdemokratisierung mit so vielen niederländischen Organisationen auch die Gewerkschaften erfaßt hatte.

Diese Hinweise sollten nicht als Plädoyer für eine hierarchische Zentralisierung verstanden werden. Die Problematik des liberalen Korporatismus ergibt sich nicht zuletzt daraus, daß er starke Züge eines „Elitenkartells" aufweist. Organisationen mit freiwilliger Mitgliedschaft und Massenbasis lassen sich aber auf die Dauer nicht manipulativ von einer Zentrale steuern, so lange Korruption und innerverbandlicher Terror ausgeschlossen sind. (Und hierin unterscheiden sich die europäischen Gewerkschaften eindeutig von solchen wie der der amerikanischen *Teamster*.) Daher ist der liberale Korporatismus labil, weil er darauf angewiesen ist, die Balance zwischen zentraler Koordination des Organisationshandelns und Rückkoppelung an die Mitgliederinteressen immer wieder neu herzustellen. Es ist denn auch eine zentrale Frage des liberalen Korporatismus, ob die Austauschlogik, von der die Frage war, lediglich auf Organisationsinteressen bezogen oder dauerhaft an die Mitgliederinteressen zurückgebunden ist.

Literaturverzeichnis zu 2.1.1.

Bentley, A., 1908: The Process of Goverment, Chicago

Bergmann, J. u.a., 1975: Gewerkschaften in der Bundesrepublik, Frankfurt-Köln.

Böckenförde, E.W., 1977: Die Funktion wirtschaftlich-sozialer Verbände und Interessenträger in der sozialstaatlichen Demokratie, in: W. Hennis u.a., Regierbarkeit, Band I, Stuttgart.

Cohen, S., 1969: Modern Capitalist Planning: The French Model, Cambridge (Mass.)

Hirschmann, A. O., 1970: Exit, Voice and Loyalty, Cambridge (Mass.).

Huffschmid, J., 1969: Die Politik des Kapitals, Frankfurt/M.

Lehmbruch, G., 1974: Consociationalism, Class Conflict and the New Corporatism (verv. Referat für die ,,Round Table" der IPSA über ,,Politische Inegration"), Jerusalem.

ders., 1977: Liberal Corporatism and Party Government, in: Comparative Political Studies, Vol. 10 (H. 1).

Rall, W., 1975: Zur Wirksamkeit der Einkommenspolitik, Tübingen.

Schmitter, P., 1974: Still the Century of Corporatism?, in: Review of Politics 36 (January).

Streeck, W., 1978: Staatliche Ordnungspolitik und industrielle Beziehungen in: Politische Vierteljahresschrift, Sonderheft 9, hg. von U. Bermbach: Politische Wissenschaft und politische Praxis, Opladen.

Truman, D., 1951: The Governmental Process, New York.

Einige der hier verwendeten Informationen und Interpretationen verdanke ich bisher unveröffentlichten Referaten von Voitto Helander, Robert Salisbury, Donald S. Schwerin and Graham K. Wilson sowie Gesprächen mit Rudolf Wimmer und anderen österreichischen Kollegen.

Claus Offe

2.1.2. Die Institutionalisierung des Verbandseinflusses — eine ordnungspolitische Zwickmühle

Versuche zur institutionellen Regulierung und Bändigung des Verbandseinflusses stellen in der Geschichte der Bundesrepublik weder ein neues Phänomen dar, dessen Auftauchen etwa durch die Diskussion über ein Verbändegesetz markiert wäre — man denke nur an die meist programmatisch gebliebenen, teilweise aber auch realisierten Projekte und Kampagnen, die in der Bundesrepublik unter Stichworten wie „formierte Gesellschaft", „Konzertierte Aktion", „Wirtschafts- und Sozialrat", „Neue Soziale Frage" seit Mitte der 60er Jahre zu registrieren sind; noch ist das Strukturproblem, auf das mit solchen Vorschlägen und -stößen reagiert wird, ein Spezifikum der bundesdeutschen Wirtschafts- und Verfassungsordnung — man denke nur an die britischen Auseinandersetzungen um die Institutionalisierung der industriellen Beziehungen, die Streikgesetzgebung und die Einkommenspolitik . Ich gehe vielmehr von der These aus, daß die Regulierung und Bändigung kollektiver gesellschaftlicher Akteure ein sowohl permanentes wie im Rahmen entwickelter kapitalistischer Sozialstrukturen ubiquitäres Strukturproblem darstellt. Es stellt sich dann die Frage, worauf die Hartnäckigkeit jenes Strukturproblems beruht, angesichts derer sich Versuche zu seiner Lösung regelmäßig, wie ich zeigen möchte, als Ausbruchsversuche aus einer ordnungspolitischen Zwickmühle herausgestellt haben.

Der Fall des „Verbändegesetzes" kann als Musterbeispiel für jene in den Sozialwissenschaften häufig zu machende Erfahrung gelten, daß soziale Tatbestände sich selbst in einer Weise präsentieren und sprachlich etikettieren, die der Erkenntnis ihrer Verursachungszusammenhänge und Funktionen erhebliche Hindernisse in den Weg legen. Die Anstrengungen zur sprachlichen Selbst-Einnebelung sind allerdings im Falle der Befürworter eines Verbändegesetzes so offenkundig und weithin sichtbar, daß sich allein dadurch der Tarn- und Täuschungseffekt verbraucht. Wie andere „ordnungspolitische" Innovationspläne auch, tritt das politische Vorhaben eines Verbändegesetzes sozusagen nur in Begleitung von Dementis auf. Das beginnt beim Namen: Den Argumentationen und Analysen derjenigen, die als intellektuelle Argumentationshelfer von CDU/CSU und FDP zu dem Ergebnis kommen, daß eine gesetzliche Regulierung von Stellung und Funktion der Verbände im politischen System der Bundesrepublik geboten sei, ist zweifelsfrei und nahezu ausnahmslos zu entnehmen, daß das institutionelle Korsett, an dem da gebastelt wird, keineswegs für „die" Verbände und auch nicht, wie *Böckenförde* (1976) in seinem bekannten Aufsatz nahelegt, für die Tarifverbände und Großinvestoren gedacht ist, sondern für die Gewerkschaften. Bei diesen hat sich denn auch mit guten Gründen die Verwendung des Klartextes „Gewerkschaftsgesetz" eingebürgert.

Ebenso irreführend wie die Bezeichnung „Verbände"-Gesetz ist die geradezu überschwengliche Bezugnahme auf die Demokratiennorm überall dort, wo es darum geht, die Notwendigkeit und Unbedenklichkeit eines Verbändegesetzes zu begründen. Konservative und liberale politische Kräfte, die sich gegenüber radikal-demokratischen politischen Forderungen nach einer „Demokratisierung aller gesellschaftlichen Teilbereiche", einer "participatory democracy", wie sie — seit Ende der 60er Jahre — von der Studentenbewegung und anderen Protestbewegungen vertreten worden sind, nicht gerade als aufgeschlossen erwiesen haben, machen sich nun daran, einer — allerdings spezifisch ausgedeuteten und verkürzten — Demokratienorm nahezu universelle Geltung und Priorität zu verleihen.

Für die Vorkämpfer für ein Verbändegesetz spielt das Prinzip der „Demokratie" in zweierlei Hinsicht eine Rolle: Einerseits müsse eine solche Gesetzgebung gewährleisten, daß das Verhältnis zwischen einfachen Mitgliedern und Apparat von Interessenverbänden demokratischen Grundsätzen entspreche; und andererseits sei sicherzustellen, daß der aus allgemeinen Wahlen, Parteien, Parlamenten und parlamentarisch verantwortlicher Regierung bestehende Instanzenzug politischer Willensbildung und -ausführung, der allein den verfas-

sungsrechtlichen Normen eines demokratischen Staatswesens entspreche, von para-parlamentarischen (in erster Linie also verbandsförmig organisierten) Einflußnahmen und Verzerrungen freigehalten
werde.

„Innerverbandliche Demokratie"

In beiden Stoßrichtungen ist das absehbare und durchaus angestrebte
Ergebnis die — innerorganisatorische bzw. politische — *Schwächung*
der für demokratisierungsbedürftig gehaltenen Verbände, sprich: der
Gewerkschaften. Unter dem erstgenannten Aspekt einer Stärkung
der *innerverbandlichen Demokratie* kommt es den Verfechtern dieser Idee darauf an, den Funktionärsapparat der unmittelbaren und
wirksamen Kontrolle der Verbandsmitglieder zu unterstellen. Im
Hintergrund steht hier eine auf den Kopf gestellte Michels'sche
Oligarchie-Theorie: Machtinteresse und Profilierungssucht der Funktionäre veranlassen diese, über die Grenzen ihres Vertretungsmandats
hinaus militante Forderungen zu erheben und Taktiken zu ergreifen,
denen die vernünftigen und besonnenen Nur-Mitglieder, wenn sie dazu nur ausreichend Gelegenheit hätten, Einhalt gebieten würden.
Diese konservative gewerkschaftssoziologische These unterscheidet
sich deutlich und durchgehend von jener der Sozialdemokraten, die
aus naheliegenden und ziemlich guten Gründen dazu neigen, die
Masse der Gewerkschaftsmitglieder als den potentiell relevante-
ren Störfaktor zu beargwöhnen, vom Funktionärskörper dagegen
die Bereitschaft zu „vernünftiger Kooperation" zu erwarten. Was
gleichwohl dem Kalkül, die Gewerkschaften ließen sich gerade durch
Binnen-„Demokratisierung", durch direktere und striktere Kontrollen der einfachen Mitglieder gegenüber dem Apparat zuverlässig dis-
ziplinieren, eine gewisse Berechtigung verleiht, ist indes die plausible
Spekulation darauf, daß das Interessenbewußtsein der Masse der einfachen Mitglieder noch am wenigsten konsolidiert, von Schwankungen, Ambivalenzen, "cross-pressures" und gruppenspezifischen Ge-
gensätzen affiziert (bzw. seitens einer von außen einwirkenden Publizistik affizierbar) sei, und daß infolge dessen jeder Schritt in Richtung auf eine plebiszitäre „innergewerkschaftliche Demokratie" die

Geschlossenheit und die Durchsetzungschance der Organisation schwächen müsse. Eine so verstandene Demokratisierung begünstigt zentrifugale Organisationstendenzen, und das ist auch ihr Sinn; wodurch sich auch das scheinbare Paradox auflöst, daß ausgerechnet konservative und liberale Kräfte auf innergewerkschaftliche Demokratie so großen Wert zu legen beginnen. Sie wirkt, im Kontext weitgehender politischer Abstinenz der Gewerkschaften und in den vorgesetzten Formen realisiert, zentrifugal und entsolidarisierend.

Hier scheint ein Dilemma zu liegen, eine Peinlichkeit, welche die bisweilen etwas hilflos wirkende Erregung erklären mag, mit der sich die Gewerkschaften solche verrechtlichenden Eingriffe in ihre Binnen-Struktur verbeten haben. Einerseits steht ihnen der organisations-schwächende, entsolidarisierende Effekt klar vor Augen, den solche Eingriffe nach sich ziehen müßten. Andererseits können sie sich gegen diese Eingriffe nicht gut mit dem Argument zur Wehr setzen, die Demokratienorm habe dann eben hinter organisationspolitischen Eigeninteressen zurückzustehen, und es liege auch im Interesse der Repräsentierten, auf die Kontrolle über ihre Repräsentanten, d. h. auf die Gewährleistung von Beteiligungsrechten zum guten Teil zu verzichten.

Wenn man genauer hinsieht, läßt sich das Dilemma allerdings auflösen. d. h. als eine Falle begreifen, die nur dann zuschnappt, wenn man der Suggestion einiger kunstvoll arrangierter Mißverständnisse erliegt. Erstens ist, wie *Teubner* (1978) jüngst noch einmal einleuchtend und detailliert nachgewiesen hat, die Entwicklung in *allen* Interessenverbänden durch einen Prozeß der innerverbandlichen Bürokratisierung gekennzeichnet: Wirksame Interessenvertretung erfordert die überörtliche Zusammenfassung und Koordination großer Mitgliedermassen durch die Angehörigen eines hauptberuflich arbeitenden Verwaltungsstabes, erfordert einen Apparat von Experten, erfordert eine ressortmäßige Ausdifferenzierung und Aufspaltung der komplexen Gesamtheit der zu vertretenden Interessen, und erfordert schließlich eine Organisationspraxis, die es erlaubt, auf der Grundlage relativ pauschaler Verhandlungsmandate und in relativer Distanz zu den augenblicklichen empirischen Mitgliederinteressen die Chancen auszuwerten, die sich in der Auseinandersetzung mit den Interessengegnern jeweils bieten. Dies alles besagt nur, daß große Organisationen wie die Gewerkschaften eben etwas anderes sind als Vereine, in denen jede Angelegenheit ad hoc und auf Mitgliederversammlungen, durch Abwahl oder Austritt entschieden werden kann. Wie sollte es also einen Anlaß geben, diesen Strukturtypus, der die Grundlage sämtlicher Interessenorganisationen von Industrie, Gewerbe, Arbeitgebern, Berufsständen und auch Gewerkschaften bildet, unter Berufung auf demokratietheoretisch begründete Normen ausgerechnet (und ausschließlich) bei letzteren zu beanstanden?

Die Antwort ergibt sich aus einem zweiten, nicht mehr organisations- sondern klassentheoretisch begründeten Gesichtspunkt: Gewerkschaften unterschieden sich nämlich von allen anderen Interessenorganisationen zum einen dadurch, daß die zu vertretenden Interessen nicht schon — gleichsam außerhalb der Organisation und auf der Ebene des einzelnen Mitglieds — feststehen und dann nur noch seitens der Funktionäre sachkundig „vertreten", interpretiert und in Sequenzen von Teilzielen übersetzt werden müssen. Vielmehr geht im Falle der Gewerkschaften die Organisation den Interessendefinitionen *voraus*; Interessen — verstanden als längerfristige, nicht in der konkreten Situation befangene Orientierungen des Handelns in einem Konflikt — ergeben sich im Falle der Arbeitnehmer erst *im Verlaufe* eines organisierten Kommunikationsprozesses, welcher der kollektiven Selbstaufklärung dient. Das hat seinen Grund im System der Lohnarbeit selbst: als jemand, der auf den „Verkauf" seiner Arbeitskraft angewiesen ist, findet sich der Arbeitnehmer beständig in der Situation desjenigen, der zur Befriedigung seiner Lebensbedürfnisse sowohl daran interessiert sein muß, einen *hohen Erlös* (Lohn) für seine Arbeitskraft zu erzielen, wie gleichzeitig daran, daß der Käufer der Arbeitskraft einen *hohen Gewinn* aus derselben zieht, weil dieser ja sonst nicht in der Lage wäre, seine Arbeitskraft auch in Zukunft noch zu entlohnen. Er befindet sich in der gleichermaßen paradoxen Situation dessen, der in Angebots*konkurrenz* zu anderen Anbietern von Arbeitskraft steht und gleichwohl zur Durchsetzung von Lohn- wie Beschäftigungsinteressen auf die Suspendierung jener Konkurrenzbeziehung, d. h. auf die *„Solidarität"* anderer Verkäufer von Arbeitskraft angewiesen ist. Die Arbeitskraft ist also — im Gegensatz zu allen anderen Teilnehmern an Güter- und Arbeitsmärkten, im System der Lohnarbeit strukturell so verortet, daß sie von dem, was sie für den Augenblick für ihr Interesse hält, beständig genarrt und so genötigt wird, sich — solange sie sich im Zustand organisatorischer Vereinzelung befindet — von Situation zu Situation umzuorientieren.

Im Sinne des obigen Verständnisses von „Interesse" kann man demgemäß sagen, daß die vereinzelte Arbeitskraft an der Ausbildung situationsunabhängiger Handlungsorientierungen für den gesellschaftlichen Konflikt strukturell gehindert ist. Zu einer solchen Orientierung kann die einzelne Arbeitskraft nur durch Vermittlung kollektiver Identität und deren organisatorischer Verfestigung in Gewerkschaften erlangen. Für die Kapitalseite ist demgegenüber auf dem Wege eines einzelwirtschaftlichen Optimierungskalküls immer mit weitgehender Eindeutigkeit herauszufinden, was als Interesse, als Leitlinie des Handelns und Entscheidens gelten soll, und selbst dort, wo Kapitalinteressen oder Arbeitgeberinteressen verbandsförmig, d. h. gemeinschaftlich verfolgt werden, entsteht keine kommunikative Deutung eines Gesamtinteresses; typischerweise geht der „Verbandswille" in solchen Verbänden weder aus expliziten politischen Auseinandersetzungen, etwa aus der politischen Argumentation, dem Fraktionskampf usw. hervor, noch sind die Repräsentanten dieses Verbandswillens den Mitgliedern gegenüber verpflichtungsfähig, etwa durch Appell an ihre Disziplin und Solidarität; das einzelwirtschaftliche Eigentums- und Dispositionsrecht bleibt so gut wie unberührt. Dies ergibt sich auch daraus, daß für das Kapital neben dem Typus der *verbandsförmigen Interessenvertretung,* also der Bündelung bereits *außerhalb* der Mitgliedschaftsrolle konstituierter Einzelinteressen, des weiteren der Typus des ökonomischen Zusammenschlusses durch *Konzentration* zur Verfügung steht. Durch Eigentums*übertragung* kann eine Kapitaleinheit an eine andere übergehen und dadurch mit ihr zu einem einheitlichen strategischen Willensträger verschmelzen. Während Kapital in diesem Sinne „addierbar" ist, können die unvermeidlich an individuierte Personen gebundenen Arbeitskräfte nicht bruchlos ineinander aufgehen, sondern sich nur durch organisatorische Prozesse kommunikativ miteinander vermitteln und so zu einem Interesse gelangen.

Darin liegt einer der Gründe, weshalb aus dem Spannungsfeld des von Bürokratie und innerorganisatorischer Demokratie für Gewerkschaften ein Dilemma wird, während für alle anderen Interessenverbände die zu vertretenden Interessen als bereits außerhalb der Organisation fixiert vorausgesetzt werden können. Diese haben deshalb Interessen nur zu *„vertreten"*, während Gewerkschaften sie zusätzlich in kollektiven Kommunikationsprozessen *konstituieren* müssen. Gewerkschaften sind im Gegensatz zu den meisten anderen Interessenorganisationen mehr als organisierte Instrumente zur *Durchsetzung* von Interessen; sie sind zudem und gleichzeitig immer die Träger eines *Verständigungs*prozesses darüber, was als Interesse gelten soll.

Der andere Grund für diese folgenreiche Struktur-Differenz zwischen Gewerkschaften und Interessenorganisationen des Kapitals besteht darin, daß das letztinstanzliche Sanktionsmittel, dessen Benutzung oder glaubhafte Androhung jede erfolgreiche gewerkschaftliche Interessenvertretung determiniert, nämlich das Sanktionsmittel des *Streiks*, selbst nur durch organisatorisch vermittelte Kommunikationsprozesse (Mobilisierung, Urabstimmung usw.) konstituiert wird. Die Spitze von Gewerkschaften verfügt nur insoweit über Machtmittel, mit denen sie ihren Forderungen Nachdruck verleihen kann, als diese durch die aktuell „abrufbare" Kampfbereitschaft der Mitglieder gedeckt sind. Insofern fallen, anders als bei anderen Verbänden, Basis und Exekutive zusammen. Diese Überlegung erhellt ebenfalls jenes spezifische organisationspolitische Dauerproblem von Gewerkschaften: Daß sie nämlich unter Gesichtspunkten organisatorischer Effektivität sich — wie alle anderen Verbände — auf bürokratische Interessenvertretung und -verwaltung einlassen müssen, während jedoch andererseits die Interessen, die vertreten werden sollen, sowie die Machtressourcen, mit denen sie vertreten werden können, *nur auf nichtbürokratischem Wege, nämlich durch Kommunikation und kollektive Identitätsbildung der Mitglieder*, erzeugt werden können. Im Rahmen des Systems der Lohnarbeit gilt deshalb für Gewerkschaften (und nur für Gewerkschaften) generell: Organisationsinterne Demokratisierung und Bürokratisierung stehen in einem systemimmanent unlösbaren Spannungsverhältnis.

Jeder Versuch, auf dem Wege von Rechtsvorschriften und Organisationsnormen dieses Spannungsverhältnis nach einer Seite hin aufzulösen, läuft darauf hinaus, gewerkschaftliche Interessenvertretung unmöglich zu machen oder jedenfalls drastisch einzuschränken. Der Trick der Befürworter verstärkter „innerorganisatorischer Demokratie", die aus diesem Postulat die Notwendigkeit eines Verbändegesetzes ableiten, besteht genau darin, daß sie so tun, als gebe es dieses Spannungsverhältnis nicht als ein objektives; und als müsse dort, wo es dennoch behauptet werde, nichts als die blanke Funktionärsarroganz im Spiel sein, die sich der Legitimation und Kontrolle durch die Verbandsmitglieder zu entwinden trachtet.

„Innere Souveränität"

Einen gewissen Überraschungseffekt und die entsprechende Durchschlagskraft verdankt das innerverbandliche „Demokratisierungs"-Argument der Verwendung von Kritikfiguren, die bisher vorwiegend von der sozialistischen Linken innerhalb und außerhalb der Gewerkschaften gehandhabt worden sind. Ähnliches wird man von dem zweiten Teilargument, nämlich dem der „Reinerhaltung" des parlamentarisch-demokratischen Regierungssystems, der Abwehr illegitimen Verbandseinflusses, der *Wahrung „innerer Souveränität"* sagen dürfen: Wie schon in Biedenkopfs Filzokratie-Kampagne wird hier der von Stamokap-Theoretikern (wie etwa Simon 1976) geschmiedete Spieß einfach umgedreht und gegen die Gewerkschaften gerichtet, nämlich gegen das Phantom des „Gewerkschaftsstaates."

Auch diese Variante des Demokratisierungs-Arguments zieht ihre scheinbare Plausibilität daraus, daß sie im Namen eines altliberalen Modells des Verhältnisses von Staat und bürgerlicher Gesellschaft bestimmte Strukturtatbestände entwickelter kapitalistischer Wohlfahrts- und Interventionsstaaten völlig außer acht läßt (bzw. reaktionären Phantasien über ihre Abschaffbarkeit nachhängt). Zu diesen Strukturtatbeständen gehört einerseits, daß ja längst nicht mehr die Rede davon sein kann, daß der parlamentarisch-demokratisch-repräsentative Kanal der politischen Willensbildung die einzige oder auch nur wichtigste Determinante staatlich-exekutiven Handelns darstelle. Dies zu behaupten, hieße die Macht-, die objektiven Nötigungs- und Erpressungsverhältnisse ignorieren, die im Verhältnis zwischen Staatsapparat und einer hochkonzentrierten und internationalisierten privaten Ökonomie eine maßgebliche Rolle spielen. Es liefe auf eine zwar traditionelle, aber der Sache nach völlig abwegige politologische Vorstellung von politischen „inputs" hinaus, wollte man darunter *ausschließlich* die manifesten und *institutionalisierten* Willensformulierungen im parlamentarischen, vorparlamentarischen und parteipolitischen Raum verstehen, nicht aber jene faktischen politischen Stellgrößen, die Kalecki (1971) unter dem Stichwort "business confidence" zusammengefaßt hat. Diese unterscheiden sich von den offiziösen Kanälen politischer Willensbildung nicht so sehr durch ihre Wirksamkeit wie durch ihre Unauffälligkeit: Über den Stand des „Investitionsklimas" braucht gar nicht beraten, abgestimmt und beschlossen zu werden, — die Schwankungen dieses Klimas treten auf der Angebotsseite des Arbeitsmarktes (und der Einnahmenseite des Staatshaushaltes) mit unabweisbarer Eindeutigkeit in Erscheinung und setzen Prämissen für exekutives Handeln bereits dann, wenn sie von einem hierauf sensibel eingestellten politisch-administrativen System erst antizipiert werden.

Insofern kann man behaupten, daß wir es in kapitalistischen Demokratien nicht mit einer, sondern mit zwei Konfliktlagen zu tun haben: Einerseits mit den institutionalisierten und *manifest* politischen Konflikten, die im Rahmen der Parteienkonkurrenz ausgetragen werden; andererseits mit dem Konflikt *zwischen manifesten* und *latenten* Stellgrößen politischen Handelns. In der sinnfälligen Terminologie von Albert *Hirschmann* (1970), dessen Analyse übrigens von der neukonservativen politischen Ökonomie ganz zu Unrecht als Beleg reklamiert wird, ausgedrückt: Wir haben den Konflikt zwischen "*voice A*" und "*voice B*", *und* wir haben gleichzeitig den zwischen "*voice* insgesamt" (also der Gesamtheit förmlicher politischer Willensbildungsprozesse) und dem Bereich von "*exit*". (Die Unterscheidung von "*exit*" und "*voice*" eignet sich übrigens auch, einen ordnungspolitisch einigermaßen unvorbelasteten Begriff von Ordnungspolitik zu präzisieren: Ordnungspolitik bezeichnet die Gesamtheit der Entscheidungen bzw. Entscheidungsthemen, die sich auf das relative Gewicht und die Reichweite beziehen, die *exit*- bzw. *voice*-Mechanismen haben sollen.)

Auf dem Hintergrund dieser Überlegungen ist das ordnungspolitische Projekt der Stärkung des parlamentarisch-demokratischen Regierungssystems der Verteidung „innerer Souveränität" nun leicht als der Versuch zu dechiffrieren, die bestehende Balance von *exit*- und *voice*-Mechanismen zugunsten der erstgenannten zu revidieren. Wer die Rolle, die neben den allgemeinen Wahlen, den Parteien und Parlamenten die organisierten gesellschaftlichen Interessenverbände in Gesetzgebung und Verwaltung spielen, etwa im Namen einer „Sozialbindung" von Organisationsmacht vorschlägt, schwächt damit manifest politische Gegenmachtpositionen, von denen aus die formlos übermittelten Imperative des kapitalistischen Marktgeschehens, das Ob und Wie von deren politisch-administrativer Berücksichtigung, zumindest problematisiert werden könnte.

Gegen diese Beurteilung könnte man einwenden, daß ja, dem Vorhaben einer Institutionalisierung des Verbandseinflusses zufolge, dieser „linear" gekürzt werden solle, wodurch *alle* gesellschaftlichen Interessen gleichermaßen betroffen wären. Abgesehen davon, daß tatsächlich dann, wenn von möglichen Störfaktoren eines durch demokratische Souveränität bestimmten Gemeinwohls die Rede ist, fast immer und ausschließlich die Interessenorganisationen der Arbeitnehmer thematisiert werden, ist dieser Einwand auch aus analytischen Gründen irreführend. So zutreffend es ist, daß sowohl die Arbeitnehmer wie die Kapitalseite über Organisationen verfügt, die jeweiligen Interessen gegenüber dem politisch-administrativen System zur Geltung zu bringen, so kurzschlüssig wäre es, daraus zu folgern, daß sie dies in der *gleichen Weise* tun und infolgedessen durch die Verfahrens- und Organisationsregeln eines Verbändegesetzes auch in gleicher Weise restriktiv betroffen wären. Demgegenüber vertrete ich hier die These, daß es sich beim Konflikt zwischen den organisierten Interessen von Arbeit und Kapital nicht nur um den ins Auge springenden Gegensatz zwischen *inhaltlichen* Interessenpositionen, um ein Nullsummenspiel handelt, sondern, gleichzeitig (wenn auch hintergründig) immer auch um den Konflikt zwischen zwei Spielregeln: Gewerkschaften folgen der Logik von *"voice"*, Arbeitgeber- und andere Unternehmerverbände derjenigen von *"exit"*. Diese These wird durch kasuistische Auszählungen verbandspolitischer, an das politisch administrative System gerichtete Äußerungen, die ich für beide Seiten sowohl für die 20er wie die 70er Jahre vorgenommen habe, vollauf bestätigt: Gewerkschaften verkehren mit den Organen des Staates im Medium von *Forderungen*, diese werden durch Bezugnahme auf *Interessen* derjenigen *explizit* legitimiert, die von der Erfüllung solcher Forderungen begünstigt würden; den Forderungen, die durchweg *positiv* formuliert sind, wird durch die Androhung von bzw. den impliziten Verweis auf *solidarische Kampfmaßnahmen* Nachdruck verliehen, die entweder auf den temporären Entzug von Arbeitskraft *(Streik)* und/oder den Entzug von *politischer Unterstützung* (Wahlstimmen) hinauslaufen können.

Ganz anders das Bild bei den Arbeitgeber- und sonstigen Unternehmerverbänden: Sie „fordern" nichts von der Regierung, sondern allenfalls „fordern" sie die Regierung „auf", von sich aus etwas zu tun (oder häufiger: zu *unterlassen*); dabei spielen die hiervon berührten Interessen und deren explizite Legitimation so gut wie niemals eine Rolle; statt dessen beziehen sich die verbandspolitischen Äußerungen nicht auf Ansprüche, sondern auf ökonomische und rechtliche *Gegebenheiten* (die internationale Konkurrenz, bestehende Rechtsgarantien usw.). Wenn man sich überhaupt auf irgendwelche Interessen beruft, was üblicherweise vermieden wird, so sind es nicht diejenigen, die begünstigt würden, wenn die staatlichen Organe jenen positiven oder negativen „Aufforderungen" nachkämen, sondern diejenigen einer diffusen Gesamtheit der Nutznießer des „Gemeinwohls"; nicht *Interessenten*, die sich als solche zu erkennen geben, stellen Forderungen, sondern unbefangene *Sachwalter* konstatieren, was in einer gegebenen Situation „*erforderlich*" ist bzw. als „unsachgemäß" erscheint. Soziologisch gesprochen, ist die vorherrschende Perspektive die der „Systemintegration" nicht der der „Sozialintegration (Lockwood). Demgemäß wird auf explizite Drohungen, die ja einem Sanktionswillen konkreter Akteure entspringen, verzichtet; an ihre Stelle treten „*Warnungen*", d.h. detachierte Hinweise auf unangenehme Folgen, die dieses oder jenes Handeln oder Unterlassen nach sich ziehen würde; bei der Abgabe solcher Warnungen beschränkt sich die explizite Rolle der Verbands-Repräsentanten darauf, für andere, nämlich die Akteure im Regierungs- und Verwaltungsapparat, die Bedingungen für *deren* erfolgreiches und „verantwortliches" Handeln zu explizieren und auf diese Weise die Kenntnis nicht-politischer Gesetzlichkeiten des Marktes ins politische System hinein zu vermitteln.

Diese knappe Typisierung der auf den Seiten von Arbeit bzw. Kapital verfolgten Spielregeln, die sich übrigens bei den (hier nicht weiter interessierenden) berufs- und mittelständischen Interessenverbänden in komplizierter Weise mischen bzw. abwechseln, mag hier zum Beleg meiner These ausreichen. Jeder Versuch, politische Pressionen zu neutralisieren, die sich nicht an den Kriterien der parlamentarischen Parteien-Demokratie legitimieren können, müßte sich eindeutig zu Lasten der Gewerkschaften auswirken, die im Gegensatz zu den Unternehmerorganisationen im Medium von expliziten Interessen, von Forderungen und von Kampfbereitschaft mit den Instanzen des politisch-administrativen interagieren. Solche Regelungen müßten sich umgekehrt zugunsten solcher organisierter Interessen auswirken, die vermöge ihrer *präpolitischen*, bloß faktischen Drohkapazitäten und Machtpotentiale auf das Mittel expliziter Pression und institutionelle Kanäle gar nicht angewiesen sind und folglich von jeder denkbaren, auf die Minderung illegitimer Pressionen abzielender Regulierung des Verbandseinflusses weitgehend ungeschoren bleiben würden.

Eine Forderung nach „Demokratisierung", die es auf derlei asymmetrische Ergebnisse abgesehen hat, mag als reaktionär *ver*urteilt werden, ist aber schwerlich schon deswegen als unrealistisch zu *be*urteilen. Zur Untersuchung dieses letzteren Aspekts ist ein zweiter Argumentationsfaden aufzunehmen. Dabei möchte ich der Frage nachgehen, ob der Vorschlag, organisierte Interessen einerseits und die Organe der Staatsgewalt andererseits nach dem Muster einer liberalen Demokratie- und Verfassungstheorie gegeneinander zu separieren, angesichts der Leistungsansprüche, denen sich eine moderne Regierung ausgesetzt sieht, wie angesichts ihrer internen Funktionsbedingungen überhaupt als realistisch — und nicht vielmehr als dilettantisch und doktrinär anzusehen ist. Seit Theodor Eschenburgs Schrift „Herrschaft der Verbände?" (1955), in der er für eine „unpolitische Verwaltung" plädierte, deren „Gehorsamspflicht zersetzt und durch Gruppenabhängigkeit ersetzt" zu werden drohe, woraus sich die Tendenz zum „Gefälligkeitsstaat", zum „Beutesystem", zur „Autoritätseinbuße" des Staates ergebe, hat sich an der sozialwissenschaftlichen Theoriebildung über die Funktion der organisierten Interessen innerhalb der staatlichen Herrschaftsordnung doch einiges geändert.

Das gilt zunächst für die Anerkennung der Tatsache, daß die Verbände als *Zuträger von Informationen*, zu denen die staatliche Verwaltung schon aus institutionellen Gründen keinen eigenen Zugang haben kann, eine für das politisch-administrative System ganz unverzichtbare Rolle spielen. Desgleichen sind sie für die Ministerialbürokratie von strategischer Bedeutung, als nur in der Interaktion mit ihnen die möglichen Folgen von Gesetzen und Maßnahmen eruiert werden können. Des weiteren leisten die Verbände — und hier insbesondere die Organisationen der Arbeitnehmer — einen Beitrag zur *Lösung der Funktionsprobleme* des wohlfahrts- und interventionsstaatlichen Regierungsapparates dadurch, daß sie gegenüber ihren Mitgliedern über ein gewisses Maß an ,,*Verpflichtungsfähigkeit*'' verfügen und in diesem Rahmen internen Widerspruch beschwichtigen und die unter ihrer Mitwirkung getroffenen Regierungsentscheidungen für die ,,Basis'' akzeptabel machen können. Schließlich erfüllt — viertens — das Verbändesystem eine gerade unter Krisenbedingungen und auf dem Hintergrund zugespitzten Verteilungskonflikte höchst aktuelle *Entlastungsfunktion* für die Regierung. Diese beruht darauf, daß die Entscheidung im Bedarfsfalle an *gruppenpluralistisch zusammengesetzte Gremien* abgegeben und die Dynamik des Konflikts sowie die aus ihm entstehenden Verantwortlichkeiten gleichsam in einen vorstaatlichen Raum ausgelagert werden können. Dieser Mechanismus tritt in Kraft, wenn Entscheidungsthemen politisch zu riskant sind, als daß sie von der regierenden Exekutive auf eigene Faust bearbeitet werden könnten; in solchen Fällen tendiert diese dazu, das Thema an gruppenparitätische Verbundsysteme abzutreten, denen die Verwaltung, Finanzierung und oft auch die politische Lenkung eines Politikbereichs überlassen wird. Solche Verbundsysteme, in denen sich auf dem Wege einer weitreichenden Inkorporation von Verbänden eine (keineswegs programmatische, eher notgedrungene) *Vergesellschaftung des Politischen* andeutet, werden neuerdings unter Begriffen wie ,,liberaler Korporativismus'' (Lehmbruch) bzw. "societal corporatism" (Schmitter) diskutiert. Die allgemeine Wirtschaftspolitik, die Gesundheits- und Arbeitsmarktpolitik, die Berufsbildungspolitik sind in der Bundesrepublik die Bereiche, in denen sich zeigen ließe, daß und aus welchen Zwängen heraus die staatliche Exekutive auf derartige korporativistische Entlastungsstrategien verfallen ist.

Selbstverständlich hat in allen diesen Hinsichten die Kooperationsbereitschaft der gesellschaftlichen Organisationen ihren Preis, und es sollte nicht verwundern, wenn dieser Preis mit der Dringlichkeit des Bedarfs des politisch-administrativen Systems an Kooperationsleistungen steigt. Solange Kooperation auf Freiwilligkeit beruht, werden sich zu ihr nur diejenigen bereitfinden, die sich von ihr gruppenpolitische Vorteile erwarten und in dieser Erwartung nicht langfristig enttäuscht werden. Auf der Vorstellung einer solchen Balance von Leistung und Gegenleistung beruhte z. B. die Beteiligung des DGB an der Konzertierten Aktion, von der die Gewerkschaften bekanntlich zunächst erwartet hatten, sie zur Förderung ihrer allgemeinen gesellschafts- und verteilungspolitischen Ziele instrumentalisieren zu können. Jeder Versuch, den thematischen Umfang der gewerkschaftlichen Interessenrepräsentation bzw. die institutionellen Mittel, mit denen diese erfolgt, einschränkend zu regulieren, müßte dazu führen, daß die Teilnahmemotivation, zumindest die interne Verpflichtungsfähigkeit der Gewerkschaften herabgesetzt und so die staatliche Gewalt eines Kooperationspotentials beraubt würde, auf das sie allenfalls unter Bedingungen einer problemlosen Prosperität wirklich verzichten könnte. Insofern würde ein Verbändegesetz, das dem Problem der „Unregierbarkeit" zu Leibe rücken soll, dieses gerade verschärfen (vgl. *Scharpf* 1978). Man kann den Kuchen nicht zugleich haben und essen: etwa, indem man die Konzertierte Aktion einerseits als einkommenspolitische Wunderwaffe preist, sie aber andererseits von jeglichem Element „überbetrieblicher Mitbestimmung" reinhalten möchte.

Die offene Flanke „vergesellschafteter" Politik

Solche Zweifel an der Praktikabilität von Vorschlägen, die im Namen einer „inneren Souveränität" die Machtpositionen von Arbeitnehmerorganisationen reduzieren wollen, erlauben nun keineswegs den Umkehrschluß, daß der *Verzicht* auf solche Regulierungen soziale und ökonomische Stabilität besser sichern, dem Zustand der „Unregierbarkeit", des „Souveränitätsverfalls" zuverlässiger vorbeugen könnte als dies auf dem Wege einer restriktiven Institutionalisierung des Verbandseinflusses wahrscheinlich ist. Vielmehr möchte ich hier die These vertreten, daß der konservative Hinweis auf die *Unverträglichkeiten*, die sich aus dem Nebeneinander von liberal-korporativistischer Teilhabe der organisierten Interessen an der Ausübung öffentlicher Gewalt einerseits und den Stabilitätsbedingungen einer kapitalistischen Ökonomie andererseits ergeben, durchaus etwas Wahres trifft, wenn auch, wie ausgeführt, die für diese Situation konzipierten ordnungspolitischen Remedien keineswegs überzeugen können. Darin besteht ja die ordnungspolitische Zwickmühle: daß weder der Rückweg in altliberale Vorstellungen von „innerer Souveränität" bzw. etatistische Gemeinwohl-Definitionen, *noch* andererseits der Ausweg in eine pragmatische „Vergesellschaftung" staatlicher Politik gangbar ist.

Die vom nordrhein-westfälischen Ministerpräsidenten *Kühn* im Landtagswahlkampf 1975 vorgetragene Ansicht, im Falle einer Regierungsübernahme durch die CDU werden das Land „unregierbar", suggeriert den durchaus ungewissen Umkehrschluß, dies werde im Falle eines SPD-Wahlsieges anders sein. Nun enthebt der Begriff der „Unregierbarkeit" seine Benutzer freilich so lange aller Peinlichkeiten, wie ihm keine Kriterien beigegeben sind, an denen man das Vorliegen dieses ominösen Zustandes messen könnte. Infolge dessen sind wir auf theoretische Argumente zur Unterstützung der These angewiesen, daß die „liberal-korporativistische" ordnungspolitische Alternative, die sich ohne weiteres auf die Haltbarkeit und stabilisierende Wirksamkeit der Kooperation von Regierung und Verbänden verläßt, *keineswegs besser begründet ist als ihr konservatives Gegenstück.* Diese These richtet sich, wie ersichtlich, sowohl gegen die Triftigkeit jener ordnungspolitischen Konzepte, die in der Bundesrepublik etwa bei der Konzertierten Aktion Pate gestanden haben, wie gegen deren scheinradikales Spiegelbild, dem zufolge der Typus der „kooperativen", „integrierten" bzw. „befestigten" Gewerkschaft bereits realisiert — oder überhaupt realisierbar — ist.

Die offene Flanke jedes liberal-korporativistischen Programms zur Gestaltung des Verhältnisses zwischen Staat und organisierten Interessen, welches das Prinzip der *staatsbürgerlichen* (territorialen) Repräsentation mit dem der *funktionalen* Repräsentation kombiniert, liegt darin, daß weder die Dauerhaftigkeit noch ein vertretbarer „Preis" der korporativen Beziehung gewährleistet werden kann. Im

Hintergrund steht ständig die Möglichkeit der Abwanderung bzw. der Druck von Forderungen, deren Preis als Verzicht auf die Option der Abwanderung verlangt wird. Es kommt hinzu, daß grundsätzlich *alle* Verfahren „funktionaler" Repräsentation, in deren Rahmen organisierte Interessen an der Erledigung öffentlicher Aufgaben beteiligt werden, eines universalistischen Legitimationskriteriums enbehren: das Verfahren ist nicht *als solches*, sondern nur im Hinblick auf bereits festgeschriebene Machtverhältnisse, auf erwünschte und erwartete Ergebnisse, auf pragmatische Zweckmäßigkeitsgesichtspunkte zu begründen, — und das heißt auch in Frage zu stellen. Während der Kernbestand der politischen Rechte, die dem Prinzip der staatsbürgerlichen Repräsentation zugrundeliegen, nämlich das allgemeine Wahlrecht und das Recht der Parteigründung und parteipolitischen Betätigung, die von *allen empirischen Vorbehalten bereinigte* Norm der Vernünftigkeit und politischen Gleichwertigkeit jedes Einzelwillens zur Grundlage haben, steht ein ähnlich solides Prinzip für die Begründung des Verfahrens funktionaler Repräsentation nicht zur Verfügung. Sozusagen aus logischen Gründen ist deshalb der Streit darüber, (a) *welche* organisierten Interessen ein Repräsentationsrecht beanspruchen können, (b) in welchen *Mehrheits*verhältnissen und mit welchen Verfahrensrechten sie zu repräsentieren sind und (c) welches der *sachliche* Zuständigkeitsbereich ihrer Beratungen und Entscheidungen sein sollen, prinzipiell nicht beizulegen. Es ist ein Kennzeichen aller Arrangements funktionaler Repräsentation, daß sie die Konfusion der Ebenen von „Verfassung" und „Politik" institutionalisieren, d. h. sich selbst *nicht* institutionalisieren können (vgl. *Anderson* 1977). Ihre Dauer verdanken sie entweder, wie in allen nicht-liberalen korporativistischen Systemen, der offenen Repression, mit der die Frage nach der Legitimität des Verfahrens selbst zum Schweigen gebracht wird, oder einem bloß empirischen und deshalb jederzeit aufkündbaren Einverständnis der Beteiligten, das durch Taktiken der "moral persuasion", durch „filzokratische" Symbiosen und informelle Mechanismen kultiviert werden kann. Solche Stabilisatoren verlieren allerdings ihre Wirkung in dem Augenblick, in dem sie für Dritte sichtbar werden, wodurch dann zumindest die Verpflichtungsfähigkeit der Gewerkschaften gegenüber ihren Mitgliedern in Mitleidenschaft gezogen wird.

In letzter Instanz dürfte die Stabilität und der Stabilisierungsbeitrag para-parlamentarischer Formen der Beteiligung organisierter Interessen an der öffentlichen Gewalt davon abhängig sein, ob das gegebene Niveau politischer Mobilisierung und die Rate wirtschaftlichen Wachstums es den Gewerkschaften erlauben, im Rahmen sozialpartnerschaftlicher und kooperativer Institutionen wie der Konzertierten Aktion die Rolle des „Ordnungsfaktors" und die der „Gegenmacht" *gleichzeitig* auszufüllen. Die empirischen Bedingungen, die über das Gelingen dieses von *Streeck* (1972) beschriebenen Balanceaktes allein entscheiden, erscheinen heute kaum als gesichert.

Jeder ordnungspolitische Angriff auf die Tarifautonomie, die gewerkschaftliche Organisationsautonomie und die Vertretungspositionen der Gewerkschaften gegenüber dem Regierungsbereich würde, unter Gesichtspunkten der kapitalistischen Stabilität, mehr Schaden anrichten als beheben, solche Angriffe würden gesellschaftliche und politische Konflikte verschärfen und zudem Kooperationsbeziehungen zerstören, auf deren Steuerungs- und Entlastungseffekt die Regierungen dringlich angewiesen sind. Auf der anderen Seite können sich die Sachwalter politisch-ökonomischer Stabilität in Regierungen und Parteien weniger denn je darauf verlassen, daß das ungeschmälerte Festhalten an jenen Autonomie- und Repräsentationsrechten und der Ausbau kooperativer Beziehungen zwischen Regierung und Gewerkschaft dem angestrebten Ziel tatsächlich näherkommt. Die Hartnäckigkeit dieses Strukturproblems zeigt sich, wie die Kampagnen zu Stichworten wie „Neue Soziale Frage", „Unregierbarkeit", „Filzokratie", die Auseinadersetzungen über das Verbleiben der Gewerkschaften in der Konzertierten Aktion, die aktuelle Debatte über die Legalität der Aussperrung, die „Grenzen des Sozialstaats" und die Rentensanierung hinlänglich ausweisen, in der anhaltenden Rezession besonders deutlich. Ohne recht grundsätzliche Reorganisation des Verhältnisses von Markt und Politik, d. h. der jeweiligen Geltungsbereich von *"exit-"* und *"voice-"*Mechanismen, ist mit einer Bewältigung dieses Dilemmas auch nicht zu rechnen. Was statt dessen zu erwarten ist, könnte man als eine Serie fortgesetzter und eher intensivierter Versuche bezeichnen, die Folgen des *Dilemmas, daß sich die Organisationen der Arbeitnehmer weder so noch so zuverlässig „integrieren" lassen,* zu begrenzen.

Ich möchte abschließend zwei dieser Eindämmungsstrategien charakterisieren und unterscheiden, die beide in der Bundesrepublik eine gewisse Rolle spielen. Beiden liegt die Überlegung zugrunde, daß tarif- und Organisationsautonomie einerseits, politisch-ökonomische Stabilität andererseits nur dann nebeneinander bestehen und gewahrt werden können, wenn der Bereich der Konfliktthemen, bei deren Entscheidung das gewerkschaftsspezifische Kampfmittel des Streiks, d. h. der organisierten Entzugsdrohung von Arbeitskraft und politischer Unterstützung, zum Einsatz kommen kann, reduziert wird. Will man diese Bedingung erfüllen, so stehen logisch gesehen nur zwei Alternativen zur Verfügung: Entweder man schafft institutionelle Arrangements, unter denen der Streik bei einer möglichst großen Zahl von Konfliktthemen *„unmöglich"*, oder solche, unter denen er *„unnötig"* gemacht wird. Beide Alternativen laufen, so unterschiedlich sie sich in ihren konkreten gesellschaftspolitischen Auswirkungen darstellen, auf eine Einschränkung des Terrains hinaus, auf dem die Waffe des Streiks überhaupt gehandhabt werden kann, also auf eine mehr oder weniger weitgehende Entwaffnung der Arbeitnehmer-Organisationen. Der ersten dieser beiden Alternativen entspricht in der Bundesreublik eher die konservative ordnungspolitische Strategie, der zweiten eher die sozialdemokratische.

Das konservative Projekt verfolgt hier wie in anderen politischen Zusammenhängen das Ziel, einen Begriff des Gemeinwohls zu etablieren und verbindlich zu machen, der von empirischen Konflikten und Machtprozessen sozusagen abgekoppelt ist und unmittelbar auf „Erkenntnis" beruht. Der Konflikt, dessen Gegenstand die relativen Geltungsbereiche von *"exit"*- und *'voice"*-Mechanismen sind, soll mithin dadurch beigelegt werden, daß er von Instanzen entschieden wird, die über die Einsicht in das „wirkliche" Gemeinwohl verfügen; gegen den Spruch solcher Instanzen wird aber dann jeder Einspruch illegitim und auch praktisch unmöglich. Zwei Instanzen kommen als Quelle solcher „Wahrheitserkenntnis" in Frage: der (wirtschafts-) politische Sachverstand der organisierten *Wissenschaft* und die (Verfassungs-) *Gerichtsbarkeit*. Der Grundgedanke ist einleuchtend: Je umfangreicher der Bereich politischer Konfliktthemen ist, die über die Kanäle wissenschaftlicher und gerichtlicher Erkenntnis abschließend entschieden werden können, desto mehr schrumpft der verbleibende Bereich, in dem gesellschaftliche und politische Machtmittel zum Zuge kommen können und dürfen (vgl. *v. Arnim* 1978). Die natürliche Tendenz einer konservativen Opposition besteht deshalb darin, die Bearbeitung möglichst vieler Streitgegenstände durch die Entscheidungskanäle solcher vermeintlich zur Wahrheitserkenntnis befähigter Instanzen zu leiten, — mit der Folge allerdings, daß der Wahrheitsanspruch von deren Erkenntnissen allzu leicht diskreditiert wird, wofür sich in jüngster Zeit sowohl beim Sachverständigenrat wie beim Bundesverfassungsgericht wie bei dem mit Energie- und Technologiepolitik befaßten Sachverstand deutliche Symptome nennen lassen.

Die alternative, in der Bundesrepublik eher von den Sozialdemokraten favorisierte Strategie verfolgt die Intention, die Konfliktthemen, zu deren Bearbeitung anderenfalls das Kampfmittel des Streiks eingesetzt werden könnte, vorbeugend in eine politische Arena zu überführen, in der die Waffe des Streiks aus faktischen oder legalen Gründen nicht gehandhabt werden kann. Diese Strategie, die z. T. durchaus mit dem offiziellen Einverständnis der Gewerkschaften verfolgt wird, besteht einerseits darin, daß Konfliktstoffe, die sich aus den industriellen Beziehungen der Lohnarbeit ergeben und sonst auf der Ebene gewerkschaftlicher Kämpfe bearbeitet werden müßten, in die Arena des politisch-administrativen Systems übernommen und dadurch der Reichweite der Streikwaffe entzogen werden; entsprechend verlängert sich dann allerdings die Liste der „reformpolitischen" Verbindlichkeiten, die seitens der Regierungen eingegangen und eingelöst werden müssen. Auf der anderen Seite konzentriert sich diese Strategie auf die Einrichtung und den Ausbau von Mechanismen der Interessenvertretung von Arbeitnehmern, in deren institutionellen Rahmen das Sanktionsmittel des Streiks bzw. der Streikdrohung neutralisiert ist. Die „Binnenkonstitutionalisierung" bzw. „Verrechtlichung" der industriellen Beziehungen durch Betriebsverfassungs- und Mitbestimmungsgesetz räumt den Vertretern der Arbeitnehmer Verhandlungspositionen ein, von denen aus sie zwar Forderungen erheben können, gleichzeitig aber darauf verzichten müssen, solchen Forderungen durch „Entzugsdrohung" Nachdruck zu verleihen. Die Verlagerung von Konfliktstoffen auf „streik-unempfindliche" Formen der Auseinandersetzung ist auch der Kerngedanke, der alternativen Modellen der Arbeitnehmer-Interessenvertretung zugrundeliegt, wie sie in der SPD-eigenen „Arbeitsgemeinschaft für Arbeitnehmer-fragen" sowie vor allem in der anhaltenden Diskussion über körperschaftliche Repräsentationsformen der Arbeitnehmer (Arbeitnehmerkammer, vgl. *Schultz* 1977) zum Ausdruck kommen. Das zwiespältige und im ganzen wohl ungeklärte Verhältnis der DGB-Gewerkschaften zu solchen konkurrierenden Repräsentationsmodellen ergibt sich aus der Problematik, daß hier gleichsam im Tausch gegen formell erweiterte Mitsprachemöglichkeiten (*"voice"*), die *"exit"*-Option des Streiks aufgeopfert werden muß, die nur der *gewerkschaftlichen* Organisation zur Verfügung steht und die umgekehrt — auf der Grundlage des Eigentumsrechts — der Kapitalseite ungeschmälert erhalten bleibt.

Literaturverzeichnis zu 2.1.2.:

Anderson, C. W., 1977: Political Design and the Representation of Interests, in: Comparative Political Studies 10, 127–152.

von Armin, H., 1977: Gemeinwohl und Gruppeninteressen. Die Durchsetzung allgemeiner Interessen in der pluralistischen Demokratie, Frankfurt a.M.

Böckenförde, E. W., 1976: Die politische Funktion wirtschaftlich-sozialer Verbände und Interessenträger in der sozialstaatlichen Demokratie, in: Der Staat 15, 457–483.

Eschenburg, T., 1955: Herrschaft der Verbände? Stuttgart.

Hirschmann, A. O., 1970: Exit, Voice and Loyality, Cambridge/Mass.

Kalecki, M., 1971: Selected Essays on the Dynamics of Capitalist Economy, Cambridge.

Lembruch, G., 1977: Liberal Corporatism and Party Government, in: Comparitive Political Studies 10, 91–126.

Lockwood, D., 1964: Social Integration and System Integration, in: G. K. Zollschan/W. Hirsch (eds.), Exploration in Social Change, Boston etc.

Scharpf, F. W., 1978: Die Funktionsfähigkeit der Gewerkschaften als Problem der Verbändegesetzgebung, IIMV, Wissenschaftszentrum Berlin (dp/78–21).

Schmitter, P. C., 1977: Modes of Interest Intermediation and Models of Societal Change in Western Europe, in: Comparative Political Studies 10, 7–38.

Schultz, R., 1977: Arbeitnehmerkammern und Wirtschafts- und Sozialräte als Instrumente gesamtwirtschaftlicher Mitbestimmung, in: aus politik und zeitgesch. B 22/77, 13–21.

Simon, W., 1976: Macht und Herrschaft der Unternehmerverbände, Köln.

Streeck, W., 1972: Das Dilemma der Organisation — Tarifverbände zwischen Interessenvertretung und Stabilitätspolitik, in: W. Meissner/L. Unterseher (Hrsg.), Verteilungskampf und Stabilitätspolitik, Stuttgart.

Teubner, G., 1978: Organisationsdemokratie und Verbandsverfassung. Rechtsmodelle für politisch relevante Verbände, Tübingen.

2.1.3. Interessenvermittlung und Regierbarkeit

Die Erforschung dieser beiden „modischen" Themen verlangt eine sorgfältige und kritische konzeptionelle Vorklärung. Interessenvermittlung oder "pressure group"-Politik war für Jahrzehnte gefangen in einer ausschließlich „pluralistischen" Perspektive mit ihrer Betonung auf Freiwilligkeit, Spontaneität, Autonomie, gegenseitig „verdrängter" Konkurrenz und Gleichgewicht. Die Erkenntnis, daß Verbände nicht nur Instrumente der Interessenrepräsentation, sondern auch der politischen und sozialen Kontrolle werden können, verknüpft mit einer revidierten Staatstheorie, die nicht nur seine passive — neutrale — schlichtende Rolle, sondern seine aktive — parteiliche — interventionistische Natur hervorhebt, hat die Gesellschaftswissenschaftler dazu veranlaßt, das Konzept des Korporatismus ebenfalls zu revidieren.

Überlegungen über „Regierbarkeit" oder „Unregierbarkeit" haben ebenso an einer begrifflichen Unzulänglichkeit gelitten. Vorgeblich objektive Gesellschaftsanalytiker kennzeichneten als unregierbar alle Formen des politischen Verhaltens, die die Position von etablierten Eliten bedrohten, und in der Konsequenz verwechselten sie anormale Perioden der Konformität und Ruhe mit den normalen inneren Krisen kapitalistischer Herrschaft.

Ihre „Check-Liste" der Gebrechen der sogenannten post-industriellen Politik enthielt eine große Spannweite von logisch inkonsistenten und empirisch nicht zusammenhängenden Punkten, die sie selektiv illustrierten, aber niemals systematisch analysierten.

Es ist die Absicht der folgenden Gedanken, die theoretischen Grenzen, terminologischen Verwirrungen und ideologischen Einseitigkeiten dieser beiden Konzepte aufzuklären. Dadurch soll in einer noch vorläufigen Betrachtung ein Beitrag zum Verständnis dessen geleistet werden, warum verschiedene Formen von Interessenvermittlung in fortgeschrittenen kapitalistischen Gesellschaften sich herausgebildet haben und was dies für Folgen für die aktuelle Regierbarkeit genau dieser politischen Systeme nach sich zieht.

I

Am Anfang jeden Versuchs, sich in diesen trüben Gewässern zurechtzufinden, muß die Verschiedenheit der historischen Erscheinungsformen und gegenwärtigen Strukturen der Interessenvermittlung berücksichtigt werden, die sich in Westeuropa herausgebildet haben. Trotz solcher gemeinsamen Merkmale wie umfassenderer Interessenberücksichtigung, höherer Organisationsdichte, zunehmender Bürokratisierung, stärker formalisierter Teilnahme an Entscheidungsprozessen, größerer Vielfalt von Organisationszielen und -funktionen und einer Ausweitung ihrer Ideologieproduktion, weisen die politischen Systeme dieser Region eine beträchtliche Bandbreite in der Gestaltung der Interessenvermittlung auf. So treten erhebliche Unterschiede in folgenden Dimensionen auf:

— in Zahl und Umfang der die Struktur der Interessenvermittlung bildenden Einheiten,
— im Grad der Freiwilligkeit und der Überlappung der Mitgliedschaft,
— im Ausmaß zentralisierter hierarchischer Koordination innerhalb von Interessenbereichen und kartellartiger Aufteilung dieser Bereiche,
— in der erfolgreichen Ausübung eines Repräsentationsmonopols innerhalb dieser Bereiche,
— in der Bedeutung legalisierter oder faktischer Anerkennung durch staatliche Instanzen,
— im Ausmaß der Unterwerfung dieser Strukturen der Interessenvermittlung unter formale oder informelle Kontrollen der Führungsauswahl oder unter Beschränkungen bei der Wahl der Mittel zur Interessenartikulation,
— und letztlich in der Forderung oder Bereitschaft, quasi-öffentliche Regierungsaufgaben auszuführen.

An anderer Stelle habe ich festgestellt (*Schmitter* 1974), daß diese verschiedenen Dimensionen nicht zufällig verteilt sind, sondern sich zu einigen wenigen Idealtypen der Beziehungen zwischen Staat und Interessenverbänden bündeln lassen. Jede dieser verschiedenen Typen von Interessenvermittlung zeichnet sich durch eine Menge relativ direkt beobachtbarer, institutionell beschreibbarer Merkmale auf, die dazu neigen, in einer interdependenten, sich wechselseitig unterstützenden Weise zusammenzuhängen. Dadurch wird es möglich, bestimmte historische Systeme (oder wenigstens Teile davon) allgemeinen Typen zuzuordnen. Kein empirisch aufweisbares System der Interessenvermittlung kann irgendeinen der folgenden Typen vollkommen wiedergeben oder nachbilden, viele kommen dem jedoch ziemlich nahe. Auf jeden Fall scheint es möglich zu sein, strukturell ähnliche Gestaltungen der Interessenvermittlung für eine eingehendere vergleichende Untersuchung zusammenzugruppieren und sie außerdem dafür zu nutzen, tiefgreifende Veränderungen in den Gesellschaft-Interessenverbände-Staat Beziehungen in einem bestimmten politischen System über längere Zeitperioden hinweg zu erfassen.

Die drei am besten für eine Beschreibung und Analyse von Interessenpolitik in Westeuropa geeigneten Typen sind *Pluralismus, Korporatismus* und *Syndikalismus* (*Schmitter,* 1974: 93—98):

(1) *Pluralismus* kann definiert werden als ein System der Interessenvermittlung, dessen wesentliche Bestandteile in eine nicht näher bestimmte Anzahl verschiedener, freiwilliger, in Wettbewerb stehender, nicht hierarchischer und autonomer (was die Art und den Umfang des Interesses betrifft) Gruppen organisiert sind. Diese Gruppen besitzen weder eine besondere staatliche Lizenz, Anerkennung oder Unterstützung, noch sind sie auf staatliche Initiative hin gebildet worden oder unterliegen staatlicher Kontrolle hinsichtlich der Rekrutierung von Führungspersonal oder der Interessenartikulation. Außerdem können sie kein Repräsentationsmonopol innerhalb der von ihnen vertretenen Bereiche in Anspruch nehmen.

(2) *Korporatismus* kann definiert werden als ein System der Interessenvermittlung, dessen wesentliche Bestandteile organisiert sind in einer begrenzten Anzahl singulärer Zwangsverbände, die nicht miteinander in Wettbewerb stehen, über eine hierarchische Struktur verfügen und nach funktionalen Aspekten voneinander abgegrenzt sind.

Sie verfügen über staatliche Anerkennung oder Lizenz, wenn sie nicht sogar auf Betreiben des Staates hin gebildet worden sind. Innerhalb der von ihnen vertretenen Bereiche wird ihnen ausdrücklich ein Repräsentationsmonopol zugestanden, wofür sie als Gegenleistung bestimmte Auflagen bei der Auswahl des Führungspersonals und bei der Artikulation von Ansprüchen oder Unterstützung zu beachten haben.

(3) *Syndikalismus* kann definiert werden als ein System der Interessenvermittlung, dessen wesentliche Bestandteile eine nicht begrenzte Anzahl singulärer, nicht miteinander im Wettbewerb stehender (oder besser noch: räumlich voneinander geschiedener) Vereinigungen sind. Diese sind nicht hierarchisch organisiert oder nach funktionalen Aspekten abgegrenzt. Weder der Staat noch die Partei hat sie anerkannt, gebildet oder mit einer Lizenz ausgestattet, auch werden sie von diesen nicht bei der Führungsauswahl oder Interessenartikulation kontrolliert. Außerdem verfügen sie über kein Repräsentationsmonopol, sondern lösen ihre Konflikte autonom, ebenso wie sie die „autoritative Allokation ihrer Werte" ohne Einmischung des Staates vornehmen.

Diese Typen sind bewußt statisch und deskriptiv gewählt. Mit ihnen soll auf erworbene, nicht noch im Entstehen begriffene Eigenschaften aufmerksam gemacht werden, auf wechselseitig abhängige mehr als auf sich widersprechende Dimensionen; auf Merkmale also, die sich aus den einzelnen Erscheinungsformen herauslösen lassen und nicht durch die Besonderheiten einer Kultur, einer Produktionsstruktur, einer Vermögensverteilung, eines sozialen Schichtungssystems oder eines Regierungssystems bedingt sind. Während alle ein bestimmtes Maß gesellschaftlicher Komplexität, organisatorischer Fähigkeiten, materieller Ressourcen und normativer Säkularisation „voraussetzen" − d. h. bei allen handelt es sich um Darstellungen moderner Typen von Interessenvermittlung −, können sie, soziologisch oder politologisch gesprochen, in einer ganzen Reihe von möglichen Umgebungen bestehen. Im Mittelpunkt dieses Artikels steht darum der Versuch, einige dieser möglichen Umgebungen zu erhellen unter Berücksichtigung rivalisierender Paradigmata und Theorien über die Entwicklung gegenwärtiger industrieller und fortgeschrittener Gesellschaften.

Die oben bisher rein statisch definierten allgemeinen Typen der Interessenvermittlung können auf zwei grundsätzlich unterschiedliche Arten entstanden sein und daher diametral entgegengesetzte Macht- und Einflußbeziehungen verkörpern. Sie können als mehr oder weniger spontane Antwort auf vorangegangenen Wandel innerhalb der Gesellschaft oder des Bereichs der Interessenvermittlung selbst gleichsam „von unten" her aufgetaucht sein; oder sie können „von oben" aufgezwungen sein als bewußt politische Maßnahme auf Betreiben und unter Kontrolle bereits vorher existierender Machtgruppen. In dem schon erwähnten Artikel (*Schmitter* 1974: 103–104) verfahre ich *per genus et differentiam* in einer taxonomischen Erfassung des korporatistischen Syndroms, wobei ich eine *gesellschaftliche* und eine *staatliche Version* unterscheide. Mein Argument lief darauf hinaus, daß genau die Merkmale, die nicht in die Definition des „genus" mitaufgenommen waren, herangezogen werden könnten, um zwei historisch verschiedene Subtypen voneinander zu unterscheiden.

(1) *begrenzte Zahl:* hierdurch wird nicht deutlich, ob Abmachungen zwischen den Gruppen ausschlaggebend sind oder „politische Kartelle", gebildet von den bereits vorhandenen Teilnehmern, um Neuankömmlinge auszuschließen, oder ob durch die Regierung Beschränkungen der Zahl ausdrücklich vorgenommen wurden;

(2) *singulär:* offen bleibt, ob das Ergebnis spontaner Kooptation oder Wettbewerbsverdrängung durch Überleben von Organisationen oder staatliche Unterdrückung verschiedener oder paralleler Zusammenschlüsse hervorgerufen ist;

(3) *Zwang:* offen bleibt, ob *de facto* durch sozialen Druck, vertraglich vereinbarte Beitragseinbehaltung, Bereitstellung wichtiger Dienstleistungen und/oder Erwerb privater Konzessionierungsvollmachten oder *de jure* durch Arbeitsgesetzgebung oder andere auf offiziellem Wege verordnete, ausschließlich gewährte Autorität;

(4) *kein Wettbewerb:* offen bleibt, ob es sich hierbei um das Ergebnis interner oligarchischer Tendenzen handelt oder um externe, vertragsähnliche Vereinbarungen zwischen Gruppen, oder ob der mangelnde Wettbewerb auf fortwährende staatliche Einmischung zurückzuführen ist, sei es durch staatliche Vermittlungstätigkeit oder Schiedsgerichtsbarkeit oder staatliche Unterdrückung;

(5) *hierarchisch strukturiert*: offen bleibt, ob die Struktur auf unvermeidbare Prozesse bürokratischer Machtausweitung und/oder Verfestigung zurückzuführen ist oder auf staatlich verordnete Zentralisierung oder aministrative Abhängigkeit;

(6) *funktionale Abgrenzung*: offen bleibt, ob aus freien Stücken vereinbart wurde, bestimmte Bezirke abzustecken und nicht in gegnerisches Gebiet einzufallen, oder ob unter Staatsaufsicht eine Einteilung (*enquadramento*) in Berufs- oder Standeskategorien vorgenommen wurde;

(7) *staatliche Anerkennung*: nicht unterschieden wird zwischen einer Anerkennung, die der politischen Führung von unten aufgezwungen wird als Ergebnis politischer Notwendigkeiten oder ob die Anerkennung von oben, vom Staat, gewährt wurde als Voraussetzung für die Bildung und das weitere Bestehen einer Interessenvereinigung;

(8) *Repräsentationsmonopol*: ähnlich wie oben wird auch hier nicht unterschieden zwischen einem unabhängig eroberten Monopol und einem, das von einem staatlichen Zugeständnis abhängig ist.

Aus statischer, deskriptiver und/oder institutioneller Perspektive weisen diese beiden Subtypen grundlegende strukturelle Ähnlichkeiten auf, die es gestatten, sie gesondert von pluralistischen, monistischen oder syndikalistischen Systemen der Interessenvermittlung zu betrachten. In Gang gesetzt enthüllen sie sich jedoch als Produkte sehr verschiedener politischer, sozialer und ökonomischer Prozesse, als Träger sehr verschiedener Macht- und Einflußbeziehungen und als Lieferanten sehr verschiedener politischer Lösungen. *Gesellschaftlicher Korporatismus* findet sich eingebettet in politischen Systemen mit relativ autonomen, vielschichtigen territorialen Einheiten; mit offenen und auf Wettbewerb basierenden Wahl- und Parteisystemen; mit ideologisch verschiedenartigen, aus Koalitionen bestehenden Exekutiven — sogar mit horizontal — als Schichten — oder vertikal — als Säulen — stark abgegrenzten politischen Subkulturen. *Staatskorporatismus* gedeiht eher in politischen Systemen, deren territoriale Gliederungen durch die Macht der zentralen Bürokratie engen Grenzen unterworfen sind; in denen es entweder keine Wahlen gibt oder diese plebiszitär sind; in denen die Parteisysteme von einer schwachen Einheitspartei dominiert oder monopolisiert sind; deren Exekutiven sowohl ideologisch wie sozial aus einem engen Spektrum rekrutiert sind; und letztlich, deren politische Subkulturen basierend auf sozialen Klassen, ethnischen Gruppen, Sprachen oder Regionen scharf unterdrückt werden.

Ich bin zunehmend davon überzeugt, daß innerhalb der anderen zwei Syndrome, Pluralismus und Syndikalismus, die fest umrissenen Subtypen „gesellschaftlich" und „staatlich" ebenfalls unterschieden werden können. Zum Beispiel kann der *Pluralismus* mit all seinen verschiedenen Zusammenschlüssen, überlappenden Strukturen, autonomen Organisationen und der nicht monopolisierten Repräsentation das unbeabsichtigte Resultat langfristiger sozialer und ökonomischer Entwicklungen, eines allmählich sich vollziehenden Wandels und kultureller Kontinuität sein, begleitet von einem schrittweisen Entstehen eines bestimmten Bewußtseins umgeben von passiver Indifferenz und/oder Respektierung verfassungsmäßiger Freiheiten auf seiten der Regierungsgewalt. In selteneren Fällen können dieselben Merkmale bewußt herbeigeführt worden sein durch eher kurzfristige Kalkulationen, raschen politischen Wandel, und von außen angeregtes Gruppenbewußtsein auf seiten der Regierenden, die James *Madisons* Rat folgend (vielleicht sogar mit den von ihm gewählen Mitteln) voller Absicht danach trachten, „die Zahl der Bürger (und) die Interessenbereiche" zu vermehren, und sich bei ihren offiziellen Begünstigungen und Förderungen von verschiedenen, sich überlappenden und miteinander Wettbewerb treibenden Gruppenzusammenschlüssen von der klassischen Strategie des „Teile und Herrsche" leiten lassen. Sogar für den *Syndikalismus,* trotz all seiner triumphierend antistaatlichen Ideologie, wäre eine „Staats"-Version denkbar. Statt jegliche politische Autorität auf kleinste, sich selbst regierende Zusammenschlüsse zu verlagern, könnte der Syndikalismus die Ressourcen des bestehenden Zentralstaates dazu nutzen, Exklaven privilegierter Klassen- oder Sektorautonomie zu schaffen, ohne dabei das umfassendere System von Ausbeutung und Beherrschung zu zerstören; es könnte im Gegenteil noch verstärkt werden. Hand in Hand mit „Sozialismus für die Reichen und Kapitalismus für die Armen" könnte man „Syndikalismus für die Mächtigen und Pluralismus für die Schwachen" finden.

II

Bisher haben wir drei allgemeine Typen der Interessenvermittlung versuchsweise identifiziert; wir haben sie sozusagen in Bewegung gesetzt, um sechs verschiedene Typen struktureller Interessenverflechtung zwischen Gesellschaft und Staat zu schaffen: Pluralismus, Korporatismus und Syndikalismus — jeder mit einer Staats- und einer Gesellschaftsvariante. Es erübrigt sich, darauf hinzuweisen, daß diese Typen keinesfalls mit gleicher Häufigkeit in der empirischen Realität anzutreffen sind, noch daß sie im gleichen Maße normativ verherrlicht und/oder wissenschaftlich untersucht werden. Ehe der Versuch unternommen wird, diesen Typen einen Ort zwischen mehreren rivalisierenden Modellen gesellschaftlicher Veränderung zuzuweisen, müssen einige ernsthafte „operationale" Probleme zur Kenntnis genommen werden, die die Entwicklung einer systematischen Theorie partikularer Interessenvermittlung behindern, die es in Sparsamkeit, Eleganz, Generalisierbarkeit und Prognosefähigkeit mit jenen (zwar prekären) Theorien über Parteisysteme, Wählerwettbewerb und Koalitionsbildung aufnehmen könnte. Insoweit ein Fortschritt in diese Richtung von der Typologisierbarkeit abhängt, haben wir es nicht nur mit den Eigenheiten und Unbeständigkeiten bestimmter historischer Fälle zu tun, die den idealtypischen Gestaltungen nur unvollkommen ähneln, sondern auch mit offen zutage liegenden Unvereinbarkeiten in Struktur und Verhalten.

Das Interessensystem eines bestimmten Landes kann nicht nur ganz verschieden strukturiert erscheinen, je nachdem ob man es von der Lokal-, Provinzial-, Regional- oder gesamtgesellschaftlichen Ebene in Augenschein nimmt (was oft auch für Parteisysteme oder Koalitionsstrategien zutrifft), sondern auf derselben Ebene können verschiedene Interessensektoren unterschiedlich organisiert sein und andersartige Beziehungen zum Staat unterhalten. Diese strukturelle Verschiedenartigkeit beruht darauf, daß anders als in Parteiensystemen oder bei Koalitionsbildungen nicht alle Verbände eines bestimmten Regierungssystems Beziehungen zueinander unterhalten. Häufig haben sich nicht alle Teilnehmer einem zentralen, vereinfachenden Nullsummenwettbewerb politischen Handelns zu fügen. In einigen Fällen können sie buchstäblich ihre eigenen Wege gehen oder häufiger konkurrierende Subsysteme bilden, die bestrebt sind, lediglich Ausschnitte aus Politikbereichen zu beeinflussen und/oder zu kontrollieren, wobei jedes dieser Subsysteme eigene pluralistische, korporativistische oder syndikalistische Elemente aufweist. Sogar der Informationsgrad über das Vorgehen anderer Interessenakteure im politischen System kann gering sein, wodurch die Verbreitung organisatorischer und strategischer Techniken gehemmt wird. In unserer Zeit können bestimmte Interessenvermittler besser informiert sein über die Aktivitäten, Erfolge und Mißerfolge der ihnen in benachbarten oder konkurrierenden politischen Systemen entsprechenden Akteure, was die strukturelle Heterogenität außerdem noch bereichert.

In der legalen Heterogenität besteht eine weitere Eigentümlichkeit von „Interessensystemen". Mit einer gewissen Regelmäßigkeit werden unterschiedliche Normen der Vereinigungsfreiheit verschiedenen Interessensektoren durch Regierungen auferlegt; spontanes und autonomes Handeln einiger Gruppen wird geduldet, gelegentlich sogar unterstützt, während es in anderen Bereichen unterdrückt, kooptiert oder kanalisiert wird. Die zwei staatskorporatistischen Systeme, die ich genauer untersucht habe (Brasilien und Portugal), duldeten schweigend pluralistische Praktiken innerhalb bestimmter besitzender Gruppen trotz ihrer beeindruckenden architektonischen Ausgeglichenheit und ideologischen Überhöhung ihrer „einheitlichen, verbindlichen, monopolistischen und ausgewogenen Interessenvermittlung".

Ungeachtet wohlklingender verfassungsmäßiger Garantien der Rede- und Versammlungsfreiheit für jedermann enthalten die Einzelheiten der Verwaltungspraxis sowie juristische Präzedenzen negative und positive Anreize, die die Organisationsfähigkeit von sozialen Klassen, Produzenten, ethnischen und anderen Gruppen unterschiedlich beeinflussen; wenn solche Diskriminierung nicht sogar öffentlich gegen „Arbeitsvereinigungen", „Geheimorganisationen", „ausländische und umstürzlerische" und sonstige Gruppen verkündet wird.

Letztlich muß festgestellt werden, daß „Interessensysteme" eigentümliche historische Gebilde sind. Häufig entstehen sie ruckartig in Zeiten beschleunigter Organisation und Gegenorganisation, in bestimmten Zeitabschnitten, verschiedenen Zwecken dienend und unter unterschiedlichen legalen und politischen Gegebenheiten. Aufeinanderfolgende Schichten verbleiben oft in ihrer eigentümlichen Zusammensetzung in einem abgelagertem Zustand relativ unbeeinflußt von nachfolgenden oder vorausgegangenen Entwicklungen. Nicht einmal die potentiell gestaltverändernden Einwirkungen von Revolutionen, Bürgerkriegen, Rebellionen, Niederlagen im Krieg und/oder feindliche Besetzungen sind in der Lage, Neuordnungen oder Verschiebungen zu bewirken. Zum Beispiel haben das Vichyregime in Frankreich und das faschistische Regime in Italien, obwohl sie so gründlich in Verruf geraten sind, deutlich ihre Stempel auf den gegenwärtigen Interessensystemen dieser beiden Länder hinterlassen. Kaum war kürzlich der rasche und spontane Zusammenbruch des staatskorporatistischen Regimes in Portugal vollendet, als neues „Management" auch schon schnell in dieselben singulären Zwangsstrukturen einzog und die Revolutionsregierung ihnen pflichtgemäß ihre „Einzigartigkeit" bescheinigte.

Parteiensysteme, Wahlsysteme und Koalitionen überstehen gelegentlich derartige politische Katastrophen; aber Interessenvereinigungen, die Zusammensetzung ihrer Mitgliedschaft und die Praktiken ihrer Einflußnahme scheinen ein sogar noch größeres, wenn auch weniger sichtbares, Beharrungsvermögen zu haben.

Während es daher aus analytischen Gründen wünschenswert erscheint, Gattungsbegriffe zu benutzen, und es zu deskriptiven Zwecken nützlich ist, gesamte nationale Einheiten als staatskorporatisch, gesellschaftspluralistisch, staatssyndikalistisch zu bezeichnen, sind alle Systeme der Interessenvermittlung in Westeuropa in Wirklichkeit „gemischt".

Ein Typ kann vorherrschend sein, aber verschiedene Sektoren und Untersektoren, Klassen und Teile von Klassen, Regionen und deren Untergliederungen können zur selben Zeit nach anderen Prinzipien und Prozeduren verfahren.

III

Ohne diese Vorbehalte aus den Augen zu verlieren, wollen wir uns kurz den bemerkenswerten Unterschieden zuwenden, die auch weiterhin im Charakter und der Rolle von Interessenvereinigungen in heutigen westeuropäischen politischen Systemen bestehen, ungeachtet der im übrigen so eindrucksvollen Ähnlichkeiten im Lebensstandard, in der Entwicklung der Produktionsmittel, der Gliederung in Klassen und Schichten, im Grad der Verstädterung und in anderen Aspekten. Nationalen Umfragen kann entnommen werden, daß in einigen dieser Länder mehr als 75 % der erwachsenen Bevölkerung sich zur Mitgliedschaft in wenigstens einer Vereinigung bekennt, während anderswo dieser Anteil kaum 35 % übersteigt. Aggregatdaten zufolge sind in Schweden fast 90 % der wirtschaftlich tätigen Bevölkerung wenigstens formell Mitglied in einer Gewerkschaft oder Berufsorganisation, während in der Schweiz diese Zahl nicht einmal 30 % erreicht. Mehr noch, die Unterschiede sind ebenso eindrucksvoll, wenn man die finanziellen und organisatorischen Mittel betrachtet, die Zentralisierung von Entscheidungsbefugnissen, die Besonderheiten im Stil der Einflußnahme, die Häufigkeit und Vertrautheit im Umgang mit dem Staat, die Ausübung von Quasi-Regierungsfunktionen und andere Merkmale. Eine vergleichende Längsschnittanalyse würde zweifellos noch auffälligere Unterschiede zutage fördern, was die Zeitpunkte raschen Organisationswachstums betrifft, die Veränderungen im Anteil der Mitgliedschaft, die Unausgeglichenheit in der Erfassung von Interessen, die Zusammenfassung von Interessen, den Widerstand bereits bestehender sozialer Formationen gegen Neuankömmlinge, den Kampfgeist und die Bereitschaft zu Gewalt bei der Durchsetzung neuer Forderungen und/oder die Ausformulierung des Gruppenbewußtseins oder ideologischer Entwürfe.

Alle westeuropäischen Länder durchliefen, ungleichmäßig und ungleichzeitig, dieselben strukturellen Veränderungen in ihren durch Organisationen vermittelten Beziehungen zwischen bürgerlicher Gesellschaft und Staat. Am Ausgangspunkt dieses Wandels stehen die aus „alten Zeiten" stammenden Vereinigungen — auf Zwang beruhende, exklusive, monopolistische, halböffentliche und halbreligiöse Zünfte. Von dort bewegten sich die meisten Gesellschaften unterschiedlich voreingenommen und schnell zu einem Zustand der „Vertragsfreiheit" oder der „Freiheit der Arbeit" als Folge der Abschaffung von Zunftprivilegien und Monopolen und der mehr graduellen Durchsetzung liberaler Vorstellungen wie des Bürgerrechts des Einzelnen und der territorial-parlamentarischen Repräsentation — Reformen, die ihrerseits Auftrieb erhielten durch die Verbreitung kapitalistischer Produktions- und Verteilungsformen. In Extremfällen, wie in Frankreich unter dem Gesetz *Le Chapelier*, wurden alle Formen wirksamer Interessenvermittlung zwischen Bürger und Staat offiziell beseitigt. Andernorts waren gesetzliche Regelungen und Rechtsprechung dem Entstehen von Klassenorganisationen auf ganz unterschiedliche Weise abträglich, z. B. die "combination acts" in Großbritannien. In einigen europäischen Ländern war schließlich die dazwischenliegende Periode individualistischen Liberalismus nur kurz und unvollkommen, bedingt durch den Versuch monarchischer Autokratien und konservativer Oligarchien, sich von den oben erwähnten mittelalterliche Korporationen in moderne Interessenorganisationen hinüberzuretten (z. B. Deutschland und vor allem Österreich).

Zu Beginn des letzten Viertels des neunzehnten Jahrhunderts konnte die „Kunst der Association" nicht länger förmlich versagt werden — nicht einmal den potentiell umstürzlerischen, die Mehrheit der Bevölkerung stellenden Arbeiterklassen und den ethnischen Minderheiten. Mit unterschiedlichem Maß an Verzögerung, Widerstreben und Zurückhaltung begannen europäische Regierungen das Vereinigungs- und das Petitionsrecht als bürgerliche Grundrechte anzuerkennen. In wenigstens einem Falle — in der Schweiz — erkannte die Verfassung auch das Recht an, niemand dürfe gezwungen werden, einer Vereinigung anzugehören, wodurch alle Formen von Zwangsverbänden untersagt wurden. Dieser Wandel in gesetzlichen Normen und Ideologie verbunden mit langanhaltender ökonomischer Depression, einer Zunahme politischer Gestaltungsmöglichkeiten (z. B. Zolldebatten und Einrichtung von Sozialversicherungen), einem Wandel in der Natur und Struktur produzierender Einheiten und der vollen Ausbreitung kapitalistischer Wirtschaftsbeziehungen in allen Sektoren der Wirtschaft, scheint zwischen 1870 und 1890 zu einem plötzlichen Aufschwung in der Bereitschaft von Interessengruppen zu formalen Zusammenschlüssen geführt zu haben. Während dieser Periode wurde der Grundstein gelegt für so etwas wie ein modernes System der Interessenrepräsentation, basierend auf extensiver funktionaler Erfassung und intensiver Interessenspezialisierung sowohl auf nationaler Ebene wie auch auf der Ebene der Gemeinden und Provinzen. Der größte Teil dieser Neugründungen trug zunächst pluralistische Züge. Die einzelnen Interessenverbände bildeten sich spontan; sie waren vielgestaltig, breit gestreut und überschnitten sich in ihren Satzungsansprüchen; sie vertraten ideologisch voneinander abweichende Ziele; in der Praxis wendeten sie verschiedene Techniken der Einflußnahme an. Trotzdem bildeten sich bald unterschiedliche Formen der Interessenvertretung heraus. Das Ausmaß hierarchischer und vertikaler Struktur und, damit zusammenhängend, die relative Bedeutung von Spitzenverbänden und Dachverbänden variierte beträchtlich ebenso wie die politische und organisatorische Unabhängigkeit vom Staat und von politischen Parteien sowie der Einfluß auf die Gestaltung der politischen Tagesordnung und die Ergebnisse der Politik.

Diese anfängliche Vielgestaltigkeit verringerte sich teilweise unter Einwirkung des ersten Weltkriegs. Überall, selbst in den nicht am Krieg beteiligten Mächten, förderten die Probleme der Kriegsmobilisierung, der Rationierung, der Planung von Ressourcenverwendung, der Preiskontrolle usw. die Festigung früher miteinander konkurrierender Vereinigungen, die förmliche Abgrenzung von Satzungshoheiten, die Nationalisierung und Zentralisierung von organisatorischen Strukturen, die Monopolisierung von Vertretungsansprüchen, den Erwerb quasiöffentlicher Funktionen, die gegenseitige Durchdringung öffentlicher und privater Entscheidungsbereiche. Gleichzeitig wurde durch diese Entwicklung die Legitimation und der Einfluß der Interessenvereinigungen in ihren direkten Kontakten mit der staatlichen Bürokratie verstärkt. Zur ,,Wiederentstehung" des bürgerlichen Europa im spannungsgeladenen Nachspiel zum Ersten Weltkrieg — um ein Argument aufzunehmen, das Charles *Maier* in seinem Buch "Recasting Bourgeois Europe" vertrat, — gehörte die Verstärkung neomerkantilistischer Politik und neokorporativistischer Organisationen. In den zwanziger und dreißiger Jahren bestand das Hauptthema der Politik in vielen europäischen Ländern darin, ob diese Entwicklung autonom und selektiv innerhalb der bürgerlichen Gesellschaft vor sich gehen würde, oft in privatistischen ,,sozialen Friedensverträgen" gipfelnd, oder ob sie unter den wachsamen Augen des Staates von starker Hand in eine Richtung gedrängt würde, die letztlich in den eindrucksvollen Fassaden des Faschismus und anderer Formen autoritärer Herrschaft endete.

Mittlerweile war die "pressure group" von nordamerikanischen Politik- und Sozialwissenschaftlern entdeckt worden — in einem politischen System, das wegen seines nicht-feudalen, nicht-korporativen Ursprungs, seiner spontanen, wenig reglementierten Möglichkeiten zur Vereinsbildung und wegen der Kürze des gescheiterten Versuchs neokorporativer Politik in der Anfangsphase des New Deal eine Sonderstellung einnimmt. Sie machten sich daran, ein wohldurchdachtes und eindrucksvolles Gemisch aus Theorie und Ideologie zu erfinden, genannt Pluralismus, das die Existenz dieser kollektiven Zwischenhändler rechtfertigte und sie außerdem noch als Errungenschaft pries. Auf diese Weise verschafften sie den Gruppen Ansehen, betonten deren Autonomie, den Wettbewerb zwischen ihnen, die Verschiedenheit ihrer Entstehung, die sich überschneidenden Loyalitäten ihrer Mitglieder und Anstrengungen der Organisationsführung, die Mühelosigkeit, mit der man einem Verband beitreten konnte und die geringen Unterschiede der den Organisationen zur Verfügung stehenden Mittel. Indem sie eine im Wirken der Verbände innewohnende Tendenz zum Gleichgewicht am Werke sahen, wofür sie den Einfluß lediglich von Konsens getragener ,,potentieller Gruppen" verantwortlich machten, mit deren Aktivitäten als ,,Trimmer" im Falle asymmetrischen Zugangs und Ausbeutung durch privilegierte Organisationen gerechnet werden konnte, schufen die Pluralisten ein Modell zur Erklärung der relativen Stabilität und Mäßigung des politischen Systems der Vereinigten Staaten — ungeachtet seiner offenkundigen Verschiedenartigkeit und auseinanderstrebenden Kräfte. Sie lieferten ein normatives Gerüst, das das Wirken korporativer Zwischeninstanzen vollkommen vereinbar mit individualistischen bürgerlichen Normen und klassischer Demokratietheorie erscheinen ließ.

Als nach dem Zweiten Weltkrieg "pressure groups" auch im Innern westeuropäischer politischer Systeme entdeckt wurden — es zeigte sich, daß sie häufiger älteren Ursprungs und ansteckender als ihr amerikanisches Ebenbild waren — beschränkten sich politische Beobachter entweder darauf, beschreibende Bestandsverzeichnisse anzulegen (fast jedes europäische Land besitzt inzwischen eins) oder unkritisch pluralistisches Gedankengut oder dessen Annahmen für analytische Zwecke zu verwenden. Es fiel ihnen nicht auf, daß die bestehende Struktur oder das Verhalten von Interessenorganisationen in den meisten westeuropäischen Systemen kaum jemals die spontanen, überlappenden, chaotischen und konkurrierenden Züge tragen, die die entsprechenden Organisationen in den USA angeblich kennzeichnen. Auch fehlt ihnen die Einsicht, daß derartig pluralistische Merkmale, falls vorhanden, in polarisierten ideologischen Konflikten und/oder ethnisch-religiös-sprachlicher Verschiedenheit verwurzelt waren, die kaum jemals zu denselben konsensuellen, gemässigten und gleichgewichtigen Ergebnissen führten.

Eine den westeuropäischen Sozialwissenschaftlern bevorstehende Aufgabe liegt darin, die Vielfalt der Interessenpolitik ihrer Länder zu erfassen und zu verdeutlichen und das auf diese Weise angesammelte historische Wissen als Grundlage für die Interpretation zukünftiger politischer Entwicklungen und Wandels zu machen. Diese Aufgabe wird erschwert durch das Entstehen eines neuen Bezugsfeldes, indem bisher „souveräne" Untereinheiten eines weiteren globalen Systems von wachsender gegenseitiger Abhängigkeit, Verstrickungen in Bündnissen und verbindlichen politischen Abmachungen heimgesucht werden, die eine neue Ebene − eine übernational-regionale − den eigenen Strukturen der Interessenvermittlung hinzufügen. Ein Teil der Antwort liegt in einer diese Vielfalt stärker berücksichtigenden Fassung verschiedener Typen der Interessenvermittlung. Der Rest besteht darin, diese Formen zu den wichtigsten Interpretationsentwürfen − Modellen, wenn man so will − des gesellschaftlichen Wandels in fortgeschritten industriell-kapitalistischen Ländern in Beziehung zu setzen.

IV

Meine grundlegende, richtungweisende These ist einfach und vermutlich wenig aufsehenerregend. Die relative Regierbarkeit der gegenwärtigen hochindustrialisierten und fortgeschrittenen kapitalistischen politischen Systeme ist weniger die Folge einer Überlastung des politischen Systems auf der Gesamtebene, des Auseinanderklaffens der Summe aller gesellschaftlichen Forderungen und der Kapazitäten des Staates, sondern vielmehr Ergebnis jenes aus einer Vielzahl von Einzelteilen bestehenden Prozesses, wodurch potentielle Ansprüche und Anforderungen identifiziert, zu Paketen geschnürt, eingebracht und in politische Programme umgesetzt werden. Geht man von der Gesamtmenge der Forderungen aus, so überstieg die Nachfrage nach zwingender Koordinierung und verbindlicher Regelung immer das, was der Staat als Anbieter solcher Leistungen bereitstellen konnte. Die Lücke wurde (und wird noch immer) ausgefüllt durch physische Unterdrückung und symbolische Manipulation. Es ist daher tatsächlich fraglich, ob das bloße Volumen der Forderungen, einschließlich der politisch bereits gewichteten, den Fähigkeiten des Staates entwachsen ist. Sicher war das Gefälle zwischen den Inhabern des Monopols organisierter Gewaltsamkeit und dem Rest der Gesellschaft kaum jemals größer — auch wenn die Machthabenden gelegentlich Erpressungen und Störaktionen entschiedener Minderheiten nachgeben müssen. Während man auf einen auffälligen Rückgang in der Fähigkeit legitimer staatlicher Akteure zu symbolischer Manipulation in einem Zeitalter der Entweihung von Autorität und der Ernüchterung über rationelle Effizienz hinweisen kann, muß festgestellt werden, daß nie zuvor in der jüngeren Geschichte ideologische Alternativen derartig knapp und, anders ausgedrückt, unglaubwürdige Kandidaten derart zahlreich waren. Keine Gegenbewegung hat bisher überzeugend Anklang gefunden oder es zu einer zahlenmäßig bedeutsamen und dauerhaften Gefolgschaft gebracht. Was sich an Ausbrüchen ereignete — sei es Poujadismus oder Rätekommunismus — verpuffte bereits nach kurzer Zeit und hinterließ die liberalbürgerlich-parlamentarische auf Wahlwettbewerb basierende Ordnung „blutig aber ungebeugt" als den unumgänglichen Brennpunkt der Legitimation in den politischen Systemen Westeuropas und Nordamerikas.

Was sich grundlegend und unwiderruflich änderte sind die Prozesse politischer Interessenvermittlung, die das potentielle Volumen gesellschaftlicher Forderungen erfassen, in politische Ziele umformulieren und im Laufe derer sich schließlich bestimmte Politikmuster herausschälen. Die Literatur zur Unregierbarkeit und Systemüberlastung hat dies zu einem gewissen Grad erkannt, doch das Schwergewicht der Erklärung lag immer auf dem Verhalten von Parteien und der Verknüpfung Legislative — Kabinett. Knappere Wahlausgänge, Wechsel der Parteibindung sowie Zunahme des Anteils der Wähler, die sich zu keiner Partei bekennen, häufigeres Auftreten von Minderheitsregierungen, Unbeständigkeit „herrschender" aber nicht „regierender" Koalitionen, das Gespenst kommunistischer Regierungsbeteiligung — all dies wird sowohl als Ursache wie auch als Sympton für abnehmende Regierbarkeit angeführt. Die Neigung, die Leiden und Verstimmungen fortgeschritten-industrieller Gesellschaften einer Überforderung im Bereich Partei — Wahlen — Legislative — Kabinett zuzuschreiben, kann meines Erachtens größtenteils als eine instinktive intellektuelle Reaktion gesehen werden, die der eines betrunkenen Seemanns gleicht, der seinen Schlüssel aus Bequemlichkeit im Licht der Straßenlaterne sucht, wohl wissend, daß er ihn woanders verloren hat. Liberale Sozialwissenschaftler haben sich in der Tat der Erhellung dieses Bereichs des politischen Lebens ganz ausgiebig gewidmet, doch diejenigen Vermittlungsprozesse, die soziale Konflikte, Klassenbeziehungen und organisierte Interessen direkter mit politischen Entscheidungen und Staatshandeln verknüpfen — vorbei an den klassisch-liberalen Mechanismen individuell artikulierter Präferenzen und territorialer Repräsentation (wenn nicht sogar durch sie hindurch) — sind bisher nur sporadisch und kaum systematisch untersucht worden.

Meine Vermutung sieht deshalb so aus: diejenigen, die die Betonung auf das Durcheinander in Partei und Parlament legen, haben insoweit recht, als sie sich auf eindeutig politische Prozesse der Interessenvermittlung konzentrieren. Doch sie verwechseln die Krankheit mit den Symptonen. Der Schlüssel zu unserem Verständnis der verschiedenartigen Krisen der Regierbarkeit liegt in der nur schwach erleuchteten Arena funktionaler Interessenvermittlung durch hochformalisierte und spezialisierte Organisationen in direktem Kontakt mit dem bürokratischen Apparat des modernen Staates. Der Zusammenbruch gerade erst geschlossener Sozialverträge; das aufkeimende Verlangen nach garantiertem und privilegiertem Zugang zu politischen Entscheidungsträgern; das Aufeinanderprallen von repräsentativen Zuständigkeiten; der Drang nach verbürgter Autorität und Mitbeteiligung auf allen Ebenen, privaten sowohl wie öffentlichen; die Mobilisierung und Streitbarkeit solcher bisher eher schweigsamen Gruppen wie der im öffentlichen Dienst beschäftigten und der von öffentlichen Mitteln abhängigen; das Geschrei nach und die Revolte gegen zunehmende Staatsausgaben und Regierungsbevormundung; das wachsende Gespür für relative Deprivation und Ungleichheiten nicht nur innerhalb sondern auch zwischen sozialen Klassen; das Hervorbrechen von Nationalitätenkonflikten unterhalb der nationalen Ebene; das plötzliche Auftreten von nur auf ein Problem spezialisierten Interessengruppen; ganz zu schweigen von den drei grundlegenden Problemen, mit denen wir uns befaßt haben: der Neigung zu bisher noch nicht dagewesenem Zurückgreifen auf außergesetzliche Mittel politischer Äußerung, dem Schwinden des Zusammenhalts und der Vorherrschaft von Eliten und der verminderten Fähigkeit des Staates zur Ressourcensicherung und Politikausführung - die meisten, wenn nicht sogar alle dieser Erscheinungen werden vermittelt oder verdrängt in den Strukturen spezialisierter Interessenvermittlung für Klassen, Regionen, ethnische Gruppen, Geschlechter und Generationen. Die meisten dieser Probleme, Zwangslagen oder Widersprüche werden zu Objekten staatlichen Handelns nicht aufgrund des Einflusses von Parteien und Wahlen — diese spielen hierbei nur eine indirekte Rolle. Individuelle Parteibindung und Versammlungen territorial gewählter Notabler — diese zwei Säulen der liberal-demokratischen, von bürgerlicher Kultur und Bourgeoisvorherrschaft geprägten politischen Ordnung — wurden allmählich, aber stetig in ihrer Bedeutung verdrängt von dem dritten, bisher weniger auffälligen Aspekt dieser Herrschaftsordnung: der unerbittlichen Verfolgung partikularer Interessen, richtig und rational begriffen, mittels spezialisierter, funktional differenzierter Organisationen. *Toqueville* warnte vor langer Zeit, „la liberté d'association est la dernière q'un peuple puisse supporter", und bald schon könnte sich herausstellen, ob er recht hatte.

Diese „organisatorische Revolution" ereignete sich eher langsam, und, wie man zugeben muß, wurden bis vor kurzem die in diesen Interessenvereinigungen liegenden Möglichkeiten weder voll erkannt noch ausgeschöpft. Zwei Gründe sind dafür maßgebend: der erste ist historischer, der zweite politik-logischer Natur.

Während die verschiedenen (in Teil III beschriebenen) historischen Ausgangspunkte und Entwicklungsmuster im heutigen Westeuropa (und mehr noch, Nordamerika) zu deutlich unterschiedlichen Gestaltungen von Interessenorganisationen führen, war noch ein anderer „politik-logischer" Faktor am Werk. Solange wie die

Vereinigung der liberal-demokratischen Ordnung entsprechend ausschließlich auf freiwilliger Teilnahme beruhten – die Freiheit zur Nichtteilnahme eingeschlossen – befand sich der gesamte Prozeß spezialisierter Interessenvertretung in einer ernsthaften Krise. Die für rationales individuelles Verhalten gebotenen Anreize waren gerade bei der Bildung von Organisationen für solche potentiellen Interessen am wenigsten wahrscheinlich, die am ehesten in der Lage gewesen wären, auf politische Entscheidungen und Mitgliederpräferenzen einzuwirken. Neue Interessenorganisationen wurden möglicherweise von einem wirklichkeitsfremden Unternehmer oder ideologischen Eiferer gegründet, doch in Anbetracht der bloßen Teilnehmerzahlen, der zu erwartenden Streuung der Präferenzen und der Schnelligkeit, mit der anfänglicher Erfolg Konkurrenten aufmerksam zu machen pflegte – von den selektiven Anreizen, sich keiner Vereinigung anzuschließen, und dem sozialen Druck im Falle eines Beitritts ganz zu schweigen – bestand wenig Aussicht für Interessenorganisationen, zu überleben oder es gar zu etwas zu bringen. Wo die Zahl potentiell interessierter Teilhaber klein und konzentriert war, war die Wahrscheinlichkeit für die Bildung einer Vereinigung größer, da jeder Teilnehmer einen meßbaren Beitrag zum Erfolg der Organisation liefern konnte. Doch die Forderungen solcher Organisationen unterschieden sich gewöhnlich kaum von den tatsächlichen Interessen der Mitglieder, noch wich ihr politischer Einfluß sehr von dem ab, was sporadische Formen von Klassen- oder sektoraler Kooperation erreicht hätten. Unter solchen Bedingungen konnte nur von nicht zu großen, hochspezialisierten Vereinigungen, gewöhnlich besitzender oder beruflicher Interessen erwartet werden, sowohl „Freibeuter" (Individuen und Firmen mit ausreichendem Wissen, Marktmacht und/oder eigener politischer Schlagkraft, die auf kollektive Interessenvermittlung verzichten können) wie auch „blinde Passagiere" zu vermeiden (Individuen und Firmen mit unzureichenden Anreizen, Mitglieder zu werden, aber mit einem Interesse daran, sich stellvertretend in den Genuß der Früchte kollektiver Interessenvermittlung zu bringen) und auf diese Weise das gesamte Potential der Waffe „Organisation" auszuschöpfen. Jene Klassen, Sektoren, Regionen, ethnische Gruppen usw. mit großer und weitverstreuter Kundschaft konnten nur schwache Anreize zur Bildung von oder zum Anschluß an Organisationen bieten, aber einmal gebildet, waren Vereinigungen, die solche Interessen vertraten, ironischerweise am ehesten dazu fähig, Mitgliederinteressen aufzudecken und zu manipulieren, unabhängige organisatorische Ressourcen zu entwickeln, eine unabhängige Organisationsführung herauszubilden und auf diese Weise bedeutsame neue Kräfte ins politische Leben einzuführen.

Während es einigen Massenorganisationen gelang, aus eigener Kraft aus dieser politik-logischen Zwangslage auszubrechen, sei es durch die Verbreitung von Ideologie, Klassenbewußtsein und subkultureller Solidarität (wie im Falle von Gewerkschaften und einigen Mittelstandsgruppen), sei es durch Empörung darüber, an den Rand gedrängt zu werden, moralische Abscheu und übernationale Unterstützung (wie im Falle von Enthaltsamkeitsbewegungen und katholischen Laienorganisationen), so hing der Wandel doch in Wirklichkeit von einer Veränderung in der Art und dem Ausmaß der Politik ab. Eine derartige organisierte Reaktion der bürgerlichen Gesellschaft ist ohne ein mit Zwang verbundenes Eingreifen des Staates wenig wahrscheinlich und kaum vorstellbar: ein Eingreifen, das der Förderung organisatorischer Existenz dient; monopolistischen Zugang zu staatlichen Stellen gewährt; Aufgaben delegiert; selektive Privilegien sichern hilft; Mitgliedschaften de facto oder de jure verbindlich macht; politische Probleme definiert und auf diese Weise den Kreis der Betroffenen Interessen abgrenzt und die Bildung funktional organisierter „Partner" für die Ausführung politischer Vorhaben fördert. In einer gewissen Weise hat die oben so knapp dargestellte historische Entwicklung die politische Logik pluralistischer Spontaneität und liberaler Freiwilligkeit außer Kraft gesetzt. Nachdem einmal Sozialversicherungspläne, Subventionen für kapitalistische Akkumulation, die Regelung unlauteren Wettbewerbs, Rationierung und Preiskontrollen zu Kriegs- und Friedenszeiten, Globalsteuerung, Förderung des Exports, Aushandeln von Sozialverträgen, Ausweitung von Vereinbarungen usw. Elemente von Zwang und verschwiegener Zusammenarbeit in die Beziehungen zwischen Staat und privilegierten Interessenvereinigungen hatte einfließen lassen, begann sich der gesamte Prozeß der Interessenvermittlung zwischen bürgerlicher Gesellschaft und Staat zu wandeln.

Nicht nur die Unterscheidung zwischen privatem und öffentlichem Handeln geriet ins Wanken; die organisierten Unterhändler erwarben auch neue Ressourcen und Aufgaben als private Regierungen und halböffentliche Sprecher. Mit zunehmend bürokratischer Natur hing das Überleben der Vereinigungen immer weniger von den Präferenzen der Mitglieder ab. Eine berufsmäßige Organisationsführung entstand. Die Aktivitäten wurden in weitere Bereiche ausgedehnt (in einigen Bereichen wurden sie stärker kommerziell und finanziell). Die Ziele wurden stärker beeinflußt von der stillschweigenden Zusammenarbeit mit Macht und Kapital. Die Dichte der Mitgliedschaft nahm rasch zu, nachdem sie verpflichtend und durch beschränkten Zugang zu Vorteilen attraktiv gemacht worden war. Die Erfassung organisierter Interessen weitete sich nach zwei Richtungen hin aus: funktional und geographisch wurden nationale Organisationsnetze wirksamer Interessenvermittlung vervollständigt, indem bereits bestehende Verbände ihre vorhandenen finanziellen und menschlichen Ressourcen zu Werbezwecken einsetzten und konkurrierende und konfligierende Interessen versuchten, es den bedrohlich vorauseilenden Gegnern gleichzutun. Die Konzentration in den Kanälen partikularer Interessenvermittlung machte rasch Fortschritte, einerseits durch strategisches Kalkül getrieben, andererseits durch administrative Zugänglichkeit, bis schließlich hierarchisch zentralisierte, monopolistische Vereinigungen symbiotische, von „Verantwortungsbewußtsein" getragene Beziehungen mit den entsprechenden Abteilungen des Staates hergestellt hatten.

In jenen Ländern, in denen der individualistische Liberalismus am schwächsten war, konnten sich vormoderne Vereinigungsformen am besten behaupten, waren Besitz und geographische Verteilung des Kapitals am stärksten konzentriert, wurde der Bereich staatlicher Eingriffe am frühesten und weitesten ausgedehnt, waren reformistische sozialdemokratische Parteien am stärksten und dauerhaftesten. Eine Form der Interessenvermittlung entstand, die im Extremfall als „gesellschaftlicher Korporatismus" bezeichnet werden konnte. Korporatistisch deshalb, weil seine Bestandteile organisiert sind in einer begrenzten Zahl singulärer, hierarchisch geordneter und funktional abgegrenzter Zwangsvereinigung, vom Staat anerkannt und konzessioniert (wenn nicht gefördert) und vorsätzlich ausgestattet mit einem

Repräsentationsmonopol innerhalb eines bestimmten Bereichs. Als Gegenleistung erklärt sich der Verband bereit, gewisse Kontrollen bei der Auswahl der Verbandsführung und bei der Formulierung von Forderungen oder Gewährung von Unterstützung zu beachten. Als „gesellschaftlich" kann dieser Korporatismus deshalb bezeichnet werden, weil er haptsächlich, wenn nicht sogar ausschließlich, als Ergebnis zwischen- oder innerorganisatorischer Prozesse entstand — sozusagen von unten, nicht auf ausdrückliches Betreiben der Mächtigen mit dem Ziel, einen Typ der Interessenvermittlung zu schaffen — „Staatskorporatismus" —, der ihrer autoritären Herrschaftsweise am besten entspricht.

Jetzt sind wir in der Lage, unsere Vermutung genauer zu formulieren. Wenn der Hauptschlüssel zum Verständnis unterschiedlicher Regierbarkeit weniger in den „objektiven" Größen gesamtwirtschaftlicher Leistung, sozialer Konflikte und Klassenbeziehungen liegt und mehr in der Art und Weise, wie verschiedenartige Interessen zwischen bürgerlicher Gesellschaft und Staat vermittelt werden, dann hat unsere Diskussion einige spezifische empirische Dimensionen nahegelegt, die zur Erklärung dieser Unterschiede herangezogen werden können: die Breite der Repräsentanz, die Dichte der Mitgliedschaft und die korporatistische Struktur. Politische Systeme, in denen Interessen durch formale Vereinigungen hindurchgeschleust werden, die die größte Vielfalt potentieller Interessen mit einem national verzweigten Geflecht von Organisationen vertreten, die einen maximalen Prozentsatz der potentiell Betroffenen als Mitglieder erfassen, deren Beziehungen zum Staat monopolistisch, spezialisiert und hierarchisch sind und auf unauffällig-verschwiegener Zusammenarbeit basieren, sollten eher regierbar, stabil und effektiv sein — zumindest kurzfristig unter den Bedingungen heutiger Regierungstätigkeit. Anders ausgedrückt, jene Länder, die zuvor Glück genug hatten, ein pluralistisches System der Interessenvermittlung auszubilden, mit einer Vielzahl von sich überlappenden, spontan gebildeten, auf Freiwilligkeit basierenden, wenig beständigen und politisch autonomen Vereinigungen, werden dies wahrscheinlich als ernsthafte Behinderung für die Tätigkeit des nachliberalen, fortgeschrittenen kapitalistischen Staates empfinden.

Anmerkung:

Dieser Artikel beruht auf Teilen der Arbeiten:

— Interest Intermediation and Regime Governability in Contemporary Western Europe, unveröff. Paper 1977,
— Modes of Interest Intermediation and Models of Societal Change in Western Europe, in: Comparative Political Studies 10 (1977), 2—38,

Es wird mehrmals Bezug genommen auf den Artikel:

— Still the Century of Corporatism? in: Review of Politics 36 (1974), 85—131.

Die Übersetzung besorgte Wolfgang Tönnesmann.

Ulrich von Alemann/Rolf G. Heinze

2.2. Parteien, Staat und Verbände — die aktuelle Diskussion um eine Kontrolle der Verbände in der Bundesrepublik

Die „Herrschaft der Verbände" ist ein allgegenwärtiger topos in der politisch-wissenschaftlichen Diskussion seit den fünfziger Jahren. Vor dem wachsenden Verbändeeinfluß im liberal-demokratischen, pluralistischen Gesellschaftssystem glaubte man von liberaler (Th. Eschenburg) bis konservativer Seite die staatliche Souveränität bedroht. Der Bundesgerichtshof meinte noch 1958, Interessenverbände seien „ebenso gefährlich wie kommunistische Aktionen oder neofaschistische Bestrebungen" (AZ 9 StE 3/58 vom 18.12.1958). Aus der konservativen Kritik wurden allerdings kaum konkrete gesetzlich umsetzbare Konsequenzen gezogen.

Es ist umso überraschender, daß nun Ende der siebziger Jahre, nachdem der gerade in Deutschland so langwierigen Anerkennung des Parteienstaates eine grundsätzliche Respektierung des Verbändeeinflusses gefolgt war, das Thema „Macht der Verbände — Ohnmacht der Demokratie" (Dettling) neu auf den Tisch kommt. Vielleicht noch paradoxer an dieser neuen Debatte ist der Umstand, daß die Sorge um Verbandsmacht und -demokratie gerade von Seiten der liberalen und konservativen Parteien in die Forderung nach innerverbandlicher Demokratisierung gekleidet wird — als ob die Parteien selbst hier nicht im Glashaus säßen.

Es ist unsere These, daß die Sorge um die interne und externe Verbandsdemokratie bei den Parteien keine Folge der Übernahme gesamtgesellschaftlicher Demokratisierungsforderungen ist, sondern eher Indiz für korporative Tendenzen auch in der Bundesrepublik. Ob die Verbände einer „Sozialpflichtigkeit" unterworfen werden sollen, wie von Seiten der CDU, oder ihr Verhalten nach dem Grundsatz von „Treu und Glauben mit Rücksicht auf die Verkehrssitte" richten sollen, wie durch eine FDP-Kommission vorgeschlagen, ist nicht entscheidend. Ebensowenig kommt es darauf an, ob dies durch ein allgemeines Verbändegesetz, durch eine Grundgesetz-änderung im Artikel 9 oder durch einige Spezialgesetze und -regelungen durchgesetzt wird. Die „ordnungspolitische" Tendenz bleibt gleich problematisch: unter dem Vorwand einer Verstärkung inner-verbandlicher Demokratie — wer würde dies nicht begrüßen außer einige Verbandsrepräsentanten selbst? — würde eine Einbindung und Verrechtlichung der Verbändelandschaft erreicht, die im Zwei-felsfall die Verbände am gravierendsten träfe, die nicht im freien Feld der Freizeitvereine oder des Lobbyismus agieren, sondern unmittelbare und materielle Interessen ihrer Mitglieder vermitteln, d. h. vornehmlich die Gewerkschaften.

Im folgenden konzentrieren wir uns im Sinne der Fragestellung dieses Buches nach dem Verhältnis von Staat und Verbänden des-halb in erster Linie auf die Diskussion um eine rechtliche Kontrolle des Verbandseinflusses, wie sie besonders in FDP und CDU erwogen wurde. Neben der aktuellen und wissenschaftlichen Relevanz einer solchen Analyse begreifen wir ein geplantes Verbändesgesetz als einen pauschal ansetzenden politischen Hebel, der eine Festschrei-bung und Verrechtlichung der verbleibenden pluralistischen Spiel-räume im politischen System erreichen soll und damit in engem Zusammenhang mit der Diskussion um „Unregierbarkeit" und „Neokorporatismus" steht. Anhand der korporativen Tendenzen einer Verbändegesetzgebung wird die staatstheoretische Frage-stellung, die im ersten Teil des Buches im Vordergrund stand, exem-plarisch verdeutlicht.

Das soll nicht heißen, daß mit der Verbändegesetzdiskussion der Rahmen des Themas Staat und Verbände oder auch nur die neokorporativen Tendenzen innerhalb dessen erschöpfend abge-handelt werden könnte. Die Kontrolle des Lobbyismus auf parla-mentarischer und exekutiver Ebene ist sicher ebenfalls ein dring-liches Thema und wird in diesem Band von F. Schäfer (3.3) aufge-griffen. Das Verhältnis von Verbänden, Parteien und neuen Formen der Interessenvermittlung durch Bürgerinitiativen, wie in diesem Band von G. Verheugen kurz angesprochen (3.1) gehört auch zum Gesamtkomplex.

Auf gesamtwirtschaftlicher Ebene gibt es mehrere Vorschläge zur Institutionalisierung der Verbände in einem Wirtschafts- und Sozialrat, besonders durch die Gewerkschaften, der sowohl historische Vorbilder (Reichswirtschaftsrat der Weimarer Republik) als auch Parallelen in anderen Ländern Westeuropas hat (z. B. in Österreich), oder auch die neuen Vorschläge aus der SPD nach Strukturräten auf verschiedenen Ebenen mit unterschiedlichen Aufgaben. Mit dem Bayrischen Senat existiert bereits auf Landesebene eine institutionalisierte Interessenvertretung der relevanten Großorganisationen.

Für die Bundesebene wurden derartige Modelle allerdings durch die Enquete-Kommission zur Verfassungsreform abgelehnt (vgl. Dokument 4.6). Empfohlen wurde aber eine grundlegende neue Enquete über die Frage, inwieweit eine rechtliche Normierung der Stellung der Verbände im politischen System angebracht ist.

Auf alle diesen weiteren Aspekte, die mit dem Themenkreis „liberaler Korporatismus" in den Industriestaaten zusammenhängen, kann hier nur hingewiesen werden, da mit diesem Band eine intensive Aufarbeitung und Dokumentation der rechtlichen Verbandskontrolle im Vordergrund stehen soll. Obwohl der von der FDP-Kommission vorgelegte Verbändegesetzentwurf schnell wieder in der Schublade verschwand, stehen wir nach unserer Überzeugung erst am Beginn einer neuen Diskussion des Verhältnisses von Parteien, Interessengruppen und Bürgerinitiativen. Schmitters Frage bleibt aktuell: Leben wir immer noch oder jetzt erst recht im Zeitalter des Korporatismus?

2.2.1. Liberaler Korporatismus? Die Diskussion in der FDP um ein Verbändegesetz

I.

Der klassische Liberalismus der bürgerlichen Revolutionen kämpfte gegen ständische Bindungen im spätfeudalen Absolutismus. Freiheit des Einzelnen vor Zwangsmitgliedschaft in Zünften, Gilden, Kammern, Freiheit des Berufs, Vereinigungsfreiheit, freies Mandat für ein allgemeines und direktgewähltes Parlament aller freien Bürger — all dies sind hervorragende Programmpunkte des politischen Liberalismus gegen die korporative Knebelung des ökonomischen und politischen Entfaltungsdranges des Bürgertums.

Der aus der Sicht des einzelnen Bürgers schon nicht mehr so freie Pluralismus der großen Interessengruppen war die konsequente Weiterentwicklung des Liberalismus unter den sozioökonomischen Bedingungen dieses Jahrhunderts (Eisfeld 1972). Rudolf Hilferding hat diese Bedingungen in den Begriff des „Organisierten Kapitalismus" gefaßt.

Angesichts vermachteter Märkte in der Wirtschaft und mächtiger Interessenkartelle in der Politik geriet der politische Liberalismus immer mehr in die Defensive. In keinem westeuropäischen Land nach dem II. Weltkrieg hat eine liberale Partei die Führungsrolle übernommen, obwohl nicht selten kleine liberale Gruppen immerhin koalitionspolitische Schlüsselpositionen hielten (vgl. J. Raschke 1978). Der Liberalismus steht weiterhin für freien Wettbewerb der Einzelnen oder mindestens der Gruppen, nachdem er sich mit dem schon stark zur Organisationsdominanz tendierenden Pluralismus abgefunden hat. Der ökonomische Neoliberalismus der fünfziger Jahre versuchte durch Kartellgesetzgebung vergeblich Marktvermachtung und Konzentration zu bremsen — mit kaum mehr Erfolg als Don Quichotte gegen Windmühlenflügel. Diejenigen in der jüngsten Geschichte der FDP, die die Erfolgslosigkeit des Staates bei der Bekämpfung ökonomischer Konzentration einsahen, bauten auf das Gegengewicht des Staates insgesamt gegenüber wirtschaftlicher Macht.

„(...) Zur Sicherstellung der Leistungsfähigkeit der sie tragenden Wirtschaftsordnung bedarf es der gezielten geistigen Gegensteuerung *der Hand des Staates mit den Hebeln des Rechts* gegen die im Selbstlauf dieses ökonomischen und politischen Systems liegenden, nicht nur wirtschaftlichen, sondern auch gesellschaftlichen Entwicklungen:

— gegen die Tendenzen zur Akkumulation von Geld und Besitz, welche die Reichen, selbst ohne eigenes Zutun, immer reicher werden läßt;

— gegen die Tendenzen zur Konzentration insbesondere des Produktivkapitals und Privateigentums an den Produktionsmitteln in einigen wenigen Händen durch Rückfluß eines Großteils der erwirtschafteten Gewinne als Investivkapital an die Privateigentümer der Produktionsmittel;

— gegen das Ungleichgewicht der Vorteile damit zwischen Produzenten und Konsumenten durch die zur Refinanzierung der Produktion und Reinvestition in die Produktionsanlagen geforderten Überpreise;

— gegen das Ungleichgewicht der Vorteile aber auch im Verhältnis zwischen den Faktoren Kapital und Arbeit, infolge der regelmäßig dem Produktivitätsfortschritt zumindest um einen Schritt nachhinkenden Mindestlöhne usw. usw." (Maihofer 1972, 49 f. — meine Hervorhebungen, U.v.A.)

Kaum glaubhaft, daß hier ein Liberaler die Feder führt, um „die Hand des Staates mit den Hebeln des Rechts" gegen den Selbstlauf der wirtschaftlichen und auch (!) gesellschaftlichen Entwicklungen zu ermächtigen. Isoliert betrachtet könnte man hier einen systemverändernden Umverteiler am Werk vermuten, der dem Staat die Allkompetenz gesellschaftlicher Reform übertragen möchte. Liberalismus ist mithin längst nicht mehr staatsfeindlich, träumt nicht mehr vom Nachtwächterstaat des Frühkapitalismus, wenn auch manches kraftvolle Wort, das in den Freiburger Thesen die Reform des Kapitalismus verlangte, wohl eher als schmetternde Fanfare abgehoben von der politischen Praxis der Partei weit voraus tönte.

Obwohl Liberalismus kein Gegensatz zu staatlicher Intervention mehr sein will, bleibt noch eine breite Kluft zu korporativer Theorie und Praxis. Alle traditionellen Korporativisten, ob universalistisch-faschistischer, solidaristisch-katholischer oder gildensozialistischer Provenienz, sahen doch im Liberalismus ihren Hauptgegner. In keinem liberalen Programm finden sich deshalb bis heute ständische Spuren, wie funktionale, berufsständische Repräsentation. Die „Konzertierte Aktion" war eine sozialdemokratische Erfindung des Wirtschaftsministers der Großen Koalition, Karl Schiller, und wurde von liberalen Nachfolgern im Amt ohne gleiches Engagement fortgeführt und zum personell aufgeblähten Großpalaver verwässert, bis die Gewerkschaften 1977 diese informelle Vorform funktionaler Repräsentation aufkündigten − ohne nennenswerten Rettungsversuch liberaler Wirtschaftsminister.

Sind also die Liberalen die verläßlichste Bastion gegen alle neueren Tendenzen eines „Neo-Korporatismus"? Einer politisch-ökonomisch-gesellschaftlichen Entwicklung also, die Großverbände, Parteien, Großkonzerne und Staatsadministration in eine wechselseitige Verflechtung treibt abgesichert durch eine harmonisierende Ideologie für die Bevölkerung der „großen Staatsfamilie"?

Meine These in diesem Beitrag ist, daß gerade die Diskussion um ein Verbändegesetz in Teilen der FDP ein Staats- und Gesellschaftsverständnis offenbart, das einem „liberalen Korporatismus" nicht nur nahesteht, sondern ihn aktiv über staatliche Intervention betreibt. Denn ein Verbändegesetz, wenn auch explizit zum liberalen Grundrechtsschutz des Einzelnen konstruiert, formiert via legislativem Staatseingriff Binnenstruktur und Außenverhältnis von freien Interessenverbänden so, daß sie zum befestigten und berechenbaren Partner des Staates werden.

II.

Seit sich die politische und wissenschaftliche Öffentlichkeit mit der Stellung der Verbände in der Gesellschaft beschäftigt, befassen sich auch die Liberalen mit der Gefahr eines „Verbändestaates" — „diese(m) Ständestaat neuzeitlicher Prägung" (Flach 1963, 8). Mehr als die anderen Parteien fallen der FDP solche Warnungen leicht, da mit ihr keine Verbände so eng verwandt sind, wie z.B. Gewerkschaften, Bauern, Arbeitgeber, Vertriebene und Kirchen mit SPD und CDU/CSU. Dennoch existieren natürlich auch in der FDP-Politik seit je Verbandsnischen, besonders für die Gruppen Mittelstand/freie Berufe/Unternehmer/Bauern. Da hier aber stärker gruppenorientierte als verbandsabhängige Politik gemacht wird, kann sich die FDP frei fühlen, allgemein zu beklagen, daß sich „unsere Parteien zu *Untertanen* der mächtigen Interessenverbände erniedrigen lassen" (Flach 1963, 7).

Konkrete Vorstöße in der Eindämmung der Verbandsmacht hat es dennoch in den sechziger Jahren noch nicht gegeben, sieht man einmal ab von Forderungen nach größerer Transparenz des parlamentarischen Entscheidungsprozesses, der durch Einführung der öffentlichen Hearings der Parlamentsausschüsse erreicht wurde. Auch die „Freiburger Thesen" der FDP von 1972, die als Manifest des historischen Neuanfangs eines Sozialliberalismus konzipiert waren, verblieben noch in der allgemeinen Proklamation:

„Behauptung der Menschenwürde und Selbstbestimmung des Einzelnen in Staat und Recht, in Wirtschaft und Gesellschaft gegenüber einer Zerstörung der Person durch die Fremdbestimmung und durch den Anpassungsdruck der politischen und sozialen Institutionen waren und sind die ständige Aufgabe des klassischen wie des modernen Liberalismus" (Flach/Maihofer/Scheel 1972, 59).

Schon die Forderungen des Godesberger Programms der SPD von 1959 nach Verbandskontrolle waren konkreter:

„Die Verbände, in denen sich Menschen der verschiedenen Gruppen und Schichten zu gemeinsamen Zwecken zusammenschließen, sind notwendige Einrichtungen der modernen Gesellschaft. Sie müssen eine demokratische Ordnung haben. Je machtvoller sie sind, desto größer ist ihre Verantwortung, aber auch die Gefahr des Mißbrauchs. Die Parlamente, die Verwaltung und die Rechtsprechung dürfen nicht unter den einseitigen Einfluß von Interessenvertretungen fallen" (Hergt 1975, 42).

Mit dem „Kirchenpapier" von 1974 und dem „Verbändegesetz" von 1976 griff die FDP das Thema Verbände so direkt wie keine andere politische Gruppierung in der Bundesrepublik an. Freilich mit wenig unmittelbarem Erfolg. Das Kirchenpapier wurde zwar nach hitziger innerparteilicher Debatte vom Hamburger Parteitag 1974 mit großer Mehrheit verabschiedet. Aber das öffentliche Echo schwankte zwischen verwundertem Ärger bei den Kirchen bis zur Schadenfreude in der politischen Öffentlichkeit über so überflüssig-unzeitgemäße Gefechte auf Nebenschauplätzen. Konsequenterweise verschwand das Kirchenpapier schnell aus der innerparteilichen und öffentlichen Diskussion. Aber das nächste Gefecht war schon vorprogrammiert, denn die These 2 hatte gelautet:

„Der Status einer Körperschaft des öffentlichen Rechts ist für religiös und weltanschaulich gebundene Gruppen wie die Kirchen nicht geeignet, da diese ihre Aufgaben nicht aus staatlichem Auftrag herleiten. Andererseits wird das Vereinsrecht der Bedeutung der Kirchen *und anderer Großverbände* nicht gerecht. Es ist daher ein *neues Verbandsrecht* zu entwickeln, das der Bedeutung der Verbände und ihrem öffentlichem Wirken Rechnung trägt und auch für die Kirchen gilt. Dabei sind religiös und weltanschaulich bedingte Besonderheiten zu berücksichtigen" (Kaack 1976, 207, meine Hervorhebung, U.v.A.).

Der neue Generalsekretär der FDP nach dem Tod von Karl-Hermann Flach, Martin Bangemann, der auf dem Hamburger Parteitag 1974 gewählt worden war, machte die Verbändekontrolle zu seinem programmatischen Hauptanliegen. Bereits Ende 1974 hatte er auf einer Tagung der Katholischen Akademie Bayerns über die Verpflichtung des Staates zur Durchsetzung der Verbandsdemokratie das Kirchenpapier verteidigt. Der Staat dürfte sich nicht nur auf Schiedsrichterfunktionen beschränken und „Fouls" der Verbände abpfeifen. Im Sinne der liberalen Schutzfunktion gegen Verbandsmacht sei das Problem nicht formal, sondern durch inhaltlichen Eingriff zu lösen:

„Das heißt, Staat, politische Organisation, muß mittels Sachkriterien in diese organisierten Formen gesellschaftlicher Macht eingeführt werden. Wir müssen zum Beispiel in einem Verbandsgesetz Verbänden Grundregeln demokratischer Entscheidung vorschreiben, weil zunehmend Verbände nicht für sich und ein Organisationsinteresse sprechen, sondern Allgemeinansprüche erheben und in diesem Sinne einer demokratischen Legitimation nicht nur bedürfen, sondern ausdrücklich unterworfen werden müssen" (Bangemann 1975, 68).

War das Kirchenpapier noch ganz vom klassisch liberalen Geist erfüllt, der den Staat von gesellschaftlichen Korporationen strikt *trennen* wollte, so zeigen Vokabular und Diktion Bangemanns in eine deutlich andere Richtung: „Staat" soll „mittels Sachkriterien" in Formen gesellschaftlicher Macht „*eingeführt* werden"; „wir müssen ... Grundregeln *vorschreiben*,", weil Verbände demokratischer Legitimation nicht nur bedürfen, „sondern ausdrücklich *unterworfen* werden müssen" (vgl. auch Bangemann 1977). Das klingt mehr nach altem deutschen Etatismus als nach modernem Liberalismus.

Vom Bundesvorstand der FDP wurde 1975 eine Kommission „Gesellschaftliche Großorganisationen" unter dem Vorsitz von Martin Bangemann eingesetzt, die sich am 1. Sept. 1976 konstituierte. Nach neun Sitzungen schloß sie ihre Arbeit mit der Vorlage eines Entwurfs eines Verbändegesetzes ab (vgl. Dokumente 4.1.). In der Zwischenzeit ging die wechselvolle jüngste Geschichte der FDP auch an dieser Kommission nicht spurlos vorbei. Martin Bangemann war nach knapp einem Jahr im Sommer 1976 vom Amt des Generalsekretärs zurückgetreten, da sich besonders in der Koalitionsfrage durch seinen Vorsitz im Land Baden-Württemberg, wo er für „Offenheit" plädierte, unüberbrückbare Konflikte mit dem Bundesvorstand ergaben. Die Legitimation der Verbände-Kommission war so zum Schluß innerparteilich umstritten, da ihre Problemstellung mit Sommer 1976 auf die erst von Maihofer dann von Baum geleitete „Perspektivkommission" übergangen sei. Dennoch wurde der Gesetzentwurf von der Kommission vorgelegt und ging in die öffentliche und innerparteiliche Diskussion ein, wenn auch schließlich als ein „Papier, das niemand will" (Bischoff 1977). Der Abschlußbericht der Perspektivkommission vom Juli 1977 fordert zwar materielle Verbesserungen und Änderungen der Verbandskontrolle, lehnt aber das Instrument eines Verbändegesetzes ab (vgl. Dokumente 4.2.). In die auf diesem Bericht fußenden „Kieler Thesen" des Parteitages vom November 1977 wird nach einiger Diskussion diese klare Ablehnung eines Verbändegesetzes noch in die Thesenform mit übernommen.

III.

Der Entwurf eines Verbändegesetzes der FDP blieb ein todgeborenes Kind. Dennoch wurde damit ein wichtiges Faktum in die politische Landschaft gesetzt, das in der politischen und wissenschaftlichen Diskussion unübersehbar präsent bleibt. Nach dem stillen innerparteilichen Begräbnis des FDP-Entwurfs heißt deshalb die Situation: das Verbändegesetz ist tot, lang lebe seine Diskussion. Die Rechtswissenschaft nimmt dankbar ein Thema auf, das ihre analytische und systematische Phantasie herausfordert (vgl. Meessen 1976, Göhner 1977, Wimmer 1977, Teubner 1978) — wie sie auch lange Jahre mit den Entwürfen eines Parteiengesetzes gespielt hat (vgl. von Alemann 1972). Die politisch-wissenschaftliche Publizistik aller Couleur greift das Thema ebenfalls auf, dankbar für den Mut, mit dem die Bangemann-Kommission sich an die Öffentlichkeit wagte (vgl. die Pressebeiträge von E. P. Müller 1975, Bischoff 1976, Herrmann 1976, Bossle 1977; sowie die Sammelbände mit Beiträgen aus dem Umfeld der Union von Biedenkopf/v. Voss 1977 und Dettling 1976; aus dem Feld von SPD und Gewerkschaften Scheer 1977, Balduin/Unterhinninghofen 1977, Scharpf 1978). Es gilt also, diesen ersten Entwurf eines Verbändegesetzes zu dokumentieren und zu analysieren.

Die Verbändekommission machte es sich zur Aufgabe, Verbändedemokratie von zwei Seiten her anzugehen: als verbandsinternes Problem zwischen Mitgliedschaft und Führung und als verbandsexternes Problem zwischen Verbandsführungen und Öffentlichkeit, bzw. zwischen unterschiedlichen Verbänden. Die Kommission bewegte sich damit im selben Argumentationsfeld wie die CDU seit der *Mannheimer Erklärung,* die allerdings nur noch von „ordnungspolitischer" Regelung ohne allgemeines Verbändegesetz spricht (vgl. Tönnesmann in diesem Buch); und auch ein rechtspolitischer Kongreß der SPD von 1975 forderte die Verbände zu mehr Demokratie auf, ohne allerdings rechtliche Regelungen konkret ins Auge zu fassen (vgl. Heinze in diesem Band).

Die Arbeit der Kommission schlug sich zunächst in Thesen nieder, die im Frühjahr 1976 veröffentlicht wurden (*Berliner Liberale Zeitung Nr. 13/1976*). Nachdem die erste These die positive Funktion freier Interessenorganisationen unterstrichen hatte, forderte These 2:

„Eine liberal verfaßte Gesellschaft muß den Freiheitsraum des einzelnen auch gegen den Mißbrauch organisierter Interessen sichern. Die F.D.P. fordert deshalb
- politisch bedeutsame Verbände müssen ihren Einfluß auf gesellschaftliches und politisches Handeln deutlich machen (Transparenzforderung),
- sie müssen die Legitimation für diesen Einfluß nachweisen (Legitimationsforderung),
- der pluralistische Wettbewerb organisierter Interessen muß gesichert und gefördert werden (Konkurrenzforderung)."

Die Verwirklichung dieser Forderungen könne wirksam nur durch ein Gesetz erfolgen, wenngleich schon zugegeben wird, daß die bereits fortgeschrittene Verfilzung verschiedener Verbände sowohl mit der SPD als auch mit der CDU/CSU es der FDP nicht leicht mache, für diese Gesetzgebung Mehrheiten zu finden. Aber die FDP wolle auch für das Verbändegesetz um parlamentarische Mehrheiten kämpfen, da es die Situation verlange:

„Der Liberalismus hat die Grund- und Freiheitsrechte des einzelnen gegenüber dem Staat erkämpft und gesichert, heute gilt es, der neuen Gefährdung
- durch Einflußmonopole (Mißbrauch delegierter öffentlicher Macht, privilegierter Einflußnahme auf die Gesetzgebung über Bürokratie und Parlamente)
- durch Repräsentationsmonopole (Verhindern des Zugangs und des Mitwirkens kleinerer oder neugegründeter Verbände durch etablierte Verbände, z.B. bei Anhörung, Vertretung in Beiräten, Vertretung in öffentlich-rechtlichen Einrichtungen)
- durch Informationsmonopole (unredliches Beschaffen von Informationsvorsprüngen, einseitige Unterrichtung und Beeinflussung von Verbandsmitgliedern und Öffentlichkeit) zu begegnen.

Besonders gefährlich ist der Einsatz wirtschaftlicher Macht durch Verbände um politische Forderungen durchzusetzen. Mit liberalen Grundsätzen unvereinbar ist auch das Abhängigmachen beruflicher Betätigung von der Zugehörigkeit zu einem bestimmten Sozial- oder Wirtschaftsverband (closed-shop-system).
Schließlich behindern demokratisch unzureichend ausgestattete Strukturen und Verfahren der innerverbandlichen Willensbildung die erforderliche Selbst- und Mitbestimmung des einzelnen Mitglieds."

Der schließlich verabschiedete Gesetzentwurf lehnt sich in seinen ersten drei Abschnitten eng an das Parteiengesetz von 1967 an, besonders im zweiten Teil − „Innere Ordnung" −, der z.T. wörtlich übernommen wurde. Eine der schwierigsten Aufgaben des ersten „Allgemeinen Teils" war gleich im ersten Paragraph mit der Eingrenzung der Anwendung des Gesetzes auf „politisch bedeutsame Verbände" zu lösen. Es wurde ein kaum befriedigendes doppeltes Verfahren gewählt, zunächst einige wichtige konkrete Verbandsgruppen enumerativ aufzuzählen (z.B. Spitzenverbände, Sozial- und Wirtschaftsverbände, Gewerkschaften), um dann noch einige allgemeine Mächtigkeitskriterien (Schlüsselstellung im gesellschaftlichen und politischen Bereich, Mitgliederzahl, Verankerung im öffentlichen Willensbildungsprozeß usw.) aufzustellen, für die keine klaren Kriterien noch Institutionen mit Definitionsmacht angegeben sind. Der 3. Abschnitt zur Rechenschaftslegung geht weit über die einschlägigen Bestimmungen des Parteiengesetzes hinaus, die sich in der Realität tatsächlich als völlig unbefriedigend erwiesen haben (vgl. Schleth 1973, Seifert 1975). Denn es wird sowohl ein Tätigkeits- als auch ein Haushaltsbericht sowie Buchführungspflicht verlangt, die den Mitglieder- und Vertreterversammlungen, nicht wie im Parteiengesetz der Öffentlichkeit, vorzulegen sind. Rechtliches Neuland wird dann erst mit dem Abschnitt 4 zur „Verbandstätigkeit" und zum „Beauftragten für das Verbändewesen" betreten.

Man kann die gesamte Materie durchaus den drei Forderungen aus den Thesen der Kommission − Transparenz, Legitimation, Konkurrenz − zusammenfassend unterordnen ergänzt durch die vorgeschlagenen Sanktionen.

1. *Transparenz* soll vermehrt werden durch:
   − eindeutig bestimmten und klar begrenzten *Verbandszweck* in der Satzung (§ 6,2),

- *Registrierpflicht* der Verbände im Verbandsregister (§ 19),
- *Haushaltsabschlußbericht,* der Einnahmen und Ausgaben des Verbandes, einschließlich Gewinn von Verbandsunternehmen, ausweist (§ 16);
2. *Legitimation* soll verstärkt werden durch:
   - *demokratische Willensbildung* von unten nach oben mit der Vertreterversammlung als oberstem Organ (§ 9),
   - *Verbandsschiedsgerichtsbarkeit* (§ 12),
   - *Antragsrecht* auch für Minderheiten (§ 14),
   - *Parteipolitische Neutralität* von Verbänden, die sich satzungsgemäß als überparteilich bezeichnen (§ 25);
   - *Verbot von Aufnahmesperren* bei Verbänden mit Monopolstellung (§ 10, 1a),
3. *Konkurrenz* zwischen den Verbänden soll erhöht werden durch:
   - *Nichtdiskriminierung* von Verbänden, bzw. Gleichbehandlung bei öffentlicher Förderung (§ 4,2),
   - *gleicher Zugang* aller interessierten Verbände zu Beratungs- und Selbstverwaltungsgremien des Staates, mindestens durch Informations- und Antragsrecht nicht vertretener Verbände (§ 23);
   - „Jeder Verband hat sich so zu verhalten, wie es *Treu und Glauben* mit Rücksicht auf die *Verkehrssitte* erfordern" (§ 21,1),
4. *Sanktionen* sollen für die Einhaltung der Bedingungen sorgen:
   - *Verstöße* gegen „Treu und Glauben" sind gerichtlich einklagbar — Arbeitskampfrecht soll davon unberührt bleiben (§ 21, 2—4),
   - *Parteipolitische Neutralität* kann gerichtlich eingeklagt werden (§ 25, 2),
   - der *Beauftragte des Verbändewesens,* analog dem Wehrbeauftragtem dem Parlament verantwortlich, sorgt mit schriftlichen Berichten und Bürgerhilfe im Einzelfall für die Ächtung verbotener Praktiken durch Verbände (§§ 26—28).
   - *Verbotene Praktiken* sind z.B. a) vorsätzlich falsche Aussagen vor Ausschüssen oder Beiräten; b) Behauptungen, die andere verächtlich machen oder herabwürdigen könnten; c) Anordnung von Übeln gegenüber Mitgliedern und Außen-

stehenden den Eintritt oder Austritt betreffend; d) Ausschaltung oder Diskriminierung von Konkurrenzorganisationen.

An dieser Stelle kann und soll weder eine volle und eingehende rechtliche Würdigung des Entwurfs vorgelegt werden, das sei der rechtswissenschaftlichen Diskussion, wie sie z. B. vom Deutschen Juristentag 1978 mit der Podiumsdiskussion „Die Verbände in der Demokratie und ihre Regelungsprobleme" begonnen wurde, vorbehalten; noch kann die allgemeine gesellschaftswissenschaftliche Problematik einer Verbändegesetzgebung in ihren gesellschaftspolitischen Gründen und Auswirkungen analysiert werden (vgl. Offe in diesem Band und Scharpf 1978). Dieser Beitrag dient mehr der Aufhellung des politischen Hintergrundes der Verbändediskussion in der FDP.

Schaut man sich die begriffliche Einkleidung der FDP-Forderungen an, fällt spontaner Zuspruch leicht. Wer wäre nicht für mehr Transparenz, Legitimation und Konkurrenz von Verbänden? Viele Großverbände haben solche klaren und demokratischen Strukturen bitter nötig, da das gültige Vereinsrecht, das immer noch auf dem Bürgerlichen Gesetzbuch von 1896 basiert, völlig unzulänglich ist, um die Strukturprobleme eines Deutschen Sportbundes (DSB), eines Bauernverbandes oder eines ADAC zu bestimmen (vgl. Teubner 1977 und 1978, Föhr 1974 und 1975). Aber ein Verbändegesetz, auch wenn es auf politisch bedeutsame Großverbände beschränkt bleibt, handelt mit einer ganz anderen Materie als das oft zum Vorbild herangezogene Parteiengesetz. Die Parteien sind eine homogene, klar definierbare Einheit, selbst wenn man die Spannweite über die vier im Bundestag vertretenen Parteien hinaus bis in die kleineren Parteien und Splittergruppen hinein in Rechnung zieht.

Die Verbände divergieren nicht nur nach ihrer Struktur, wobei die prinzipiell demokratisch aufgebauten Gewerkschaften, wenn auch hier vieles verbessert werden kann (vgl. von Alemann 1977), neben den prinzipiell nicht demokratisch aufgebauten Unternehmerverbänden stehen, von denen selbst Kurt Biedenkopf (1977, 14) sagt: „Die Verfassungen der Spitzenverbände der Wirtschaft sind nicht das, was man demokratisch nennen könnte, sondern diese sind mehr oligarchisch strukturiert"; — von den vollends problematischen Strukturen freier Verbände wie des DSB oder ADAC ganz zu schweigen.

Diese unterschiedlichen Strukturen sind nicht zufällig entstanden, sondern ein Abbild der unterschiedlichen Funktionen der Verbände in der Gesellschaft. Das Bild der einheitlichen und gleichberechtigten pluralistischen Interessengruppen, die alle gleich „interessiert" und engagiert an unterschiedlichen Seiten des gesellschaftlich-politischen Kräfteparallelogramms ziehen, wie es sich die Theorie des Neopluralismus vorstellt, führt jedenfalls in die Irre. Die Organisationsmacht der Arbeitnehmer durch Gewerkschaften ist neben dem Wahlrecht, das aber allen Gesellschaftsmitgliedern gleich zukommt, ihre wichtigtste Machtquelle, um ihre Marktposition im soziökonomischen Feld zu behaupten. Für Unternehmer ist die kollektive Organisation dagegen nur ein sekundäres Hilfsmittel, um einheitliches Vorgehen und Information in Tarifpolitik und Lobbying zu gewährleisten, primäres Machtmittel dagegen die Verfügung über das Kapital. Es herrscht eine ungleiche Verteilung der Vorteile, wie von der FDP selbst in ihren Freiburger Thesen formuliert wurde:

„Die liberale Reform des Kapitalismus erstrebt die Aufhebung der *Ungleichgewichte des Vorteils* und der Ballung wirtschaftlicher Macht, die aus der Akkumulation von Geld und Besitz und der Konzentration des Eigentums an den Produktionsmitteln in wenigen Händen folgen" (Flach/Maihofer/Scheel 1972, 64).

Die Großverbände von Kapital und Arbeit sind herausgehobene Verbandsformen, da ihre Aufgaben in die Regelung ökonomisch existenzieller Fragen hineinreichen. Ihre Steuerungsfunktion im ökonomischen Prozeß verbindet sich kaum trennbar mit dem Eingriff in den politischen Willensbildungsprozeß. Obwohl die Transparenz ihres politischen Lobbying, ihre interne und externe Legitimation dringend verbesserungswürdig sein können, ist es nicht möglich, für die Großverbände von Kapital und Arbeit die gleichen Strukturformen zu verordnen, wie für freiwillige und öffentlich-rechtliche Großverbände des Freizeitbereichs, der Sozialvereinigungen, der Verbände von Wissenschaft, Kunst und Weltanschauung (für die Verbandstypologie vgl. P. Raschke 1978, 40 ff.).

Von den drei Forderungen nach Transparenz, Legitimation und Konkurrenz wird den *Unternehmerverbänden* die Legitimation am meisten Kopfschmerzen machen, da ihre innerverbandliche Demokratie im wesentlichen nur als Kommunikationsmittel gesehen wird, nicht aber als demokratisches Delegations- und Entscheidungssystem. In Unternehmerverbänden herrscht in der Regel kein gleiches Stimmrecht nach dem Prinzip "one man − one vote", d.h. ein Unternehmer (Betrieb) − eine Stimme, sondern eine Gewichtung der Stimmen jedes Betriebes nach seiner Größe. Nicht untypisch für die Arbeit der FDP-Kommission ist freilich, daß das „ungleiche Stimmrecht" aller Mitglieder für diese Form der Verbände von vornherein relativiert wurde: „Die Mitglieder des Verbandes haben das ihnen nach der Satzung zustehende Stimmrecht" (§ 10, 2). Nach Forträumung dieser entscheidenden Klippe bleiben für Unternehmerverbände eigentlich keine konkreten Hindernisse bestehen, da auch die Rechenschaftspflicht nur organisationsintern ausgelegt wurde. Vertraulichkeit ist in dem beschränkten Kreis eines Spitzen- und Unternehmerverbandes kein grundsätzliches Problem, jedenfalls verglichen mit einer Gewerkschaft von Millionen Mitgliedern.

Die gravierendsten Einschränkungen verblieben demgegenüber bei den *Gewerkschaften*. Die formalen Forderungen nach innerverbandlicher Demokratie des Gesetzentwurfs werden zwar von den Gewerkschaften weitgehend erfüllt; und sie werden sicher eine Verbesserung weniger fürchten müssen, als manche Gewerkschaftspraktiker und -theoretiker glauben machen wollen, die die Handlungsfähigkeit der Führungen bedroht sehen (vgl. Vetter in diesem Band und Scharpf 1978). Innerorganisatorische Demokratie steht immer zwischen dem Dilemma der Erzeugung politischer Verhandlungsfähigkeit der Organisation (Schlagkraft) und der Erzeugung von Legitimation und Motivation bei der Mitgliedschaft (Demokratie). Die Verhandlungsfähigkeit erfordert eine Generalisierung der Verbandszwecke, um Kompromißfähigkeit herzustellen. Aber die Bindung der Gewerkschaftsführungen an die Folgebereitschaft der Mitglieder in den eigentlich existenziellen

Fragen, nämlich im Arbeitskampf, ist durch die Urabstimmung soweit vorangetrieben, wie bei keinem anderen Verband. Dennoch werden die Gewerkschaften bei einer Verstärkung innergewerkschaftlicher Demokratie nicht gleich Syndikalismus und Auseinanderbrechen in Branchen- und Richtungsgewerkschaften an die Wand malen müssen. Denn die vorherrschende Tendenz der letzten Jahrzehnte nach weiterer Bürokratisierung und Professionalisierung der Organisation kann sicher einiges an Mobilisierungs- und Aktivitätsgewinn durch innergewerkschaftliche Demokratie vertragen, bevor eine Grenze denkbar ist.

Für die Gewerkschaften wiegen die in den Kriterien *Transparenz* und *Konkurrenz* verborgenen Probleme weit schwerer als die der internen Legitimation. Denn die Instrumente für mehr Transparenz und Konkurrenz, die die Kommission vorschlägt, angewandt auf die deutschen Gewerkschaften bedeuten nichts anderes als eine tiefgreifende Einschränkung ihres traditionellen und lange erkämpften Aktionsradius. Die Festlegung eines eindeutig bestimmten klar begrenzten Verbandszwecks (§ 6, 2b), der der Kommission offenbar so wichtig war, daß er durch jeden Tätigkeitsbericht abfragbar gemacht werden soll (§ 15, 3), verletzt das Selbstverständnis der Gewerkschaften, die sich eben nicht als Mitgliederinteressenverband neben vielen anderen sehen, sondern aus ihrer Tradition der Arbeiterbewegung als gesamtgesellschaftlich orientierte Kraft, die auch gesamtgesellschaftlich definierte Aufgaben wahrnimmt, wie der DGB als Verbandszweck in der „Öffentlichen Liste über die Registrierung von Verbänden" (Lobbyliste beim Bundestag) angibt: „Alle Gebiete der Gesellschaftspolitik, sowie Wirtschaft-, Sozial-, Kultur- und Bildungspolitik". Ein kaum weniger neutralgischer Punkt ist die Verpflichtung auf parteipolitische Neutralität. Denn es ist schon generell kaum möglich, einem Interessenverband von Rentnern, Mietern oder Bauern vor Wahlen zu untersagen, seinen Mitgliedern zu empfehlen, die Partei zu wählen, die am meisten für die betreffende Gruppe getan hat. Den Gewerkschaften des DGB aber ist es darüber hinaus noch gelungen, ihr besonderes Verhältnis zur SPD, das in der gemeinsamen Wurzel der Arbeiterbewegung beruht, mit dem Prinzip der Einheitsgewerkschaft, in der auch christliche Gewerkschaftler mitarbeiten, immer wieder mühsam auszubalancieren. Mit dem Verbot eines allgemeinpolitischen Mandats durch die Verbandszweckbindung ginge nach dem Gesetzentwurf also auch noch das gerichtlich für jedes Mitglied einklagbare Verbot eines konkret politischen Mandats einher. In diesem Sinne einer Gewerkschaft zu untersagen „Partei" zu ergreifen, hieße sie politisch zu amputieren und aktionsunfähig zu machen.

Auch die Transparenz der Rechenschaftslegung, so sinnvoll sie bei allgemeinen Verbänden für Klarheit und Offenheit sorgen kann, hat bei den Tarifparteien und hier wieder ungleich stärker bei den Gewerkschaften ihre Fallstricke. Denn Haushaltsberichte sind dann relevant im Arbeitskampf, wenn sich daraus die Streikfähigkeit einer Partei ablesen läßt, wie schließlich auch Jürgen Borgward in der abschließenden Beratung der Verbändematerie auf dem Kieler Parteitag der FDP im November 1977 bemängelte. Borgward, Hauptgeschäftsführer der *Union der Leitenden Angestellten* (ULA), war durch Vorlage von Entwürfen in der Verbandskommission besonders aktiv gewesen.

Schließlich ist das Kriterium der *Konkurrenz* ganz darauf abgestellt, die Organisationsvielfalt zu fördern. Das ist im Bereich von Freizeit, Kunst und Wissenschaft eine löbliche Sache − bei gewerkschaftlichen Organisationen freilich nimmt diese Forderung eine ganz andere Dimension an. Die Organisationsmacht der Arbeitnehmer ist nur in einer umfassenden, solidarischen und einheitlichen Form durchschlagsfähig. Organisationsmacht ist paradoxerweise Bedingung für die Funktion der Gewerkschaften als Ordnungsfaktor und Chance der Gegenmacht zugleich. Eine zersplitterte und geschwächte Gewerkschaftsstruktur ist weder Stabilitätsfaktor noch Veränderungspotential. Die gleichen politischen Diskussionsrunden, die die Verantwortung der deutschen Gewerkschaften gegenüber den zersplitterten Berufsorganisationen in England oder den polarisierten Richtungsgewerkschaften Italiens oder Frankreichs loben, klagen andererseits über den drohenden „Gewerkschaftsstaat" durch einen allmächtigen DGB. Zum einen wird dabei meist übersehen, wie differenziert die Einzelgewerkschaften des DGB selbst unter sich und wie mühsam ausbalanciert die Bundeskompetenzen des DGB von den autonomen Einzelgewerkschaften abgeleitet sind; zum anderen wird nicht beachtet, daß Tendenzen der Aufsplitterung des deutschen Gewerkschaftswesens, die mit den Standesverbänden der Angestellten (DAG) und Beamten (DBB) immer schon da waren, durch die Kompromisse im komplizierten Wahlmodus des neuen Mitbestimmungsrechts eher noch verschärft wurden — und dies nicht zuletzt durch die besonders von der FDP favorisierte Aufwertung des „Faktors Disposition", der leitenden Angestellten, und ihrer Gewerkschaft, der Union der Leitenden Angestellten (ULA).

Die *Sanktionen*, die der Gesetzentwurf vorsieht, sind doppelt angelegt. Zum einen über wiederholte Verweisung auf die ordentlichen Gerichte, so bei Verletzung der parteipolitischen Neutralität und besonders bei Verstößen gegen den allgemeinen Grundsatz der Interessenvertretung im Sinne von „Treu und Glauben". Zum anderen über die Einführung eines „Beauftragten für das Verbändewesen" beim Bundestag, der wie der Wehrbeauftragte nicht mehr sein kann als ein personalisierter Petitionsausschuß und öffentlicher Mahner. Die Institution des Wehrbeauftragten hat nach Abnutzung seines Innovationseffektes viel von seiner Wirksamkeit eingebüßt und ist stark von der personellen Besetzung abhängig — keine günstige Konstellation bei der üblichen Besetzung durch Parteienproporz, die beim Verbändebeauftragten durch Zustimmung von Bundestag und Bundesrat einprogrammiert wäre.

Die gerichtlichen Sanktionsmittel sind viel ernster zu nehmen. Auch hier wieder müßten die Gewerkschaften stärkere Auswirkungen als andere Verbände fürchten. Denn sie sind aus ihrer Geschichte die Störer und heute noch von der Natur der Sache her die Fordernden, die auf Veränderungen aus sind. Ohne in die juristische Problematik dieser Generalklauseln des Zivilrechts „Treu und Glauben" und „Verkehrssitten" irgend näher einzutreten, soll hier nur festgehalten werden, daß diese als juristische Leerformeln relativ beliebiger Interpretation offenstehen. Sie enthalten eine Normsetzungsdelegation des Gesetzgebers an die Gerichte. Bei der bekannten Distanz der Gerichte gegenüber Gewerkschaften — um es freundlich auszudrücken — genügt dies bereits, um sie aus Gewerkschaftssicht als Leitschnur in Verbandsstreitigkeiten abzulehnen. Auch wenn das Arbeitskampfrecht immerhin von diesen

Prinzipien ausgeklammert bleiben soll, existieren genug Aktivitäten der Gewerkschaften am Rande und außerhalb des Arbeitskampfes, um hier Reminiszenzen an preußische „Gewerkschaftsgesetze" des 19. Jahrhunderts wachzurufen (vgl. Scherer 1977, 54). Der geschickte Einfall der FDP-Kommission, die Leitschnur verbandlichen Wohlverhaltens nicht dem öffentlichen und Verfassungsrecht (dem Recht zwischen Staat und Bürger) zu entnehmen, wie dies die CDU mit ihrem Begriff der „Sozialpflichtigkeit" tut (vgl. Dokumente 4.2.1—4.2.4.), der an die Bindung des Eigentums nach Art. 14 des Grundgesetzes anknüpft, sondern stattdessen eine Generalklausel des Zivilrechts (das Recht unter gleichen Bürgern) heranzuziehen, reicht nicht aus, den Verdacht zu entkräften, daß allzuleicht in der ohnehin labilen Balance der Entfaltung von Verbänden, besonders des Arbeitslebens, die schwer zu kalkulierende dritte Kraft, die Gerichte, weiter aufgewertet würden.

IV.

Wenn auch immer wieder betont wird, daß ein Verbändegesetz einzig aus dem Interesse an der Sicherung der Freiheit des Einzelnen konstruiert wird, verbindet sich seine Verwirklichung und bereits seine Diskussion unausweichlich mit korporativen Tendenzen. Verbandshandeln soll befestigt und berechenbar werden. Wie Ständen und ihren Organisationen, Zünften, Gilden, sollen Rechte und Pflichten fest verankert und sanktioniert werden. Betrachtet man außerdem die Richtung, in der hier korporative Tendenzen deutlich werden — aus etatistischer Perspektive *gegenüber* den Verbänden —, so handelt es sich, um mit Schmitter zu reden (vgl. seinem Beitrag in diesem Band), sogar eher um „staatlichen Korporatismus", wie er bis vor kurzem noch auf der Iberischen Halbinsel praktiziert wurde, als um „gesellschaftlichen Korporatismus", wie er durch das *Zusammenwirken* von Verbänden, Parteien und Bürokratien in den liberal-demokratischen Staaten virulent wird.

Der Effekt der Diskussion ist besonders deshalb als korporativ zu bezeichnen, weil nach dem Entwurf die Verbände des Wirtschafts-

und Arbeitslebens als Hauptziel übrig bleiben. Die Kirchen, die über das FDP-Kirchenpapier den eigentlichen Anlaß geboten hatten, wurden nach den schlechten Erfahrungen mit jenem Papier schnell ganz von der Materie ausgenommen (§ 1,6). Auch verbandsähnliche wirtschaftliche Großunternehmen, Banken, Kaufhausketten, Kartelle usw. wurden, obwohl in der Kommission anfangs von einzelnen erwogen, mit Recht schnell ausgeklammert, denn mit solcher Bürde hätte sich die Kommission endgültig überhoben.

Resümierend scheint es mir tatsächlich berechtigt, bei Prüfung des Effekts dieses Verbandsgesetzentwurfs auf die Verbändelandschaft zu dem Schluß zu kommen, daß die Gewerkschaften am gravierendsten betroffen würden. Weniger in ihrer Struktur. Das relativ zu den anderen Verbänden wenige, was an formaldemokratischem Aufbau reformiert werden müßte, würde den Gewerkschaften kaum schaden. Entscheidend sind die externen Sanktionen und Einschränkungen, die mit einer Realisierung des Gesetzes verbunden wären. Wenn man genauer hinschaut, handelt es sich aber nicht so sehr um *die* deutschen Gewerkschaften, die Einschränkungen unterworfen sein würden, sondern *nur* die Großverbände, d.h. im Klartext die Gewerkschaften des DGB. Gerade die verschiedenen Sicherungen für kleine Konkurrenzverbände, die Gleichbehandlung auch kleinster Interessengruppen durch den Staat, würde das Prinzip der Einheitsgewerkschaft nach dem Industrieverbandsprinzip ernsthaft und noch stärker bedrohen, als es einzelne Berufsverbände, wie es die der Beamten, Angestellten, Leitenden Angestellten, aber auch Fluglotsen oder Flugkapitäne ohnehin bereits heute tendenziell tun. Das Verbändegesetz der FDP-Kommission ist also kein verstecktes Gewerkschaftsgesetz, wie manche Kritiker meinen, sondern noch schärfer ein verstecktes DGB-Gesetz. Daß dies nicht zufällig sich ergab, ist sicher mit darauf zurückzuführen, daß Jürgen Borgward, der Hauptgeschäftsführer der *Union der Leitenden Angestellten* (ULA), eines der aktivsten Mitglieder der Kommission war und auf seinem Vorentwurf der ganze zweite Teil des Gesetzes beruht.

Aber nicht allein bei den Gewerkschaften stößt das Gesetz auf Ablehnung. Die Verbände der Unternehmer und ihre Repräsentanten halten es ebenfalls für nicht opportun (vgl. Rodenstock, Dokumente 4.5). Ihr Widerstand ist allerdings weniger öffentlich, da sie wohl in realistischer Einschätzung der Lage keine akute Verwirklichungschance für ein allgemeines Verbändegesetz sehen. Denn in den Parteien ist nach dem Vorstoß der FDP der Elan zur Vorlage eines großen Entwurfs eher noch gesunken.

In der FDP selbst war die Vorlage des Gesetzentwurfs der Kommission zum Jahreswechsel 1976/77 alles andere als willkommen. Denn man ging im Grunde davon aus, daß durch Einsetzung der „Perspektivkommission" das Mandat der Verbändekommission, die von Martin Bangemann, mittlerweile vom Amt des Generalsekretärs zurückgetreten, geführt wurde, obsolet geworden sei. Die Kommission legt zwar ihren Entwurf vor, aber obwohl sie sich darum bemühte, wurde ihr Material nicht mehr einem Parteitag zur Diskussion und Abstimmung vorgelegt.

Die „Perspektivkommission" der FDP legte in ihrem Bericht, der im Juli 1977 vorgelegt wurde, an sich ganz ähnliche Maßstäbe an die Verbände an, die sie zu mehr interner Demokratie und Transparenz ihres Handelns aufforderte. Auch die Berücksichtigung der „unorganisierten Interessen" wurde analog der „Neuen sozialen Frage" der CDU ausdrücklich problematisiert. Aber ein Verbändegesetz wurde in den „Erläuterungen" der „Thesen" als Instrument der Disziplinierung kategorisch abgelehnt. Als einzige konkrete Sanktion blieb die Maßgabe übrig, nur solche Verbände an öffentlichen Rechten teilhaben zu lassen (Anhörungen, Förderung, Mitarbeit etc.), die sich verpflichten, demokratische Mindestanforderungen anzuerkennen und zu erfüllen (vgl. Dokumente 4.1.2.). Damit orientierte sich die Perspektivkommission an Gerhard Baum, der in einem Aufsatz in „liberal" von 1976 bereits davor gewarnt hatte, ein Verbändegesetz als Disziplinierungsmittel der Gewerkschaften mißzuverstehen (Baum 1976, 339).

Der wichtigste Nutzen, den die FDP-Kommission mit der Vorlage ihres Gesetzentwurfes für die gesamte Debatte um ein Verbändegesetz erbracht hat, liegt wohl darin, gezeigt zu haben, daß ein Gesetz so nicht geht. Ganz abgesehen von der grundsätzlichen Problematik liegt schon in der Definition der Verbände, für die das Gesetz gelten soll, ein praktisch nicht zu lösendes Dilemma: sind Definitionen und Sanktionen zu eng und zu streng, wird abgewürgt, was an freier Interessenorganisierung gerade Liberale zu fördern hätten — sind sie zu weit und zu weich, verbleibt vom Gesetz nur eine zahnlose Mahnung zum Wohlverhalten.

Die überall offener auftretenden korporativen Tendenzen in den Industriegesellschaften können nicht mit dem staatskorporativen Instrument eines allgemein verbindlichen Verbändegesetzes aufgehoben werden.

Literaturverzeichnis zu 2.2.1.:

v. Alemann, U., 1972: Mehr Demokratie per Dekret? Innerparteiliche Auswirkungen des deutschen Parteiengesetzes von 1967, in: Politische Vierteljahresschrift 13, 181—204.

ders., 1977: Innerverbandliche Demokratie — Privatsache oder Politikum? in: aus politik und zeitgesch. B 8/77, 3—22.

Balduin, S., Unterhinninghofen, H., 1977: Zur Diskussion um ein Verbändegesetz, in: WSI-Mitteilungen 30, Sonderheft, 55—67.

Bangemann, M., 1975: Grundwerte liberaler Politik, in: K. Sontheimer (Hrsg.), Möglichkeiten und Grenzen liberaler Politik (Schriften der Kath. Akademie in Bayern, 70), 57—73.

ders., 1977: Gesetz muß Funktion der Verbände garantieren und Arbeitsrahmen festlegen, in: Chemische Industrie, Nr. 11, 737—738.

Baum, G., 1976: Macht und Verantwortung der Verbände in der Demokratie, in: liberal 18, 325—343.

Berliner Liberale Zeitung, 1976: Thesen einer F.D.P.-Bundeskommission: Gesellschaftliche Großorganisationen unter der Lupe, Nr. 13.

Biedenkopf, K. H., 1977: Einführung in die ordnungspolitische Problematik, in: Biedenkopf/v. Voss, a.a.O., 11—19.

ders., v. Voss, R. (Hrsg.), 1977: Staatsführung, Verbandsmacht und innere Souveränität. Von der Rolle der Verbände, Gewerkschaften und Bürgerinitiativen in der Politik, Stuttgart.

Bischoff, J., 1977: Ein Papier, das niemand will. Der Entwurf eines Verbändegesetzes ist in der FDP heftig umstritten, in: Stuttg. Zeitung vom 15.Jan. 1977.

Blanke, B., 1977: Verbände in der Parteiendiskussion, in: aus politik und zeitgesch. B 8/77, 45—54.

Bossle, L., 1977: Brauchen wir ein Verbändegesetz? Das Gemeinwohl und das Gleichgewicht in der parlamentarischen Demokratie, in: Rheinischer Merkur vom 17. Juni 1977.

Dettling, W. (Hrsg.), 1976: Macht der Verbände — Ohnmacht der Demokratie? Beiträge zur Theorie und Politik der Verbände, München-Wien.

Eisfeld, R., 1972: Pluralismus zwischen Liberalismus und Sozialismus, Stuttgart.

Föhr, H., 1974: Willensbildung in den Gewerkschaften und Grundgesetz, Berlin.

ders., 1975: Anforderungen des Grundgesetzes an den Aufbau von Verbänden, in: Neue Jurist. Wochenzs. H. 14, 617—621.

Flach, K. H., 1963: Parteienstaat, Verbändestaat oder was sonst? in: liberal 6, 3—8.

ders., W. Maihofer, W. Scheel, 1972: Die Freiburger Thesen der Liberalen, Reinbek 1972.

Göhner, R., 1977: Möglichkeiten und Grenzen einer gesetzlichen Regelung des Verbandswesens, in: Zeitschrift für Rechtspolitik 24, 25—32.

Hergt, S. (Hrsg.), 1975: Parteiprogramme, Opladen, 8. Aufl.

Hermann, L., 1976: Verschwippt, versippt: Parteien und Verbände. Ein Gesetz liegt in der Luft, in: Deutsche Zeitung vom 12. Nov. 1976.

Kaack, H., 1976: Zur Geschichte und Programmatik der Freien Demokratischen Partei. Grundriß und Materialien, Meisenheim.

Maihofer, W., 1972: Liberale Gesellschaftspolitik, in: Flach/Maihofer/Scheel, a.a.O., 25—54.

Meessen, K. M., 1976: Erlaß eines Verbändegesetzes als rechtspolitische Aufgabe? Verfassungsrechtliche Überlegungen zu Verbändeproblemen, Tübingen.

Müller, E., 1977: Das Unbehagen an den Verbänden. Der vorschnelle Ruf nach dem Gesetzgeber, in: aus politik und zeitgesch. B 8/77, 36—44.

Müller, E. P., 1975: Verbände. Die Parteien werden aktiv, in: Wirtschaftswoche Nr. 33 vom 8. Aug. 1975.

Raschke, J. (Hrsg.), 1978: Die politischen Parteien in Westeuropa. Geschichte — Programm — Praxis. Ein Handbuch, Reinbek.

Raschke, P., 1978: Vereine und Verbände. Zur Organisation von Interessen in der Bundesrepublik, München.

Scharpf, F., 1978: Die Funktionsfähigkeit der Gewerkschaften als Problem einer Verbändegesetzgebung, discussion paper Nr. dp/78-21 des IIM, Wissenschaftszentrum Berlin.

Scheer, H., 1977: Verbandsgesetzentwurf — Bangemann auf Biedenkopflinie, in: Neue Gesellschaft 25, 114—117.

Scherer, P., 1977: Zwei Entwürfe für eine aussichtslose Politik. Gewerkschaftsgesetz 1884 — Verbändegesetz 1977, in: Der Gewerkschafter Nr. 9, 54—55.

Schleth, U., 1973: Parteifinanzen. Eine Studie über Kosten und Finanzierung der Parteientätigkeit, zu deren politischen Problematik und zu den Möglichkeiten einer Reform, Meisenheim.

Seifert, K. H., 1975: Die politischen Parteien im Recht der Bundesrepublik Deutschland, Köln.

Teubner, G., 1977: Verbandsdemokratie durch Recht? Die Diskussion um ein Verbändegesetz in demokratie-theoretischer Sicht, in: aus politik und zeitgesch. B 8/77, 23—35.

ders., 1978: Organisationsdemokratie und Verbandsverfassung. Rechtsmodelle für politisch relevante Verbände, Tübingen.

Wimmer, R., 1977: Brauchen wir ein Verbändegesetz? in: Deutsches Verwaltungsblatt 92, 401—405.

2.2.2. Verbandsrecht als Ordnungspolitik. Die CDU-Debatte um Verbandskontrolle

In demokratischen politischen Systemen besteht kein Mangel an Anlässen, über das Verhalten von Interessenverbänden zu klagen. Das Thema „Verbände" liegt „strukturell in der Entwicklung unserer Gesellschaft begründet" − hier ist Warnfried Dettling zuzustimmen (Dettling 1976, 7) −, doch ganz zweifellos ist es auch „den Köpfen von Politikern, Wissenschaftlern, Philosophen entsprungen". Schon der Einstieg, den CDU-Politiker und der CDU nahestehende Wissenschaftler bei der Behandlung des Themas wählen, weist in eine bestimmte Richtung. Es sind vor allem Streiks − der Bergarbeiterstreik in Großbritannien im Jahre 1974 oder die Tarifauseinandersetzung im öffentlichen Dienst in demselben Jahr −, die CDU-Politiker zum Nachdenken über Verbände anregen (Biedenkopf 1975, 13). Der Verweis auf Ereignisse, bei denen der Staat in seiner Rolle als Arbeitgeber unter Druck gerät, verleiht dem Ruf nach einem „Berstschutz" (Biedenkopf 1977, 193) zur „Bändigung der Verbandsgewalten" (Herzog 1976, 72) besonderen Nachdruck. Doch sichtbar wird in diesen Beispielen nur ein kleiner, wenngleich spektakulärer Ausschnitt aus dem Gesamtkomplex „Verbände", der vielleicht eher durch die schlichte Mitteilung des Bundesinnenministeriums gekennzeichnet wäre, ein Verbot von Einwegflaschen sei nicht geplant, sofern die Industrie Zusagen über die Steigerung der Wiederverwendung von Altglas einhalte (Frankfurter Rundschau, 25.4.78).

Gemessen an den Kriterien der „Agenda-Setting"-Forschungsrichtung in der Politikwissenschaft (Crenson 1971, 29) hat der „issue" Verbände in den letzten Jahren deutlich an Gestalt gewonnen. Nach jahrelanger Diskussion in der Wissenschaft hat das

Thema nicht nur die Aufmerksamkeit von Politikern auf sich gezogen; einige von ihnen haben inzwischen Position bezogen und Empfehlungen zur Lösung des Problems in Form eines Gesetzentwurfs unterbreitet. Im „Berliner Programm" der CDU aus dem Jahre 1971 (Zit. nach Hergt 1977, 162 ff) taucht das Problem „Verbände" eher noch am Rande auf. „Politische Parteien, gesellschaftliche Gruppen und organisierte Interessen sind notwendiger Ausdruck der lebendigen Vielfalt unserer politischen Ordnung," heißt es dort. „Sie erweitern die Möglichkeiten des Staatsbürgers, seine politische Meinung zu äußern und zur gemeinsamen Willensbildung beizutragen" (Zit. nach Hergt 1977, 197).

In der „Mannheimer Erklärung" aus dem Jahre 1975 (Zit. n. Hergt 1977, 205 ff) setzt die CDU das Verbändeproblem unter der Überschrift „Neue Soziale Frage" auf die Tagesordnung. Darüber hinaus widmet die Mannheimer Erklärung den Verbänden ein eigenes Kapitel mit dem Titel: „Rolle der gesellschaftlichen Gruppen". (Hergt 1977, 217 ff). Im Entwurf für ein Grundsatzprogramm, das die CDU mit Sachverständigen bei einer Tagung im September 1977 öffentlich diskutierte (Weizsäcker 1977), ist im Kapitel „Neue Soziale Frage" kaum noch von Verbänden die Rede, in den Abschnitten IV „Soziale Wirtschaftsordnung" und VI „Der Staat" befaßt sich das Grundsatzprogramm jedoch eingehend mit dem Verbändeproblem. Auch die „Junge Union" behandelte bei ihrem Deutschlandtag 1977 einen Antrag ihres Bundesvorstandes mit dem Thema „Der Staat und die Macht der Verbände". Unter Vorsitz von Prof. Biedenkopf fand in der Politischen Akademie Eichholz im Mai 1977 eine wissenschaftliche Arbeitstagung statt, bei der das Verhalten der Verbände und Bürgerinitiativen zur Debatte stand (Biedenkopf 1977). Das „Ergebnis einer längeren Diskussion in und mit der Planungsgruppe der CDU-Bundesgeschäftsstelle" erschien als Taschenbuch mit dem Titel „Die Neue Soziale Frage und die Zukunft der Demokratie" 1977 in zweiter Auflage im Olzog Verlag (Dettling 1977). Warnfried Dettling, einer der Autoren dieses Taschenbuchs, gab gleichzeitig einen Sammelband mit Aufsätzen zur Verbändeproblematik heraus: „Macht der Verbände – Ohmacht der Demokratie?" (Dettling 1976). Eine weitere Studie zur „Neuen Sozialen Frage" im Auftrag der Konrad-Adenauer-

Stiftung wurde von Manfred Groser in einem Aufsatz in der „Beilage zur Wochenzeitung Das Parlament" angekündigt (Groser 1978).

Einige Aspekte der von der CDU gemachten Vorschläge zur „Ordnungspolitik der Verbände" sollen im folgenden besprochen werden.

Die „Neue Soziale Frage" — Anstoß für einen „sozialen und strukturierten Pluralismus"?

In zahlreichen Aktionsgemeinschaften, Arbeitsgemeinschaften, Bünden, Gewerkschaften, Vereinigungen und Vereinen sind heute Interessen von Bürgern organisiert. Auf 200 000 schätzt Ellwein ihre Zahl, auf jeweils tausend Einwohner drei oder vier (Ellwein 1973, 151). Das berechtigt, von einer „organisierten Gesellschaft" zu sprechen (Dettling 1976, 7); die Mitarbeiter der CDU-Planungsgruppe glauben sogar einen „verbandsorganisatorischen Aufrüstprozeß" feststellen zu können, dessen Ergebnis nicht nur ein höherer Organisationsgrad der Gesellschaft, sondern auch stärkere und besser durchorganisierte Verbände seien (Dettling 1977, 21 ff). Als Objekte wissenschaftlicher Untersuchungen und politischer Reform machen die Verbände jedoch nicht nur wegen ihrer großen Zahl, sondern auch aufgrund ihrer vielfältigen Erscheinungsformen Schwierigkeiten. Typologisierungsversuche werden zwar immer wieder unternommen, mangels empirisch abgesicherter Forschung über das Verhalten von Verbänden waren sie jedoch bisher wenig aussagekräftig (Ellwein 1973; 152 f; Oberndörfer 1977, 23).

Trotz der unzureichenden Erforschung des Verbandswesens galten Verbände der Politikwissenschaft schon bald als schutzwürdiger Bestandteil einer Demokratie. Heißt Demokratie, beim Wort genommen, „Volksherrschaft", so kann eine Demokratietheorie, die die „Pluralität des faktischen Volkes" nicht leugnet (Oberndörfer 1976, 34) Partikularinteressen nicht als illegitim und gemeinwohlschädlich abstempeln. Unter Verzicht auf eine inhaltliche Bestimmung des Gemeinwohls gelangte die Lehre des „Neopluralismus" (Nuscheler, Steffani 1972) vielmehr zu der Überzeugung, daß Gemeinwohl nur unter „Berücksichtigung der Gruppenwillen" zu definieren sei, als „Ergebnis eines delikaten Prozesses der divergierenden Ideen und Interessen", dessen Teilnehmer jedoch an bestimmte Spielregeln — „regulative Ideen" — zu binden seien (Fraenkel 1964; in Nuscheler, Steffani 1972, 161).

Das Grundgesetz trägt der Stellung der Verbände Rechnung durch die in Artikel 9 garantierte Vereinigungs- und Koalitionsfreiheit; in diesem Artikel haben die Verbände — so Helmut Lemke — eine „rechtliche Heimstatt". (Lemke 1975, 254) In der Mannheimer Erklärung der CDU werden die Verbände zu „unverzichtbaren, verfassungsrechtlich gesicherten Bestandteile unserer offenen und pluralistischen Gesellschaft" erklärt (Hergt 1977, 217).

Zahlreiche Einwände wurden jedoch bald gegen die optimistische Sichtweise dieses „naiven Pluralismus" laut (Dettling 1976, 24); einige Argumente der Kritiker wurden von der CDU bei der Formulierung der „Neuen Sozialen Frage" aufgegriffen.

Anknüpfungspunkte zwischen Pluralismuskritik und „Neuer Sozialer Frage"

Das gewichtigste Argument der Kritiker betraf die eher implizite Annahme der Pluralismustheorie, die wesentlichsten Bedürfnisse der Menschen seien von organisierten Interessenverbänden vertreten. Eine Untersuchung der Beteiligten an politischen Entscheidungen könne daher Aufschluß über den pluralistischen Charakter der Gesellschaft vermitteln. Die undifferenzierte Annahme von der Organisierbarkeit jeglicher Interessen erwies sich jedoch als unhaltbar; außerdem war nicht zu übersehen, daß auch organisierte Interessen sich hinsichtlich ihrer Durchsetzungsfähigkeit beträchtlich unterscheiden. Es kann daher nicht überraschen, wenn in einer vom SPIEGEL in Auftrag gegebenen Umfrage 62 % der Befragten der Feststellung zustimmen, daß es viele Menschen in der Bundesrepublik gibt, „deren Interessen eigentlich niemand so richtig vertritt" (Der Spiegel, 32 (1978) Nr. 24, 31).

Die Erfinder der „Neuen Sozialen Frage" machten sich vor allem den ersten Punkt der Pluralismuskritik zu eigen. In der Mannheimer Erklärung heißt es dazu: „Weite Interessenbereiche werden durch Verbände oder Organisationen nicht ausreichend vertreten.

Alte und junge Menschen, Kranke und Behinderte, aber auch wichtige Rollenfunktionen, wie die des Sparers oder des Bürgers im Verhältnis zur Verwaltung, finden häufig keine organisierte Fürsprache. Ihre Interessen sind im Konzept der organisierten Sonderinteressen benachteiligt" (Hergt 1977, 217). Und weiter: „Die Nichtorganisierten, alte Menschen, Mütter mit Kindern oder die nicht mehr Arbeitsfähigen, sind den organisierten Verbänden in aller Regel unterlegen. Hier stellt sich die Neue Soziale Frage" (Hergt 1977, 234).

Das Argument der Nichtorganisierbarkeit bestimmter Interessen stützt sich auf die Rezption der Ergebnisse der „Ökonomischen Theorie der Politik", insbesondere auf Olsons „Logik des kollektiven Handelns", (vgl. den Auszug aus Olsons Buch in Dettling 1976, 105 ff) aber auch die Nähe zu den Argumenten „linker" Pluralismuskritik wird von sozialpolitisch engagierten CDU-Politikern nicht geleugnet (vgl. Geißler 1976, 32 f).

Olson kritisierte die implizite Annahme der Pluralismusverfechter, rational und im Eigeninteresse handelnde Individuen schlössen sich zur Verwirklichung ihres gemeinsamen Gruppeninteresses zusammen. Da es sich bei der Verwirklichung von Gruppenzielen um die Bereitstellung von „Kollektivgütern" handele, von deren Genuß niemand ausgeschlossen werden könne, bestehe besonders bei großen latenten Gruppen für den Einzelnen keine Veranlassung, einen Beitrag zur Bereitstellung dieses Gutes zu leisten, da seine Handlungen angesichts der Größe der Gruppe kaum ins Gewicht fielen (Olson, in Dettling 1976, 106). Olson versucht, mit der Bereitstellung selektiver Anreize — Zwang oder positive Anreize in der Form von Dienstleistungen — das Bestehen großer Interessengruppen zu erklären (Zur Kritik an der Theorie Olsons, vgl. Kirsch 1974 und Barry 1975).

Als „Wende in der Verbandsforschung" wird Olsons Theorie von Dettling und den Mitarbeitern im CDU-Planungsstab apostrophiert: „Nach Olson ist es nicht mehr möglich, über Verbände so zu denken und zu reden wie zuvor" (Dettling 1977, 44). Während Olsons Beweisführung bei der Rationalität des Individuums ansetzt, argumentieren „linke" Pluralismuskritiker von der Makroebene: in einem politischen System, das in seinem Handlungsspielraum durch die Zwänge eines kapitalistischen Wirtschaftssystems beschränkt wird, finden vor allem Interessen, die für den Verwertungsprozeß von Kapital und Arbeit von Bedeutung sind, Berücksichtigung, wenn auch nicht unbedingt in gleichem Maße. Allerdings wird der Klassenkonflikt überlagert von „horizontalen" Ungleichheiten, die „zwischen den Lebensbereichen identischer Individuen" verlaufen (Offe 1969, 186). Hieran knüpft Heiner Geißler an: Benachteiligte Gruppen wie Alte, Kinderreiche und Behinderte werden von den mächtigen Interessengruppen vergessen, schlimmer noch: der zwischen Gewerkschaften und Unternehmern ausgetragene „inflationäre Verteilungskampft" geht nach Ansicht Geißlers zu Lasten der sozial Schwachen (Geißler 1976, 26 f). „Die Keimzellen neuer sozialer Konflikte werden sichtbar," wird im Entwurf für ein CDU-Grundsatzprogramm behauptet (Weizsäcker 1977, 262); gefordert wird eine Abkehr der „Konzentration der Sozialpolitik auf den Konflikt zwischen Kapital und Arbeit." (Ebd. 261).

Auch wenn man Geißler den Vorwurf machen muß, mit seiner These von der „Armut im Wohlfahrtstaat" versuche er von anderen sozialen Konflikten abzulenken, muß anerkannt werden, daß er nicht davor zurückscheute, benachteiligte Interessen aufzuzeigen. Aus anderer Richtung kam daher auch die Kritik innerhalb der CDU. Kurt Biedenkopf äußerte die Befürchtung, die Formulierung der „Neuen Sozialen Frage" im Entwurf für ein Grundsatzprogramm könne „neue verteilungspolitische Ansprüche begründen" (Weizsäcker 1977, 127). Einer solchen Auslegung der „Neuen Sozialen Frage" hatte Biedenkopf bereits frühzeitig vorzubeugen versucht. In einem 1975 veröffentlichten Aufsatz sah er die Vergleichbarkeit zur „alten sozialen Frage" auf einer anderen Ebene: „In gewisser Weise läßt sich die Frage nach der Gestaltung des Verhältnisses von Staat und gesellschaftlichen Gruppen der Bedeutung — wenn auch nicht dem Inhalt — nach mit der ‚sozialen Frage' des ausgehenden 19. Jahrhunderts vergleichen. So wie damals die gesellschaftspolitische Leistungsfähigkeit und damit die politische Stabilität des Staates von der Lösung der Arbeiterfrage abhing, so hängt heute die Leistungsfähigkeit und die politische Glaubwürdigkeit unserer Verfassungs- und Gesellschaftsordnung auch von einer befriedigenden Regelung des Verhältnisses von Staat und gesellschaftlichen Gruppen ab" (Biedenkopf 1975, 17 f).

Die Vermutung scheint angebracht, daß es vor allem die veränderten Beziehungen zwischen gesellschaftlichen Gruppen und Staat sind, die die CDU-Politiker aktiv werden lassen, während die Verwendung „Neue Soziale Frage" eher als ein Versuch von „Begrifssbesetzung" gewertet werden sollte. Der Verweis auf nichtorganisierte Interessen könnte sich legitimationsschädigend auf die Tätigkeit der Verbände auswirken, ohne daß die Interessen der Nichtorganisierten tatsächlich in den politischen Entscheidungsprozeß eingebracht würden. Zwar gibt es auch Vorschläge, wie die Chancen der Nichtorganisierten verbessert werden könnten — „unabhängige Kommissionen nach dem Modell des Ombudsmann" (Bethusy-Huc 1976, 236), „Erleichterung der Verbandsbildung analog der Mittelstandsförderung" (Dettling 1977, 133), Entwicklung eines „Sensoriums" für „verdrängte Probleme" in der Form von „heuristischen Stäben" (Kevenhörster 1976, 218). Immer wieder trifft man jedoch auf die Forderung „nach einer aktiven Politik": nach einer starken Regierung und einem unabhängigen Parlament (Dettling 1976, 20).

Staat und Verbände

Politikwissenschaftler stimmen darin überein, daß die Steuerungsprobleme moderner Gesellschaften nicht ohne Verbände gelöst werden könnten. In der von Krisen heimgesuchten kapitalistischen Gesellschaft sind Regierung und Parlament auf Information und Kooperation betroffener Gruppen angewiesen. Die Beteiligung gesellschaftlicher Gruppen an der Formulierung wirtschaftspolitischer Ziele hat Beobachter von dem Entstehen eines als „liberalen Korporatismus" bezeichneten Systems sprechen lassen, das sich durch über bloße Konsultation und Kooperation hinausgehende „Zusammenarbeit" zwischen Regierung und Interessengruppen auszeichne (Lehmbruch 1977, 92). Nicht immer stößt die Mitarbeit der Verbände jedoch auf wohlwollende Anerkennung, besonders dann, wenn die Kehrseite der Medaille sichtbar wird: zunehmende „gruppenbezogene Staatsausgaben", die auf erfolgreiche Lobbytätigkeit schließen lassen (Kevenhörster 1976, 210) sowie explosive Kostensteigerungen im Dienstleistungssektor, die nach

Ansicht von Beobachtern Steuerungsdefizite gerade in diesem Bereich signalisieren (Herder-Dorneich 1976).

Die Vorschläge der CDU enthalten ein ganzes Bündel von Maßnahmen für eine weiterentwickelte Ordnungspolitik, die die Verbände miteinbezieht. Ein allgemeines Verbändegesetz zur „generellen Kodifikation des Verbandslebens" wird als unzweckmäßig erachtet; die „differenziertere Position" der CDU lautet nach Ansicht Kurt Biedenkopfs vielmehr: „Wirken und Funktion der Verbände lassen sich nicht ohne legislative Hilfe lösen" (Biedenkopf 1977, 13).

Innververbandliche Demokratie

Die Festlegung von Normen für die Binnenstruktur von Verbänden scheint innerhalb der CDU am wenigsten umstritten. „Hier ist der Ort für eine gesetzliche Regelung," fordert die Junge Union in ihrem Papier „Der Staat und die Macht der Verbände", wobei sie eine Reihe von Vorschlägen unterbreitet, die denen ähneln, die die CDU-Planer um Warnfried Dettling vorlegen (Dettling 1977, 134 ff; Bethusy-Huc 1976, 234 f). Wie wird jedoch von der CDU die Forderung nach einer Verbandsreform begründet? „Dem demokratisch legitimierten Staat ist es aufgegeben, den Rahmen zu setzen, in dem die Gruppen sowohl im Innern wie nach außen tätig werden", heißt es in der Mannheimer Erklärung (Hergt 1977, 218). Und weiter: „Die veränderte Stellung des einzelnen in der Gruppe erfordert vielmehr, daß unsere Rechtsordnung auch hinsichtlich der demokratischen Gestaltung der Gruppen und des Verhältnisses der Verbände zu ihren Mitgliedern durchgesetzt wird" (Hergt 1977, 239). In dem Entwurf der CDU für ein Grundsatzprogramm wird zur Begründung ein allgemeines Teilhabepostulat herangezogen: „Nicht nur in Staat und Politik, in allen Bereichen des sozialen Lebens soll der Mensch bei Entscheidungen, die ihn mitbetreffen, mitwirken können. Es gilt, in allen Gruppen und Organisationen die Möglichkeit des Wettbewerbs, der Information, der Kontrolle und damit der Mitbestimmung demokratischen Grundsätzen folgend zu verbessern" (Weizsäcker 1977, 283/284). Auch zur Lösung der

„Neuen Sozialen Frage" gehört, „eine Stärkung der innerverbandlichen Demokratie mit dem Ziel, die Verbandsführung für die Vielfalt und Komplexität der Mitgliederinteressen wirksam zu sensibilisieren. Der einzelne muß auch als Mitglied von Verbänden jene
Rechte und Freiheiten erhalten, die für ihn als Bürger eines demokratischen Staates selbstverständlich sind" (Dettling 1977, 134).
Die Junge Union möchte ein „Mindestmaß an innerverbandlicher
Demokratie" gewahrt sehen zur „Sicherung eines Höchstmaßes an
individueller Freiheit".

Die Vorstellungen, wie ein Verbandsgesetz aussehen soll, orientieren sich an dem Parteiengesetz, dem die Minimalforderungen für
eine Verbandssatzung entsprechen sollten. Die Mannheimer Erklärung nennt als Probleme den Minderheitenschutz, die Verbandspublizität, die Schiedsgerichtsbarkeit und die demokratische
Willensbildung. Das Innenleben von der CDU nachestehenden Verbänden wird dabei keineswegs tabuisiert: Kurt Biedenkopf bemängelt
die Verfassungen der Spitzenverbände der Wirtschaft — sie seien
„oligarchisch" strukturiert (Biedenkopf 1977, 14). Auch die Junge
Union möchte den Verbänden der Arbeitgeberseite „die Frage nach
ihrer Offenheit und der demokratischen Struktur ihrer innerverbandlichen Willensbildung" kritisch stellen. Einige der Vorschläge,
wie der über die Festlegung von Kriterien für die Verteilung der
Stimmen in Mitglieder- und Delegiertenversammlungen, scheint
bewußt auf die Arbeitgeberseite zu zielen: es wird gefordert, daß
in jedem Fall die kleineren Firmen einen „relativ größeren Stimmen-
anteil bekommen" (Dettling 1977, 136).

Angesichts der häufig geäußerten Skepsis auf Seiten der Wissenschaft über die Chancen innerorganisatorischer Demokratie müssen
die CDU-Vorschläge verwundern. Das gilt um so mehr, wenn festgestellt wird, Voraussetzung für eine innerverbandliche „symmetrische Interessenrepräsentanz" sei die Minimierung des „freien Dis-
positionsspielraums der Verbandsführung" (Bethusy-Huc 1976,
224). Besteht doch gerade nach Ansicht zahlreicher Beobachter
das Dilemma der Verbände darin, als Verhandlungspartner flexibel
reagieren zu müssen, was einen Dispositionsspielraum voraussetzt,
der keinen Raum läßt für bindende Weisungen der Mitgliedschaft
(Offe 1969, 170; v. Alemann 1977, 22).

Differenzierte Vorschläge zur Lösung des Problems innerverbandlicher Demokratie sind daher geboten; die Außenfunktionen der Verbände müßten stärker berücksichtig werden, soll die „Diskrepanz von Außenfunktionen und Binnenstrukturen" nicht vergrößert werden (Teubner 1977, 24). Auch andere Lösungen als die Stärkung der Rechte der Mitgliederversammlung könnten nach Ansicht Teubners für mehr Organisationsdemokratie sorgen. Ungeklärt bleibt bisher, wie sich eine Binnendemokratisierung der Verbände, die eine Mobilisierung der Mitgliedschaft und eine Verstärkung innerorganisatorischer Konflikte zum Ziel hat, auf die Durchsetzungsfähigkeit der Verbände auswirkt. Kann man mit einer Mäßigung der Verbandsführung rechnen, deren Durchsetzungsfähigkeit gegenüber anderen Gruppen und dem Staat geschwächt würde, da sie sich zunächst gegenüber ihren Mitgliedern durchsetzen müßte? (Biedenkopf 1975, 21) Oder werden Verbandsführer, dank eines Legitimationszuwachses per Gesetz, sich unnachgiebiger gegenüber ihren Kontrahenten zeigen?

Gemeinwohlbindung der Verbände

Während die innerverbandliche Demokratisierung per Gesetz auf breite Resonanz innerhalb der CDU stößt, wurde der Vorschlag Helmut Lemkes (und der Grundsatzkommission der schleswig-holsteinischen CDU), „die Sozialpflichtigkeit der Interessenverbände, die ihrem Wirken gezogenen Grenzen durch einen den Artikel 9 Abs. 1GG ergänzenden Zusatz zu verdeutlichen", (Lemke 1975, 256) von anderen Teilnehmern der Diskussion innerhalb der CDU abgelehnt. „Ein so umfassender Gedanke wie die Gemeinwohlbindung aller gesellschaftlichen Macht im Rahmen einer freiheitlichen Verfassung kann schon wegen der Komplexität und Verschiedenheit der Sachverhalte nicht durch Gesetz verwirklicht werden," schreibt Kurt Biedenkopf (1975, 29). Auch die Junge Union bezweifelt, ob „Gemeinwohlorientierung" mit „rechtsstaatlich zumutbaren Mitteln zu gewährleisten" sei und lehnt deshalb eine „gesetzliche Festlegung der Sozialpflichtigkeit der Verbände ab."

Bei ihrer Argumentation zur „Sozialpflichtigkeit der Verbände" knüpft die CDU an den in Artikel 14 des Grundgesetzes der Eigentumsgarantie beigefügten Zusatz an: „Eigentum verpflichtet. Sein Gebrauch soll zugleich dem Wohle der Allgemeinheit dienen." Zweifel an der Verwirklichung dieses Grundsatzes in der kapitalistisch-marktwirtschaftlichen Ordnung werden in der CDU nur sehr vereinzelt geäußert — die Probleme des zweiten, industriellen Sektors werden von den Mitarbeitern der CDU-Planungsgruppe als „theoretisch durchdacht und ordnungspolitisch-institutionell" gelöst betrachtet, „abgesehen von sicherlich wichtigen Details (Vermögensbildung, Gewinnbeteiligung)" (Dettling 1977, 80). Statt dessen wird die Forderung erhoben, den „Gedanken der Sozialpflichtigkeit von Eigentum auf alle Formen gesellschaftlicher Machtpositionen" auszudehnen. „Das ist Ausdruck des allgemeinen sozialstaatlichen Grundsatzes, nach dem alle von der Verfassung garantierte Autonomie den Anforderungen der Gemeinwohlverträglichkeit unterworfen ist" (Hergt 1977, 239). Dieser in der Mannheimer Erklärung geäußerte Gedanke findet sich ähnlich auch im Entwurf für ein Grundsatzprogramm der CDU: „Mit dem Einfluß gesellschaftlicher Gruppen wächst auch ihre soziale Verantwortung. Aufgabe der gewählten Organe des Staates ist es, die Sozialpflichtigkeit der freien Vereinigungen zu gewährleisten" (Weizsäcker 1977, 283).

Die Stärkung der Autorität des Staates ist in den Augen der CDU das wirksamste Mittel, der Invasion der Verbände in den staatlichen Bereich Herr zu werden. Erster Schritt dazu ist eine Beschränkung der Staatstätigkeit, um damit eine der wesentlichen Ursachen für die Ausdehnung der Verbandstätigkeit zu beseitigen (Lemke 1975, 253/254). Der Staat soll darauf verzichten, „für die Bürger eine Unzahl wirtschaftlicher und administrativer Dienstleistungen zu erbringen," heißt es in der Mannheimer Erklärung (Hergt 1977, 241). Was dann allerdings als Aufgabe des Staates definiert wird, klingt kaum weniger anspruchsvoll und läßt Zweifel aufkommen, ob sich der Staat auf diese Weise der Verbände wird entledigen können. „Die Aufgabe von Staat und Regierung ist es, die politischen Ziele der staatlichen Gemeinschaft zu bestimmen, das Gemeinwesen nach den Grundsätzen der Freiheit und sozialen

Gerechtigkeit zu gestalten und zu entwickeln, gegen Angriffe und Bedrohungen von außen zu schützen und im Innern Freiheit, Sicherheit und den Rechtsfrieden zu wahren" (Hergt 1977, 241 f). Die in fast allen westlichen Demokratien sich abzeichnende stärkere Kooperation zwischen Verbänden und Staat stößt in der CDU auf entschiedene Ablehnung, sobald dieser Prozeß der Kooperation in eine Beteiligung an staatlichen Entscheidungsprozessen einmündet. „Der Staat muß, wenn er von den Verbänden nicht überwältigt werden will, eine allen gesellschaftlichen Gruppen übergeordnete machtvolle Institution bleiben", fordert die Junge Union. Da der Staat das Ganze repräsentiere, während der Vertretungsanspruch der Verbände sich nur auf Teilbereiche beschränken könne, schließt die Mannheimer Erkärung eine Teilung der Autorität des Staates mit den Gruppen in der Form eines „Sozialvertrages" aus (Hergt 1977, 239). Nach Kurt Biedenkopfs Ansicht fehlt für einen solchen Pakt die Voraussetzung, „daß der Staat und die gesellschaftlichen Gruppen auf der gleichen Ebene miteinander verhandeln und kontrahieren können." Lediglich Konsultationen seien möglich. „Aber selbst im Bereich der Konsultationen bedarf die Einbeziehung gesellschaftlicher Gruppen einer allgemeinen grundsätzlichen Regelung, um sicherzustellen, daß sich aus ihr keine faktische Beteiligung mit Verbindlichtkeit für das Handeln der Regierung ergibt" (Biedenkopf 1975, 28). Angesichts der von anderen Beobachtern festgestellten „Kollaboration" zwischen Staat und Großverbänden bei der Formulierung wirtschaftspolitischer Ziele scheint die Biedenkopfsche Position unhaltbar. Der Entwurf für ein Grundsatzprogramm der CDU rückt daher auch von der Mannheimer Erklärung in diesem Punkte ab, wenn er „Übereinkünfte zwischen allen Beteiligten über gemeinsame Verhaltensregeln" und ein „zeitlich begrenztes Zusammenwirken des Staates mit den gesellschaftlichen Gruppen" nicht ausschließt (Weizsäcker 1977, 270).

Nach den Vorstellungen Kurt Biedenkopfs soll die Autonomie der Verbände als „Zuständigkeit" verstanden werden, über die eindeutig entschieden werden müßte, die dann aber auch staatliche Intervention in die „Zuständigkeitsbereiche der gesellschaftlichen Gruppen" auszuschließen hätte (Biederkopf 1975, 29). Was das bedeuten könnte wurde auf der Tagung der Politiscnen Akademie Eichholz ausgesprochen — dort wurde klargestellt, daß der FDP-Gesetzentwurf für ein Verbändegesetz auf die Gewerkschaften abzielte und ein „Berufsverbandsgesetz" vorgeschlagen (Biedenkopf 1977, 90 f). Biedenkopf fand diesen Vorschlag erwägenswert: „Wir brauchen eine gesetzliche Ordnung der Bedingungen ..., unter denen die Autonomie nach Art. 9, Absatz 3 des Grundgesetzes in Anspruch genommen werden kann" (Biedenkopf 1977, 108 f).

Parteien und Verbände: Arbeitsteilung oder Konkurrenz?

CDU-Politiker spüren die Verbände, insbesondere die Gewerkschaften zunehmend als Konkurrenten. Zwar treten die Verbände nicht in direkten Wettbewerb mit den Parteien um die Gunst des Wählers, was der geläufigen Unterscheidung zwischen Parteien und Verbänden an Hand des Kriteriums „Bereitschaft zur Übernahme von Regierungsverantwortung durch Wahlen" weiterhin Berechtigung verleiht. Doch an der Regierungsverantwortung werden die Verbände durch Konsultationen bereits beteiligt, da es schwer auszumachen ist, in welchen Fällen eine solche Konsultation gänzlich unverbindlich bleibt. Hinzukommt der von der Verfassung garantierte Entscheidungsspielraum der Tarifpartner, was eine Einkommenspolitik ohne deren Beteiligung illusorisch erscheinen läßt.

Helmut Lemke sieht ein „Spannungs- oder Konkurrenzverhältnis" zwischen und Parteien und Verbänden, ja sogar einen „Verdrängungswettbewerb" zu Lasten der Parteien (Lemke 1975, 254). Dies wiegt um so schwerer, als die Verankerung der Parteien in Artikel 21 des Grundgesetzes den Parteien „gegenüber anderen an der politischen Willensbildung beteiligten, intermediären Gewalten eine herausgehobene, in gewisser Weise privilegierte Position" zuweise. Auch die Junge Union kommt zu der Feststellung: „Den Parteien kommt bei der Durchsetzung des Gemeinwohls, der Sicherung der staatlichen Autorität und der Formulierung ordnungspolitischer Vorstellungen die entscheidende Bedeutung zu."

Angesichts des von Verbänden und Gewerkschaften weit ausgelegten Vertretungsauftrags für ihre Mitglieder — der DGB gibt in der „Öffentlichen Liste über die Registrierung von Verbänden" als Interessenbereich des Verbandes „Alle Gebiete der Gesellschaftspolitik sowie Wirtschafts-, Sozial-, Kultur- und Bildungspolitik" an — fordern CDU-Politiker eine Einschränkung der von den Verbänden „mitunter beanspruchte(n) Allzuständigkeit" (Biedenkopf 1976, 243). „Verbände müssen sich auf die ihnen zugrundeliegenden Interessen beschränken," fordert die Junge Union. Speziell den Sozialpartnern spricht die Junge Union ein „allgemeinpolitisches Mandat" ab. Die Sozialpartner „sind Interessenvertretung und keine Parteien. Sie haben weder eine gesellschaftliche noche eine politische Allkompetenz."

Die Lösung des Verbandsproblems hängt entscheidend von der Kooperation der Betroffenen, nämlich der Verbände, ab, dessen sind sich die Beteiligten bewußt (Dettling 1977, 140 f). Aber es bleibt zu fragen, ob nicht auch das Selbstverständnis der Parteien als „Volksparteien", die keine Interessenvertreter sind, eine Lösung erschwert, da eine Offenlegung der Interessenbindungen von Parteien und Parlamentariern dadurch erschwert wird. Vorschläge, die eine größere Transparenz der Lobbytätigkeit der Interessengruppen zum Ziel haben, sind in Fülle vorhanden (vgl. Dettling 1977. 129 f), doch die Parteien sind hier die Betroffenen.

Literaturverzeichnis zu 2.2.2:

Alemann, U. v., 1977: Innerverbandliche Demokratie — Privatsache oder Politikum?, in: aus politik und zeitgesch., B 8/77, 3—22.

Barry, B., 1970: Sociologists, Economists and Democracy, London (dt. „Neue Politische Ökonomie", Frankfurt 1975).

Bethusy-Huc, V.G.v., 1976: Vorschläge zur Kontrolle des Verbandseinflusses im Parlamentarischen Regierungssystem, in: W. Dettling (1976), a.a.O., 221—236.

Biedenkopf, K., 1975: Das Verhältnis von Staat und gesellschaftlichen Gruppen, in: Beiträge zum Zivil- und Wirtschaftsrecht, Berlin, 13—30.

ders., 1976: Der Staat und die gesellschaftlichen Gruppen, in: W. Dettling (1976), a.a.O., 237—246.

ders., Voss, R. v., 1977: Staatsführung, Verbandsmacht und innere Souveränität, Stuttgart.

Crenson, M.A., 1971: The Un-Politics of Air-Pollution, Baltimore.

Dettling, W. (Hrsg.), 1976: Macht der Verbände — Ohmacht der Demokratie?, München-Wien.

ders., u.a., 1977: Die Neue Soziale Frage und die Zukunft der Demokratie, München-Wien (2. Aufl.).

Ellwein, T., 1973: Das Regierungssystem der Bundesrepublik Deutschland, Opladen (3. Aufl.).

Fraenkel, E., Der Pluralismus als Strukturelement der freiheitlich-rechtsstaatlichen Demokratie, in: Nuscheler, Steffani, (1972), 158—182.

Geißler, H., 1976: Die Neue Soziale Frage, Freiburg.

Groser, M., 1978: Die Neue Soziale Frage, in: aus politik und zeitgesch., B 10/78.

Herder-Dorneich, P., 1976: Ordnungspolitik der Verbände im Steuerungsdefizit des tertiären Sektors, in: W. Dettling (1976), a.a.O., 162—188.

Hergt, S. (Hrsg.), 1977: Parteiprogramme, Leverkusen, 11. Auflage.

Herzog, R., 1976: Das Verbandswesen im modernen Staat, in: W. Dettling (1976), a.a.O., 69—80.

Junge Union Deutschlands, 1977: Der Staat und die Macht der Verbände, Bonn.

Kevenhörster, P., 1976: Kollektive Güter und organisierte Interessen, in: W. Dettling (1976), a.a.O., 189—220.

Kirsch, G., 1974: Ökonomische Theorie der Politik, Tübingen-Düsseldorf.

Lehmbruch, G., 1977: Liberal Corporatism and Party Government, in: Comparative Political Studies 10, 91—126.

Lemke, H., 1975: Über die Verbände und ihre Sozialpflichtigkeit, in: Die Öffentliche Verwaltung 28, 253 ff.

Nuscheler, F., Steffani, W. (Hg.), 1972: Pluralismus, München.

Oberndörfer, D., 1977: Zur Typologie der Verbände, in: K.H. Biedenkopf, R.v. Voss, a.a.O., 20—24.

ders., 1976, Volksherrschaft — Zur normativen Prämisse der Demokratie, in: W. Dettling (1976), a.a.O., 105—123.

Offe, C., 1969: Politische Herrschaft und Klassenstrukturen, in: G. Kress, D. Senghaas (Hg.), Politikwissenschaft, Frankfurt/M.

Olson, M., 1976: Die Logik des kollektiven Handelns, in: W. Dettling (1976), a.a.O., 105—123.

Teubner, G., 1977: Verbandsdemokratie durch Recht?, in: aus politik und zeitgesch., B 8/77, 23—35.

Weizsäcker, R.v., (Hg.), 1977: CDU Grundsatzdiskussion. Beiträge aus Wissenschaft und Politik.

2.2.3. Verbandskontrolle oder Gewerkschaftsgesetz: die Kritik von SPD und DGB an neokorporativer Einbindung der Verbände

1. Aktuelle Stellungnahmen zum Verbandsgesetzentwurf

In der von der CDU und der FDP dominierten Verbändegestzdiskussion wurde vor allem der drohende *„Gewerkschaftsstaat"* und besonders im Bundestagswahlkampf 1976 von Biedenkopf die Verfilzung zwischen SPD und DGB als warnende Beispiele für die angebliche Übermacht der Verbände hingestellt. Da in den verbandspolitischen Äußerungen der FDP und der CDU die SPD und der DGB in wichtigen Aspekten zusammen thematisiert wurden, zudem auch von der SPD und dem DGB im wesentlichen eine gemeinsame Position gegenüber diesen Angriffen bezogen wurde, kann man die Stellungnahmen dieser beiden politisch sich nahestehenden Organisationen gegenüber einem Verbandsgesetz gemeinsam abhandeln.

Durch die von der CDU seit 1973 und der FDP spätestens seit 1975 intensiv geführte Debatte über die Macht der Verbände, die von den Medien stark unterstützt wurde, ist es diesen beiden Parteien gelungen, das Thema in der politischen Öffentlichkeit weitgehend zu besetzen und für sich zu nutzen. Die sozialdemokratische Partei und die Gewerkschaften haben es nur in Ansätzen geschafft, dieses auch für die nächsten Jahre aktuelle Thema intensiv aufzuarbeiten und in der Öffentlichkeit glaubhafte Alternativen herauszustellen. Dies wird auch — wenngleich mit einiger Verzögerung — von einigen erkannt:

„Es ist fatal, daß die Konservativen und ihre bürgerliche Ideologie sich an einem Thema profilieren können, welches ihr Problem ist und das sowohl ihr praktisches wie analytisches Defizit politischer Steuerung unter Beweis stellt. ... Aber wo bleibt bei dieser Sachlage unsere Kritik an diesem Schwäche-eingeständnis der Konservativen? Wo schlägt sich das in größerem Selbst-bewußtsein der Partei nieder?" (Deuling 1977, 63; vgl. auch Balduin/Unter-hinnighofen 1977, 57).

Obgleich von mehren SPD-Politikern die Notwendigkeit eines Verbändegesetzes immer deutlich abgelehnt wurde (vgl. u.a. Liedtke 1977) und die Stoßrichtung als *Antigewerkschaftsgesetz* klar erkannt wurde (vgl. Brandt 1976, Fischer 1977 und Scheer 1977), ist die Chance nicht genutzt worden, durch dieses Thema breite Kreise der Bevölkerung über die tatsächliche Machtverteilung in der BRD zu informieren. Auch wenn momentan niemand in der CDU/ CSU (nicht einmal Biedenkopf) ein Verbändegesetz propagiert und auch die FDP den Entwurf allem Anschein nach erst einmal zur Seite gelegt hat, sind die weitergehenden Folgen dieser ordnungs-politischen Kampagnen, z.B. die Maßhalteregeln in der gegenwärti-gen Wirtschaftskrise für die Gewerkschaft bei Lohnverhandlungen und andere Gemeinwohlpostulate in ihrer Wirkung auf eine konser-vative Mobilisierung nicht zu unterschätzen.

Es mangelt in der SPD nicht so sehr an vereinzelten Gegenkriti-ken, vor allem an den Biedenkopfkampagnen (vgl. Koschnik 1976, Schweitzer 1976 und Sund 1976), in dem den Verfilzungsthesen das historisch gewachsene und kritisch-solidarische Verhältnis zwischen SPD und DGB entgegengesetzt wird (vgl. Farthmann 1977). Einige veröffentlichen auch für die CDU/CSU empfindliche Einzelheiten über die Verfilzungen zwischen ihnen und den Arbeit-geberverbänden (vgl. Witt 1976), dem Deutschen Bauernverband (vgl. Löffler 1976) oder anderen traditionellen Verbänden des Mittelstandes, z. B. Ärzteverbände (vgl. Rothemund 1977); den-noch fehlt ein integrierendes gesamtgesellschaftliches Konzept und eine darauf bezogene Gegenmobilisierung.

Die Gewerkschaften haben die Filzokratievorwürfe und die ihnen vorgehaltene mangelnde innergewerkschaftliche Demokratie energisch zurückgewiesen, dennoch vermißt man an einigen Stel-len, daß, neben der strikten Zurückweisung der konservativen Ordnungspolitik und dem Hinweis darauf, daß innergewerkschaft-liche Demokratie vor allem erstmal eine Sache der Gewerkschaften und ihrer Mitglieder ist (vgl. u.a. Scheer 1977, 117), auch die inner-organisatorische Demokratie in den Gewerkschaften in vielen Punkten zu verbessern ist. Der Verbandsgesetzentwurf der FDP wurde mit der antisozialistischen Bismarckschen Vereinsgesetzgebung verglichen und der Ursprung der FDP-Konzeption in dem Entwurf eines „Gewerkgesetzes" von 1884 gesehen, in dem den durch das Sozialistengesetz von 1878 weitgehend verbotenen Gewerkschaften ein staatlich kontrollierter Tätigkeitsbereich zugebilligt werden sollte (vgl. Scherer 1977). Besonders pointiert ging der IG-Metall Vorsitzende Loderer auf dem letzten Gewerkschaftstag auf den FDP-Entwurf ein:

„Diese Liberalen rufen immer dann nach dem Staat, wenn es gegen die Gewerkschaften geht. Stehen dagegen Unternehmerinteressen zur Debatte, lehnen sie staatliche Interventionen ab, als wären sie des Teufels, ja sie wünschen sich dann eine Art Nachtwächterstaat. Die Krone des Ganzen ist ein sogenannter Beauftragter für das Verbändewesen, eine Art Staatskommissar für gewerkschaftliches Wohlverhalten. Das wäre ein Anschlag auf das freie Vereins- und Verbändewesen in der Bundesrepublik. Wir brauchen kein Verbändegesetz." (IG-Metall Protokoll des 12. ord. Gewerkschaftstages 1977, 334; vgl. auch den Antrag bezüglich antigewerkschaftlicher Tendenzen des Bundesvorstandes des DGB auf dem Bundeskongreß 1978; abgedruckt im Dokumentationsteil dieses Buches).

Von einigen Autoren wird von einer Realisierung eines *Verbändegesetzes auf Raten* gewarnt, dessen Symptome in einigen Passagen des auf Drängen der FDP geänderten Mitbestimmungsgesetzes (z.B. die Sondervertretung der leitenden Angestellten) sowie in dem gegenwärtigen Streit um eine offizielle Wahlordnung für die Implementation dieses Gesetzes, bei dem die von der CDU/CSU und der FDP unterstützten Standesverbände die Einheitsgewerkschaft ernsthaft gefährden, gesehen werden (vgl. Schwegler 1977).

Auch die Unternehmerverbände wenden sich aus verschiedenen Gründen gegen ein Verbändegesetz. Zum einen befürchten sie, wenngleich oft unausgesprochen, daß eine rechtliche Normierung der Verbandsstrukturen besonders ihre Verbände hart treffen würde, da z.B. die Willensbildung im Bundesverband der Deutschen Industrie (BDI) ein „Modell mangelnder Transparenz" ist (Blüm 1978, 215).

Neben den Bedenken der Verbandsbürokratien gegenüber mehr innerverbandlicher Demokratie wird in einem Verbändegesetz, das sich vorwiegend auf die Sozialpartner bezieht, deren Unterschiedlichkeiten aber nicht thematisiert, eine Einschränkung der Tarifautonomie gesehen (vgl. Rodenstock 1977, 33). Falls es dennoch zu einem Verbändegesetz kommen sollte, deutet sich bei Rodenstock an, wie mit einem solchen Gesetz verfahren würde.

„Ein Verbändegesetz könnte zwar die innere Verbandsstruktur normieren und damit einen ständestaatlichen Zustand heraufbeschwören. Es könnte aber schwerlich erzwingen, daß diese Norm mit demokratischen Geist ausgefüllt wird" (ebd. vgl. Dokument 4.9.).

Die von den politischen Parteien diskutierten Verbandsgesetzentwürfe werden von den Repräsentanten der Unternehmerverbände als eine Bedrohung ihrer weitgehend öffentlich unkontrollierten autonomen Entscheidungen interpretiert und in einem Zusammenhang gestellt mit überbetrieblichen Mitbestimmungskonzeptionen, wie den von den Gewerkschaften geforderten Wirtschafts- und Sozialräten, den von SPD-Kreisen vorgeschlagenen Strukturräten und anderen Investitionslenkungsmaßnahmen, deren Verhinderung in den kommenden Jahren als eine Hauptaufgabe der unternehmerischen Spitzenverbände betrachtet wird (vgl. Pavel 1977, 3).

2. Vorschläge zur Reform der Verbandsbeteiligung

Von der sozialdemokratischen Partei wird der Einfluß und die *Institutionalisierung der Verbände* im politisch-administrativen System nicht als eine Gefährdung des Staates gesehen, sondern deren Informations- und Integrationsfunktionen werden vor allem betont (vgl. z.B. Wuthe/Junker 1975, 171). Die generelle Anerkennung der Verbände geht einher mit der Forderung nach innerverbandlicher Demokratie, wie sie in der politischen Soziologie schon bei Abendroth (1972) und Habermas (1962) thematisiert wurde, da sie öffentliche Funktionen wahrnehmen. Das Problem der inneren Demokratie in den Verbänden wurde von der SPD auf dem 4. rechtspolitischen Kongreß 1975 ausführlich behandelt (vgl. Föhr 1975, Rinken 1975 und Böckenförde 1975). Dabei sprach man sich übereinstimmend gegen ein Verbändegesetz aus, das diesen komplexen Tatbestand nicht adäquat erfassen könne und plädierte stattdessen für spezifische Regelungen, deren Kriterien noch von einer zu intensivierenden Verbandsforschung erarbeitet werden müßten.

„Der einzelne Staatsbürger hat oft nur als Mitglied eines Verbandes eine reale Chance, seine verschiedenen Interessen wirksam zu vertreten. Gerade darum darf er Gruppen und Verbänden aber auch nicht ausgeliefert werden. Deren wachsende Bedeutung macht die *Demokratisierung* − Mehrheitsprinzip, Minderheitenschutz, öffentliche Kontrolle − ihrer inneren Ordnung notwendig." (OR'85, 1975, 35)

Neben den Forderungen nach einer innerverbandlichen Demokratisierung wird aber auch die wachsende Macht der Spitzenverbände von Kapital und Arbeit sowie der Großinvestoren auf politische Entscheidungen thematisiert. Böckenförde sieht sogar das Problem der *„Regierbarkeit"* unmittelbar mit diesen Machtpositionen verbunden und stellt die Frage, „ob eine Politik der Wirtschafts- und Konjunktursteuerung auch bei vorhandener parlamentarischer Mehrheit überhaupt noch ohne die zumindest stillschweigende Unterstützung durch die Gewerkschaften auf der einen, die großen Investoren auf der anderen Seite möglich ist." (Böckenförde 1976, 468; vgl. auch Offe 1979 in diesem Buch).

Eine größere Transparenz in den Beziehungen zwischen Staat und Verbänden, um so illegitime Einwirkungen der Verbände auf Verwaltung und Gesetzgebung zu verhindern, ist von der SPD schon früh gefordert worden. Bereits 1961 und 1965 sprach man sich für eine Registrierung der Lobbyisten aus und auch die Einführung der Hearings im Bundestag geht auf sozialdemokratische Initiativen mit zurück.

In den „Sozialdemokratischen Perspektiven" für die 70er Jahre wird explizit die Durchsichtigkeit der Beziehungen, eine Registrierung aller im Bundestag anzuhörenden Verbände und sogar ein von der Bundesregierung anzufertigender Bericht gefordert, in dem bei jeder Gesetzesvorlage mitgeteilt wird, welche Wünsche die Verbände bei der Entstehung des Gesetzes vorgetragen haben (vgl. Mommer 1969, 161).

Ein Teil dieser auf eine größere Transparenz abzielenden programmatischen Forderungen wurde mittlerweile von der sozialliberalen Koalition eingelöst, z. B. die 1972 instituierte „Öffentliche Liste über die Registrierung von Verbänden und deren Vertreter", in der 1978 über 800 Eintragungen vorhanden sind. Die Registrierung der Verbände und die ebenfalls vom Bundestag beschlossenen Verhaltensregeln für die Bundestagsangehörigen, von denen Aufschlüsse über die Bindungen der Abgeordneten erwartet wurden, werden von SPD-Verantwortlichen unterdessen als untaugliche Mittel zur Herstellung von mehr Öffentlichkeit charakterisiert:

„Die Verbandsliste ist, weil sie absolut nichts über den realen Einfluß aussagt, sondern den Einfluß eigentlich erst legitimiert, zur begehrten Adresse geworden und praktisch ohne Wirkung geblieben." (Engholm 1975, 323; vgl. noch die diesbezüglichen Hoffnungen bei Dübber 1968).

Um aus dem Dilemma der mangelnden Kontrolle des Einflusses der Verbände herauszukommen, schlägt Engholm — wie bereits Hennis 1961 und Mommer 1968 — vor, jedem Gesetzentwurf ein Kurzprotokoll beizulegen, in dem die Verhandlungen zwischen den Verbänden und den Ministerien in der Phase der Gesetzentstehung geschildert werden, um so wenigstens im nachhinein die Parlamentarier über die Aktivitäten der Verbände zu unterrichten, da diese im Referentenstadium eines Gesetzentwurfes meistens weniger Detailinformationen haben, als die für den Politikbereich relevanten und institutionalisierten Verbandsvertreter. Zusätzlich nimmt Engholm den Vorschlag auf, den mächtigsten Verbänden das Privileg des unmittelbaren Zugangs zum Kanzler durch eine strikte Anwendung der Geschäftsordnungsvorschriften zu beschränken. Diese Empfehlung steht allerdings in einem gewissen Widerspruch zur gegenwärtigen Regierungspraxis der sozialliberalen Koalition, in der gerade Bundeskanzler Schmidt bei wichtigen Fragen, z. B. der Verbesserung der wirtschaftlichen Lage, die Vertreter der Spitzenverbände von Kapital und Arbeit bei sich empfängt.

Die bisher vorliegenden und zum Teil schon fast 20 Jahre lang diskutierten Vorschläge zur *Offenlegung des Verbändeeinflusses* leiden darunter, daß sie nicht „die reale gesellschaftliche Macht, die Verbände wie die der Wirtschaft verkörpern" (Engholm 1975,

324) problematisieren und nach Wegen zur Eindämmung dieser etablierten Einflußstrukturen suchen, sondern nur ex post den ohnehin schon stattgefundenen Einfluß rekonstruieren wollen. Damit soll nicht abgestritten werden, daß z.B. durch ein dem Gesetzentwurf beiliegendes Kurzprotokoll auf längere Sicht den Parlamentariern eine wirksamere Kontrolle, als die bisher praktizierte, möglich wird und auch für die sozialwissenschaftliche Verbandsforschung neue wichtige Detailkenntnisse geliefert werden.

Die so geschaffene Transparenz kann auch die Öffentlichkeit stärker für die Macht der Verbände sensibilisieren, was einige Verbände in legitimatorische Schwierigkeiten bringen könnte.

Bei diesen geplanten Vorschriften gilt es jedoch zu bedenken, daß die meisten Verbände nur ein *geringes Interesse an einer Offenlegung* ihres Einflusses haben und daß dem Parlament momentan nur wenig Möglichkeiten zur Verfügung stehen, dies zu modifizieren.

„Eine wirksamere öffentliche Kontrolle erscheint daher nur über eine gleichzeitige handfeste Kontrolle der wirtschaftlichen Macht selbst erreichbar." (Ebbighausen 1970, 249).

In einer Reform der Verbandsbeteiligung, die ihren Namen noch verdient und die nicht isoliert durchgeführt werden kann, müßten die unterschiedlichen gesellschaftlichen Machtressourcen der Verbände und die zwischen ihnen bestehenden Asymmetrien (vgl. Heinze 1977 und Offe 1979) benannt werden, um sie zu überwinden.

In der SPD werden neben den Vorschlägen zur innerverbandlichen Demokratie und einer größeren Transparenz in den Beziehungen zwischen Staat und Verbänden auch *neue Formen der Kooperation* zwischen dem Staat und den Verbänden diskutiert (vgl. Oertzen 1976, 212 f). In Abgrenzung zu einer ordnungspolitischen Verbändegesetzgebung und zu „gruppenegoistischen Erpressungsversuchen", z.B. die Aktion der Fluglotsen oder das Verhalten der Wirtschaftsverbände bei der Reform der beruflichen Bildung, wird im Orientierungsrahmen '85 (35 f) von einem „Grundwert der Solidarität" ausgegangen (vgl. schon Glahe 1968), der die Beziehungen zwischen dem Staat und den Verbänden strukturieren und es dem Staat ermöglichen soll, die negativen Aspekte dieser Beziehungen zu kontrollieren. Der Bezug auf einen solidarischen Grundwert ist gerade angesichts der egoistischen Aktionen berufständischer Gruppen notwendig. Allerdings dürfte eine generelle Präzisierung schwerfallen und ist in der Gefahr auf angeblich neutrale und objektive Grundwerte, wie gesamtwirtschaftliches Gleichgewicht oder *Gemeinwohl* (vgl. Stolleis 1978) zurückzufallen, wie diese von konservativen Autoren seit Jahren vorgebracht werden. Die SPD und die Gewerkschaften, die diese Ansicht mit unterstützten, wahrscheinlich gerade deshalb, weil Aktionen wie die der Fluglotsen ihre integrative Wirkungen gefährden, intendieren mit diesem ,,solidarischen Grundwert'' sicherlich nicht die gleichen Ziele wie dies von konservativer Seite aus geschieht.

Dort werden traditionelle Gemeinwohlvorstellungen sowohl in Urteilen des Bundesverfassungsgerichts (vgl. Kittner 1976) als auch in häufigen Stellungnahmen – besonders seit der ökonomischen Krise – von konservativen Juristen (vgl. v. Arnim 1977), Politikern und Arbeitgebervertretern neu belebt (vgl. Menzel 1976). In diesen Beschlüssen und Ermahnungen will man den Gewerkschaften vorschreiben, wie das Gemeinwohl auszusehen hat (vgl. z.B. Biedenkopf 1976). Damit wird die gewerkschaftliche Tarifautonomie untergraben und ein *Verbändegesetz auf Raten* eingeführt.

Diese Frontstellung gegenüber den Gewerkschaften bezieht natürlich nicht die SPD, die sich bemüht, die Gewerkschaften als Gegenmacht zum Kapital anzuerkennen. Gerade aufgrund des Charakters einer Volkspartei (vgl. Kaste/Raschke 1977) ist aber auch von der SPD zu erwarten, daß alle politischen Interessen und Organisationen, die außerhalb des parteipolitischen Spektrums und der in ihr verankerten Interessen liegen, vernachlässigt und wenn nötig reglementiert werden (vgl. Narr 1977).

Die von der SPD thematisierte *kooperative Arbeitsteilung* zwischen Staat und Verbänden hat bei den Gewerkschaften, die sich schon seit Bestehen der Bundesrepublik für eine gesamtwirtschaftliche (überbetriebliche) Mitbestimmung ausgesprochen haben, starken Anklang gefunden. Besonders in diesem Bereich streben sie eine Reform der Verbandsbeteiligung an, unterstützen allerdings auch eine Offenlegung des Verbändeeinflusses und eine weitergehende innere Demokratisierung, solange dies nicht die Funk-

tionen der Gewerkschaften schwächt. Daß durch eine Verbändegesetzgebung, wie sie von der FDP und Teilen der CDU gefordert
wird, die *Funktionsfähigkeit der Gewerkschaften* ernsthaft gefährdet wird und dieser Funktionsverlust wiederum negative gesamtwirtschaftliche Effekte zeitigt, hat Scharpf (1978) überzeugend nachgewiesen.

Im Orientierungsrahmen '85 spricht sich die SPD in der Wirtschaftspolitik für ,,neue Formen der zwanglosen Kooperation
zwischen staatlichen Instanzen, Unternehmern und Gewerkschaften"
(71) auf zentraler und regionaler Ebene aus. Auf dem Hamburger
Parteitag 1977 wird diese überbetriebliche Mitbestimmung in Form
von *Strukturräten* im Rahmen der *vorausschauenden Strukturpolitik*
konkretisiert (vgl. Roth 1977a und 1977b). Geplant sind zwei Strukturräte: Ein Strukturrat der öffentlichen Hand, der die verschiedenen Teilpolitiken und die Aufgabenplanung zwischen Bund,
Ländern und Gemeinden auf dem Gebiet der Strukturpolitik koor-
diniert und ein Strukturrat der sozialen Gruppen, der eine Weiterentwicklung der Konzertierten Aktion darstellt. Aufgabe des
paritätisch (Arbeitnehmer- und Arbeitgebervertreter) besetzten
Wirtschaftsstrukturrates der sozialen Gruppen ist die Koordination
der verschiedenen Meinungen in der Strukturpolitik, die Abgabe
von Stellungnahmen zu verschiedenen, für eine vorausschauende
Strukturpolitik wichtigen, politischen Entscheidungen, (z.B. in der
regionalen Strukturpolitik, Energie- und Forschungspolitik), sowie
dabei ein Anhörungs-, Vorschlags- und Empfehlungsrecht.

In Rheinland-Pfalz gibt es schon konkrete Vorschläge seitens der
SPD-Landtagsfraktion zur Schaffung eines von den Sozialpartnern
zu besetzenden *Landeswirtschafts- und Sozialrates,* der jedoch 1977
von den anderen beiden Landtagsparteien abgelehnt wurde. In der
Argumentation für die Errichtung eines solchen Rates orientiert
man sich stark an den DGB-Vorschlägen, ohne jedoch das Recht
zur Gesetzesinitiative und das Enquete-Recht zur fordern. Gleichzeitig wird hervorgehoben, daß der konzipierte Landeswirtschafts-
und Sozialrat kein Ersatzparlament sei.

,,Nicht Verwässerung des Parlamentarismus, sondern Demokratisierung des
Pluralismus und stärkere Offenlegung des Verbandseinflusses ist wesentliches
Ziel des Landeswirtschafts- und Sozialrates. ... Das parlamentarische Regie-

rungssystem wird nicht ersetzt, wie es etwa in einem System des Corporatismus oder in einer direkten Rätedemokratie der Fall wäre." (Engler 1977, 462; vgl. auch Sozialdemokratischer Pressedienst der SPD-Rheinland-Pfalz vom 14.7.1977 (Rede von K. Thorwirth)).

Die Ursprünge dieser Vorschläge nach einer *gesamtwirtschaftlichen Mitbestimmung* liegen in der Weimarer Republik (vgl. Dotzenrath 1933), wo ein Reichswirtschaftsrat bestand, der im wesentlichen gutachterliche und interessenausgleichende Funktionen wahrnahm und dessen Effizienz aufgrund der Vielzahl von Teilnehmern als relativ gering eingeschätzt wird (vgl. Otto 1971, 71 ff.).

In der 1. Wahlperiode des Deutschen Bundestages stellte die Fraktion der SPD 1949 einen Gesetzentwurf zur Debatte, der die Einrichtung eines paritätisch besetzten *Bundeswirtschaftsrates* mit 150 Mitgliedern aus folgenden Gebieten vorsah:

Industrie (58), Handel, Banken und Versicherungen (20), Landwirtschaft, Forsten und Fischerei (20), Handwerk (16), Verkehr und öffentliche Unternehmungen (18), Vertreter der Wissenschaften und der freien Berufe (18) (§ 57 ff., im Manuskript 21 ff.).

Aufgrund der Unterlegenheit im Parlament war keine Chance gegeben, derartige Konzeptionen in die Praxis umzusetzen; in den 50er Jahren wurden solche Mitbestimmungsmodelle im Zuge der Restauration in der BRD auch von der SPD kaum noch beachtet. Im Godesberger Programm von 1959 wurden diesbezügliche Vorschläge nicht behandelt. Es gewinnt in der SPD erst wieder an Aktualität seit Mitte der 60er Jahre, durch die vor allem von Schiller propagierte und institutionalisierte Konzertierte Aktion.

Weitergehende Formen der Kooperation in Strukturräten haben ihren Ursprung in der wachsenden Krisenanfälligkeit der bundesrepublikanischen Wirtschaft, in ausländischen Vorbildern sowie in den schon seit langem von den Gewerkschaften erhobenen Forderungen nach mehr Einfluß auf gesamtwirtschaftlicher Ebene, die auch von Teilen der SPD unterstützt werden (vgl. v. Beyme 1978, 13 ff.).

Der Deutsche Gewerkschaftsbund hat sich schon in seinen ersten Verlautbarungen im Mai 1950 in einem Gesetzentwurf „*Zur Neuordnung von Wirtschaft und Gesellschaft*" für eine überbetriebliche Mitbestimmung in Gestalt eines paritätisch besetzten Bundeswirtschaftsrates ausgesprochen, über den auch mit den Unternehmern verhandelt, der aber nie in die Praxis umgesetzt wurde (vgl. Schuster 1976, 86 f.). Dieses gesamtwirtschaftliche Konzept hatte — wie schon erwähnt — Vorläufer in der Weimarer Republik und vor allem in einer während der damaligen Zeit im Auftrage des Allgemeinen Deutschen Gewerkschaftsbundes entstandenen Untersuchung „Wirtschaftsdemokratie" von Naphtali (1928) (1969[3]).

Bis Mitte der 60er Jahre wurden diese Mitbestimmungsmodelle von den Gewerkschaften nicht konsequent weiterverfolgt. Dies hat seine Gründe sowohl in der schwächeren Position der Gewerkschaften gerade in den 50er Jahren, was sich u.a. am sinkenden Organisationsgrad zeigen läßt, als auch in der allgemeinen politischen Entwicklung, die bis Mitte der 60er Jahre weitergehende sozialistische Modelle als kommunistische Machenschaften verteufelte. Seit der ersten Wirtschaftskrise größeren Ausmaßes in der BRD 1966/67, die den Gewerkschaften deutlich machte, wie notwendig eine qualifizierte Mitbestimmung in allen gesellschaftlichen und staatlichen Bereichen ist, wurde fortan die Frage der überbetrieblichen Mitbestimmung neben den vehement vorgetragenen und dann auch auf die parlamentarische Ebene gekommenen Forderungen nach betrieblicher Mitbestimmung erörtert.

Ihren programmatischen Ausdruck findet diese Diskussion in der im März 1971 einstimmig vom Bundesausschuß des DGB verabschiedeten Konzeption einer „Mitbestimmung im gesamtwirtschaftlichen Bereich", die dann auf dem 9. DGB-Bundeskongreß 1972 zu der Empfehlung an den Bundesvorstand führte, umgehend ein Bundesrahmengesetz für die Errichtung von *Wirtschafts- und Sozialräten* vorzulegen und weiterzugeben, was bisher noch nicht geschehen ist. Der Entwurf sieht die Schaffung von paritätisch von den Sozialpartnern besetzten Wirtschafts- und Sozialräten auf drei Ebenen: Bund, Länder und Regionen vor und soll sicherstellen, „daß die Interessen der Arbeitnehmer zum Bestandteil einer vorausschauenden und planmäßigen Wirtschaftspolitik werden." (Dokumentation in Gewerkschaftliche Monatshefte 1971, 569 ff.)

Der BWSR, der zwischen 120 und 160 Mitglieder haben und für die wichtigsten Fragen ständige Ausschüsse einrichten sollte und die LWSR, die zwischen 40 und 100 Mitgliedern haben und ebenso über ein ständiges Büro mit wissenschaftlichen Mitarbeitern verfügen sollten, sind vor allem mit der Aufgabe betreut, *Gutachten* und *Stellungnahmen* zu jedem in ihren Zuständigkeitsbereich fallenden Fragenkomplex abzugeben. Der BWSR soll zudem das Recht der *Gesetzesinitiative* besitzen. Inhaltlich soll sich der BWSR mit der gesamten Wirtschafts- und Sozialpolitik, die LWSR vor allem mit der Struktur-, Arbeitsmarkt-, Verkehrs-, Energie- und Wohnungsmarktpolitik sowie Fragen der beruflichen Bildung und die regionalen WSR vordringlich mit Fragen der beruflichen Bildung und regionalen Strukturplanung und -politik beschäftigen. Dabei soll auf regionaler Ebene die Kompetenz der Industrie- und Handelskammern erheblich eingeschränkt werden, um die „bisher vorhandene Verquickung von privaten Kapitalinteressen und öffentlichen Aufgaben" zu beseitigen (GM 1971, 573; vgl. Adam 1975). Mit der geforderten Einrichtung von Wirtschafts- und Sozialräten wird die Frage der *Arbeitnehmerkammern* neu aktualisiert, in denen nur Repräsentanten der Arbeitnehmer vertreten sind und die in der BRD in Bremen und im Saarland bestehen (vgl. Peters 1973). Die Idee der Kammern als eine berufsständische Vertretung reicht zurück bis in die erste Hälfte des 19. Jahrhunderts und sie wurden schon 1911 in einem Wahlaufruf der SPD gefordert; eingerichtet wurden die ersten während der Weimarer Republik. Momentan werden die Arbeitskammern besonders von den CDU-Sozialausschüssen und auch einigen CDU-Landesverbänden gefordert, von Seiten des DGB hat man sich in dem 1971er Modell und in gleicher Weise später gegen weitere Gründungen ausgesprochen, da über sie keine Ansatzpunkte für eine gesamtwirtschaftliche Mitbestimmung gesehen werden (vgl. zur Diskussion Schultz 1977).

Die von den Gewerkschaften entfachte Diskussion um die Schaffung von Wirtschafts- und Sozialräten hat bisher noch zu keiner parlamentarischen Initiative geführt. Der DGB und auch die Einzelgewerkschaften fordern zwar auf ihren Gewerkschaftstagen weiterhin zielstrebig die Einrichtung von Räten und ernten damit auch in Kreisen der SPD Anerkennung und Zustimmung, was auch in der Forderung nach Strukturräten auf dem SPD-Parteitag 1977 in Hamburg deutlich wird. Einen Entwurf für ein Bundesrahmengesetz hat der DGB bisher aber noch nicht vorgelegt. Dies liegt wohl weniger an der mangelnden gewerkschaftlichen Bereitschaft, sondern vielmehr darin, daß in der SPD, außer in einzelnen Parteiuntergruppierungen und wenigen Landesverbänden (vor allem Rheinland-Pfalz und Schleswig-Holstein), die Parteispitze derartige Vorschläge als zu weitgehend ablehnt. Unterstützt werden die führenden Parteimitglieder durch die Empfehlungen der *Enquete-Kommission* zur Verfassungsreform, die sich 1976 einstimmig *gegen* einen Bundeswirtschafts- und Sozialrat ausgesprochen hat (in: Zur Sache 3'76, 32 f; vgl. auch Schröder 1976, 155 ff.).

Dies hat eine vehemente Kritik bei den Gewerkschaften ausgelöst; der IG-Metall Vorsitzende Loderer hielt auf dem letzten Gewerkschaftstag an der Forderung nach Wirtschafts- und Sozialräten fest und beurteilte den Vorschlag der Enquete-Kommission folgendermaßen: „Ein bedrucktes Stück Papier, bestenfalls zum Verstauben in einem Archiv geeignet — als Erinnerungsstück für professorale Überheblichkeit und politische Instinktlosigkeit einzelner Abgeordneter." (IG-Metall Protokoll ... 1977, 334).

Da diese Vorschläge gegenwärtig keine Mehrheit in der sozialdemokratischen Bundestagsfraktion finden; obwohl sich auch renommierte Wirtschaftsinstitute, wie Prognos AG, in einem Gutachten für die Errichtung von Wirtschafts- und Sozialräten aussprechen (vgl. Prognos AG 1976), bemüht sich der DGB um *Kompromisse*, um wenigstens Ansätze einer überbetrieblichen Mitbestimmung durchzusetzen; z. B. die Forderung nach einer paritätischen Mitbestimmung in den Handwerkskammern, die sogar z. T. den ursprünglichen Konzeptionen entgegenläuft oder die Ausweitung der Themen bei einer Rückkehr in eine zu verkleinernde Konzertierte Aktion oder auch der Wunsch des Vorstandes des DGB-Hamburg nach einem paritätisch besetzten Hafenrat (vgl. Schultz 1977, 19 ff.).

Ungeachtet dieser für die weitere politische Entwicklung in der BRD relevanten Forderungen, die auf eine gewisse Demokratisierung der bisher vom Einzelkapital und deren Verbänden autonom vorgenommenen Entscheidungen hinausläuft und von daher sowohl politischer als auch sozialwissenschaftlicher Unterstützung verdient, muß man angesichts der Erfahrungen mit ähnlichen Modellen in anderen westeuropäischen Ländern vor allzu großem Optimismus hinsichtlich einer angestrebten *Gleichberechtigung* von Kapital und Arbeit warnen.

Es zeigt sich in Schweden, wo ein kooperatives Zusammenspiel von Staat, Verbänden und Parteien stark ausgeprägt ist, daß durch diese korporatistischen Strukturen die strukturell angelegten Asymmetrien von Kapital und Arbeit kaum berührt werden und eine Unausgewogenheit („imbalance") zuungunsten der Gewerkschaften weiterhin vorhanden ist (vgl. Panitch 1977, 80; Esping-Andersen et al 1976 und Heinze et al 1978).

Zudem eröffnen sich den Gewerkschaften durch eine derartige „*kooperative*" Politik (vgl. Bergmann et al 1975, 15 ff. und die Entgegnungen von Seitenzahl 1976, 14ff.), die sie zwar an mehr Entscheidungen partizipieren läßt, für die sie aber gleichzeitig gesamtwirtschaftliche und politische Verantwortung übernehmen und vor ihren Mitgliedern legitimieren muß, neue Konfliktfelder an der Basis. Dem ist zu begegnen durch eine verstärkte innerorganisatorische Demokratisierung, die schon durch die zunehmende Übernahme öffentlicher Funktionen notwendig wird (vgl. Anderson 1977, 144 ff.).

Ebenfalls sind nicht alle Gruppen des Arbeitsmarktes in den Gewerkschaften adäquat repräsentiert und werden durch deren Politik z.T. nur unzureichend vertreten (Frauen, Jugendliche, Ausländer, Behinderte, Arbeiterbauern; vgl. die Beiträge in: Projektgruppe Arbeitsmarktpolitik/Offe (Hg.) 1977), so daß mit der weiteren Einbeziehung der Gewerkschaften in die staatliche Wirtschafts- und Strukturpolitik sowohl die Gefahr einer verstärkten „*Verhaltenskontrolle*" (vgl. Narr/Offe 1976, 21 ff.) als auch die Möglichkeit einer weitergehenden *Demokratisierung* potentiell vorhanden ist.

Abendroth, W., 1972: Das Problem der innerparteilichen und innerverbandlichen Demokratie in der Bundesrepublik, in: ders., Antagonistische Gesellschaft und Politische Demokratie, Neuwied und Berlin 1972 (2. Aufl.;
zuerst in: PVS 1964), 272—317.

Adam, H., 1975: Regionale Strukturpolitik, Industrie- und Handelskammern
und Wirtschafts- und Sozialräte, in: Gewerkschaftliche Monatshefte 26,
40—44.

Anderson, C. W., 1977: Political Design and the Representation of Interests,
in: Comparative Political Studies 10, 127—152.

Antrag des Bundesvorstandes des DGB auf dem 11. ord. Bundeskongress
des DGB in Hamburg (21.—27.4.1978) betreffend „Antigewerkschaftliche
Tendenzen"; abgedruckt im Dokumentationsteil dieses Buches

Arnim, H. H. v., 1977: Gemeinwohl und Gruppeninteressen, Frankfurt/M.

Balduin, S., Unterhinninghofen, H., 1977: Zur Diskussion um ein Verbändegesetz, in: WSI Mitteilungen 30, Sonderheft, 55—67.

Bergmann, J., Jacobi, O., Müller-Jentsch, W., 1975: Gewerkschaften in der
Bundesrepublik, Frankfurt

Beyme, K. v., 1978: Politische und sozioökonomische Entwicklungen seit
1974 im Lichte gewerkschaftlicher Interessen, in: Gewerkschaftliche
Monatshefte 29, 130—137.

Biedenkopf, K. H., 1976: Der Staat und die gesellschaftlichen Gruppen, in:
W. Dettling (Hg.), Macht der Verbände — Ohnmacht der Demokratie,
München, 237—246.

Blüm, N., 1978: Einheitsgewerkschaften in der pluralistischen Gesellschaft,
in: Gewerkschaftliche Monatshefte 29, 211—216.

Böckenförde, E. W., 1975: Bericht über die Verhandlungen der Arbeitsgemeinschaft 1, in: D. Posser, R. Wassermann (Hg.), Freiheit in der sozialen
Demokratie. 4. Rechtspolitischer Kongress der SPD v. 6.—8. Juni 1975,
153—161.

ders., 1976: Die politische Funktion wirtschaftlich-sozialer Verbände und
Interessenträger in der sozialstaatlichen Demokratie, in: Der Staat 15,
457—483.

Brandt, W., 1976: Rede vor den Delegierten des Kongresses der GDP in Mainz
(Sozialdemokraten-Service v. 30.9.76; 567/76, Bonn)

Bundesausschuß des DGB, 1971: Mitbestimmung im gesamtwirtschaftlichen
Bereich, in: Gewerkschaftliche Monatshefte 22, 569—575

Deutling, W., 1977: Die drei Pfeiler der neuen konservativen Ordnungspolitik,
in: Die Neue Gesellschaft 24, 63—64.

Dotzenrath, F. J., 1933: Wirtschaftsräte und die Versuche zu ihrer Verwirklichung in Preußen-Deutschland, Diss. Köln

Dübber, U., 1968: Warten auf einen besonders häßlichen Fall?, in Die Neue Gesellschaft 15, 216—221.

Ebbighausen, R., 1970: Parlamentarismus und organisierte Interessenpolitik in: Gegenwartskunde H. 3, 239—249.

Engholm, B., 1975: Herrschaft ohne Kontrolle? Zur Rolle der Verbände in der Bundesrepublik Deutschland, in: Die Neue Gesellschaft 22, 321—324.

Engler, H.-J., 1977: Wirtschafts- und Sozialräte in einer sozialen Demokratie, in: Die Neue Gesellschaft 24, 459—462.

Enquete-Kommission Verfassungsreform des Deutschen Bundestages, 1976, Beratungen und Empfehlungen zur Verfassungsreform (Schlußbericht), Teil 1: Parlament und Regierung, in: Zur Sache 3/1976

Esping-Andersen, G., Friedland, R., Wright, E. O., 1976: Modes of Class Struggle and the Capitalist State, in: Kapitalistate No. 4—5, 136—220.

Farthmann, F., 1977: Gewerkschaften: parteienneutral und mundtot?, in: Vorwärts v. 17.2.77

Fischer, J., 1977: Alleingang Marke Bangemann, in: Vorwärts v. 13.1.77

Föhr, H., 1975: Innere Demokratie in den Verbänden, in: D. Posser, R. Wassermann (Hg.), Freiheit in der sozialen Demokratie. 4. Rechtspolitischer Kongress der SPD v. 6.—8. Juni 1975, 115—126.

Fraktion der SPD, 1949: Antrag zum Entwurf eines Gesetzes zur Neuordnung der Wirtschaft, Drucksache Nr. 1229, Bonn

Glahe, W., 1968: Mehr werden als bloße Interessengruppen, in: Die Neue Gesellschaft 15, 222—227.

Habermas, J., 1962: Strukturwandel der Öffentlichkeit, Neuwied

Heinze, R. G., 1977: Asymmetrischer Pluralismus und institutionalisierte Macht der Verbände, hekt. Ms Hamburg — Bonn

Heinze, R. G., Hinrichs, K., Hohn, H.-W., Olk, T., 1978: Arbeitsmarktpolitik in Schweden — Zum Verhältnis von aktiver Politik und strukturierter Arbeitslosigkeit, in: Soziale Welt 29, 457—478.

Hennis, W., 1961: Verfassungsordnung und Verbandseinfluß, in: PVS 2, 23—35.

IG-Metall. Vorstand (Hg.), 1977: Protokoll des 12. ord. Gewerkschaftstages der IG-Metall in Düsseldorf v. 18.—24. September in Düsseldorf, Frankfurt

Kaste, H., Raschke, J., 1977: Zur Politik der Volkspartei, in Narr, W.-D. (Hg.), Auf dem Weg zum Einparteienstaat, Opladen, 26—74.

Kittner, M., Bundesverfassungsgericht und Koalitionsfreiheit, in Gewerkschaftliche Monatshefte 27, 154—162.

Koschnik, H., 1976: Rede auf dem Gewerkschaftstag der IG Chemie in Hamburg (Sozialdemokraten-Service v. 19.9.76; 530/76, Bonn)

Liedtke, K., 1977: Interview in Gewerkschaftspost 2/1977

Löffler, L., 1976: Nicht vergessen: der Fall Heeremann, in: SPD Pressedienst v. 18.11.1976

Menzel, H.-J., 1976: Zur Bindung gewerkschaftlicher Tarifpolitik an Gemeinwohl und gesamtwirtschaftliches Gleichgewicht in: Gewerkschaftliche Monatshefte 27, 134—143.

Mommer, K., 1969: Parlament, in: Ehmke, H. (Hg.), Perspektiven. Sozialdemokratische Politik im Übergang zu den siebziger Jahren, Reinbek, 159—162.

Narr, W.-D., 1977: Parteienstaat in der BRD — ein Koloß auf tönernden Füßen, aber mit stählernden Zähnen, in: ders. (Hg.), Auf dem Weg zum Einparteienstaat, Opladen, 7—25.

Narr, W.-D., Offe, C. 1976: Was heißt hier Strukturpolitik? Neokorporativismus als Rettung aus der Krise, in: F. Duve (Hg.), Technologie und Politik (aktuell — Magazin 6), Reinbek, 5—26.

Naphtali, F., 1969: Wirtschaftsdemokratie, Frankfurt/M. (1. Aufl. 1928)

Ökonomisch politischer Orientierungsrahmen für die Jahre 1975—1985, 1975: Beschlossen vom Mannheimer Parteitag der SPD am 14.11.75, Bonn

Oertzen, P. v., 1976: Die Gewerkschaften in der Sicht der SPD, in: Gewerkschaftliche Monatshefte 27, 210—216.

Offe, C., 1979: Die Institutionalisierung des Verbandseinflusses — Eine ordnungspolitische Zwickmühle, in: U. v. Alemann, R. G. Heinze (Hg.), Staat und Verbände, Opladen (in diesem Buch).

Otto, B., 1971: Gewerkschaftliche Konzeptionen überbetrieblicher Mitbestimmung, Köln.

Panitch, L., 1977: The Development of Corporatism in Liberal Democracies, in: Comparative Political Studies 10, 61—90.

Pavel, 1977: Gesellschaftspolitische Aufgaben der Verbände, Ms Düsseldorf

Peters, J., 1973: Arbeitnehmerkammern in der BRD?, München

Prognos AG, 1976: Politische, soziale sowie wirtschaftliche Risiken und Chancen unterschiedlicher Steuerungsinstrumente zur Lösung der Probleme von Strukturkrisen und langfristiger Arbeitslosigkeit, Basel

Projektgruppe Arbeitsmarktpolitik/C. Offe (Hg.), 1977: Opfer des Arbeitsmarktes. Zur Theorie der strukturierten Arbeitslosigkeit, Darmstadt — Neuwied

Rinken, A., 1975: Innere Demokratie in den Verbänden, in: D. Posser, R. Wassermann (Hg.), Freiheit in der sozialen Demokratie. 4. Rechtspolitischer Kongress der SPD v. 6.—8. Juni 1975, 127—139.

Roth, W., 1977: Aufgaben und Bedeutung von Strukturräten, in: Die Neue Gesellschaft 24, 456—458 (1977a).

ders., 1977: Strukturpolitik und überbetriebliche Mitbestimmung in: H. Ristock (Hg.), Mitte — Links. Energie, Umwelt, Wirtschaftswachstum, Bonn — Bad Godesberg, 77—88 (1977b).

Rodenstock, R., 1976: Macht und Verantwortung der Verbände in der Demokratie, Köln

Rothemund, H., 1977: In: Pressearchiv des Parteivorstandes der SPD v. 28.6.77

Scharpf, F. W., Die Funktionsfähigkeit der Gewerkschaften als Problem einer Verbändegesetzgebung, IIMV dp/78—21, Berlin

170

Scheer, H., 1977: Verbandsgesetzentwurf — Bangemann auf Biedenkopf-linie, in: Die Neue Gesellschaft 24, 114—117.

Scherer, P., 1977: Zwei Entwürfe für eine aussichtslose Politik, in: Der Gewerkschafter 9/1977.

Schultz, R., 1977: Arbeitnehmerkammern und Wirtschafts- und Sozialräte als Instrumente gesamtwirtschaftlicher Mitbestimmung in: aus politik und zeitgeschichte (B 22/77) v. 4.6.77, 13—21.

Schuster, D., 1976: Die Deutsche Gewerkschaftsbewegung, Düsseldorf (Hg.: DGB — Bundesvorstand)

Schwegler, L., 1977: Verbändegesetz auf Raten?, in: Vorwärts v. 20.1.77

Schröder, H. J., 1976: Gesetzgebung und Verbände, Berlin

Schweitzer, H., 1976: Biedenkopfs Anti-Gewerkschafts-Aktion ist gescheitert, in: SPD-Pressedienst v. 15.9.76

Seitenzahl, R., 1976: Gewerkschaften zwischen Kooperation und Konflikt, Frankfurt — Köln

Sozialdemokratischer Landespressedienst v. 14.7.1977 (Hg.: Landtagsfraktion und Landesverband der SPD Rheinland-Pfalz), Mainz

Sund, O., 1976: Biedenkopfs Bumerang, in: SPD-Pressedienst v. 9.9.1976.

Stolleis, M., 1978: Gemeinwohl und Minimalkonsens, in: aus politik und zeitgeschichte (B 3/78) v. 21.1.78, 37—45.

Witt, G., 1976: Bürgerinteressen ersticken im Verbändefilz der Union, in: Vorwärts v. 30.9.76

Wuthe, G., Junker, H., 1975: Demokratischer Sozialismus, in: Landeszentrale für politische Bildung NRW (Hg.), Demokratische Gesellschaft I. München, 127—236.

3. POSITIONEN

Günter Verheugen

3.1 Liberale und Verbände

Die Bundesrepublik Deutschland ist ein Verbändestaat. Dies ist vom Grundgesetz, dessen Geist entscheidend von Liberalen mit beeinflußt wurde, ausdrücklich so gewollt. Die Bestimmungen der Koalitionsfreiheit in dem Artikel 9 des Grundgesetzes gewährleisten das freie Entstehen und Wirken gesellschaftlicher Organisationen, die neben den politischen Parteien am politischen Willensbildungsprozeß mitwirken. Der demokratische und soziale Rechtsstaat verwirklicht sich in einer pluralistischen Ordnung, in der Verbände notwendige Funktionen wahrnehmen.

In sehr vielen Lebensbereichen ist heute der Staatsbürger nicht mehr in der Lage, seine Interessen selbst zu formulieren und durchzusetzen. Die zunehmende Komplexität der modernen Industriegesellschaft behindert die Vorstellung vom mündigen Staatsbürger, der selbst verantwortlich in allen ihn betreffenden und ihn interessierenden Lebensbereichen überall und permanent mitwirkt. Verbände sind deshalb für die Liberalen ein notwendiges Instrument zur Absicherung der Rechte und Freiheiten des Individuums in der Gesellschaft und gegenüber dem Staat. Indem nämlich Verbände stellvertretend für den Einzelnen legitime Interessen in den politischen Willensbildungsprozeß einbringen, leisten sie einen wichtigen Beitrag zu freiheitlicher, demokratischer Politik.

Dadurch, daß Verbände auch bei politischen Entscheidungen mitwirken, selbst politische Entscheidungen treffen (z. B. Tarifpolitik) oder politische Entscheidungen vollziehen, (z. B. in Sozialverbänden) üben Verbände in vielen Bereichen wesentliche Ordnungs-funktionen in der demokratischen Gesellschaft aus. Sie entsprechen damit dem liberalen Grundverständnis, das Ordnungsfunktionen nicht allein dem Staat überlassen will.

Der politische Liberalismus rechnet es sich als seinen Verdienst an, Freiheit und Würde der Person gegen den absolutistischen Staat und die feudale Gesellschaft erkämpft zu haben. Die liberale Verfas-sung der Bundesrepublik ist der vorläufige Sieg dieses Kampfes um Freiheit und Menschenwürde des Individuums gegen jede Art von In-stitutionen und Kollektiven und hier auch gegen Institutionen des Staates, wenn sie diese Werte antasten.

Der politische Liberalismus sieht sich deshalb ständig herausge-fordert, das zu verwirklichen, was er in der ersten These seines Ab-satzes zur liberalen Gesellschaftspolitik in den *Freiburger Thesen* formuliert: ,,Liberalismus nimmt Partei für Menschenwürde durch Selbstbestimmung. Er tritt ein für den Vorrang der Person vor der Institution. (...) Behauptung der Menschenwürde und Selbstbestim-mung des Einzelnen im Staat und Recht, in Wirtschaft und Gesell-schaft, gegenüber einer Zerstörung der Person durch die Fremdbe-stimmung und durch den Anpassungsdruck der politischen und so-zialen Institutionen waren und sind die ständige Aufgabe des klassi-schen wie des modernen Liberalismus.''

Die Sorge um die Freiheit der Person beschäftigt uns Liberale heute also nicht nur in seinem Verhältnis gegenüber dem Staat, son-dern auch gegenüber gesellschaftlichen Großorganisationen, seien es Parteien, seien es Verbände oder auch Großbetriebe. Schon 1958 formulierte Karl-Hermann *Flach:* ,,Es ist ja nicht nur der Staat, der immer mehr Zuständigkeiten an sich reißt, unsere privatwirtschaft-lich organisierten Großbetriebe unterliegen der gleichen Tendenz. Noch stärker trifft das natürlich für die Masse der Verbände zu, die in dem Aufbau von Bürokratie und dem Heranziehen immer neuer Aufgaben dem Staat nicht nachstehen. Wenn wir den einzelnen Men-schen vor der Übermacht der Bürokratie schützen wollen, müssen wir den Gesamtkomplex Großbetrieb — Verbändeherrschaft — Staat in Angriff nehmen und dürfen unsere Angriffsspitze nicht einseitig gegen den Staat richten.''

Der moderne soziale Liberalismus, bereits durch liberale Denker wie Lujo *Brentano* und Friedrich *Naumann* vorgedacht, wendet seine Aufmerksamkeit nicht nur, wie der klassische Liberalismus, auf das Verhältnis von Individuum und Staat, sondern bezieht die vielfältigen gesellschaftlichen Beziehungen zwischen Individuum und Gruppen in der Gesellschaft mit ein. Ausgangspunkt und Richtschnur bleibt dabei stets die Wahrung der Grundrechte und der Freiheiten der Individuen. Die im Grundgesetz garantierte Freiheit der Bildung und Betätigung gesellschaftlicher Interessenorganisationen entspricht diesem Grundsatz, weil erst die Organisation der einzelnen Interessen in Verbänden in weiten Bereichen deren Durchsetzung ermöglicht und damit die Grundrechte schützen hilft. Verbände sind demnach für den modernen Liberalismus unverzichtbare Wesensbestandteile einer freiheitlichen Demokratie, denn sie tragen mit dazu bei, daß die einzelnen Bürger die ihnen garantierten Freiheiten und Chancen im politischen Kräftespiel auch wirklich wahrnehmen können.

In der modernen Massengesellschaft ist direkte Demokratie eine Utopie. Demokratie in einem Staat von der Größenordnung der Bundesrepublik ist heute nur als repräsentative Demokratie denkbar, in der die politische Macht von den Bürgern auf Gruppen delegiert wird, die mit anderen Gruppen um diese Machtdelegation durch den Bürger konkurrieren. Aus den Erfahrungen der Weimarer Republik sind nun in das Grundgesetz ausschließlich repräsentative Elemente eingeflossen. Lediglich in einigen Landesverfassungen und in Kommunalsatzungen finden wir Möglichkeiten direkter Demokratie wie etwa Volksbegehren und Volksentscheide. Das Prinzip der reinen Repräsentation bedarf jedoch aus liberaler Sicht der Korrektur und Ergänzung. Warum?

Der Idee der repräsentativen Demokratie liegt jenes „Marktmodell — Pluralismus" (Gerhard Baum: Macht und Verantwortung der Verbände in der Demokratie. In: Liberal, Heft 5, 1976) zugrunde, nachdem das „Gemeinwohl", also das für die Gesamtgesellschaft nützlichste Resultat der Politik gewissermaßen automatisch aus dem freien Konkurrenzkampf und Konsensus der Interessen, die in Parteien und Verbänden organisiert und vertreten werden, ermittelt wird. Dabei würden in einer Art Arbeitsteilung den Parteien das gesamtpolitische Mandat, den Verbänden die Vertretung spezifischer Sonderinteressen zufallen. In der politischen Praxis der meisten pluralistischen Gesellschaftssysteme ist aber weder diese Arbeitsteilung noch die Automatik des Interessenausgleichs durchgängig zu beobachten. Vielmehr wird immer deutlicher, daß gerade jene Bürger, deren Interessen nicht organisierbar und damit in dieses Marktmodell einführbar sind, aus dem politischen Meinungs- und Willensbildungsprozeß ausgeschlossen sind. Dieses sind vor allem die sogenannten Randgruppen der Gesellschaft: Alte, Behinderte, Kinder, soziale Minderheiten...

Das repräsentative pluralistische Demokratiemodell wird für Liberale dort reformbedürftig und verlangt nach Ergänzung und Erweiterung durch neue Formen der Mitwirkungschancen, wo die Struktur des organisierten Interessenwettstreits eine angemessene Berücksichtigung der Interessen jener Randgruppen und Minderheiten nicht zuläßt. Liberale bringen deshalb den neuen spontanen Organisationsformen des Bürgerwillens, wie er sich in Bürgerinitiativen manifestiert, große Sympathien entgegen und sehen in ihnen nicht eine lästige Konkurrenz zu den bereits etablierten Parteien und Verbänden.

Ein weiterer Gedanke beherrscht die vergangene und gegenwärtige Diskussion der Liberalen und begründet deren Aufmerksamkeit für das Problem der Verbände: Die Rolle des Individuums in den gesellschaftlichen Großorganisationen einerseits und das Wettbewerbsgleichgewicht der Verbände untereinander und gegenüber dem Staat. Schon 1975 warnte Hans-Dietrich *Genscher* in seiner Rede auf dem Dreikönigstreffen unter Bezugnahme auf die *Freiburger Thesen* vor einer Entwicklung, die zu erheblichen Ungleichgewichten in der Interessenorganisation der Gesellschaft der Bundesrepublik Deutschland führt: „Es ist nicht mehr staatliche Willkür, die den einzelnen in seinen Rechten und Freiheiten bedroht, sondern es ist eine Tendenz aus der Gesellschaft in der Gesellschaft, die darauf hinausläuft, daß *mächtige Interessengruppen* den einzelnen Menschen völlig vereinnahmen und seine Rechte und Freiheiten für ihn und in seinem Namen, aber ohne wirkliche Legitimation ausüben". Hier setzt sich liberale Politik zum Ziel, unter allen Umständen individuelle Freiheitsrechte gegenüber Fremdbestimmungsdruck durch Bürokratien in den gesellschaftlichen Großorganisationen zu erhalten und andererseits den Handlungs- und Wirkungsspielraum demokratischer staatlicher

Organiationen vor mächtigen Interessenorganisationen abzusichern: „Die F.D.P. wird es nicht zulassen, daß die demokratischen Institutionen in ihrer Handlungs- und Wirkungsfähigkeit durch mächtige Organisationen eingeschränkt und gelähmt werden." (Hans-Dietrich *Genscher*).

Verbände können Freiheitsrechte des Einzelnen in der gesellschaftlichen Wirklichkeit durchsetzen, sie können sie aber auch bedrohen. Die notwendige und legitime Tätigkeit der Verbände in der demokratischen Gesellschaft bedarf deshalb aus liberaler Sicht einer deutlichen Unterstützung, aber auch klarer Kontrollen. Der Programmparteitag der F.D.P. in Kiel 1977 folgte deshalb den Vorschlägen der *Perspektivkommission* (Vorsitz: Gerhard *Baum*), in deren Überlegungen die Vorschläge der *Verbändekommission* (Vorsitz: Martin *Bangemann*) eingeflossen waren, und beschloß folgende These:

„Die Wahrnehmung der Interessen ihrer Mitglieder begründet den Auftrag der Verbände. Ziel liberaler Politik muß es folglich sein, Übermacht, Verselbständigung und Mißbrauch organisierter Interessen zu begegnen. Verbände, die den Anspruch erheben, im staatlichen Willensbildungsprozeß beteiligt zu werden, müssen ihre demokratische Legitimation nachweisen und stärkere Transparenz verbandlicher Aktivitäten im politischen Raum herstellen. Verfilzungen zwischen staatlichen Instanzen und Verbänden sind energisch zu bekämpfen."

Auch wenn in der Lobbyliste beim Bundestag etwa 900 Verbände seit einigen Jahren (1972) registriert sind, ist doch der Öffentlichkeit bisher trotz verschiedener Versuche der Wissenschaft nicht deutlich bekannt, welche gesellschaftlichen Interessen auf welchen Wegen, mit welchen Mitteln und mit welchen Ergebnissen auf die Gesetzgebung des Bundes und der Länder einwirken. Dem Bereich der Grauzone zwischen staatlicher und verbandlicher Tätigkeit wollen Liberale deshalb ihre besondere Aufmerksamkeit widmen. Hier gilt es wachsam die Entwicklung zu beobachten und Aufklärung zu betreiben.

Selbstverständlich müßte sein, daß Interessenorganisationen, die sich an öffentlichen Entscheidungen beteiligen, nach den gleichen demokratischen Spielregeln organisiert sind und handeln, die für die demokratischen Institutionen des Staates und die politischen Parteien Gültigkeit haben. Damit soll keineswegs die Behauptung vertreten werden, daß es im Bereich der staatlichen Organisationen und der politischen Parteien keinerlei Probleme der Bürokratisierung und Oligarchisierung gäbe. Die wachsende Kritik der Bürger etwa an der Verwaltungsreform macht auf deutliche Defizite auch in diesen Bereichen aufmerksam, und die Liberalen in Deutschland können auf eine starke Tradition in politischer Programmatik wie in politischer Praxis verweisen, die sich gleichermaßen auf staatliche Bürokratie wie auch auf die innerparteiliche Demokratisierung bezieht. Unabhängig davon, daß auch in diesen Bereichen die politischen Ziele der Liberalen heute noch nicht in vollem Umfang realisiert sind, werden sich wirtschaftliche und gesellschaftliche Großorganisationen und Verbände gefallen lassen müssen, an eben diesen demokratischen Grundsätzen gemessen zu werden, wenn sie als legitime Partner im Prozeß der politischen Willensbildung in einer pluralistischen Demokratie anerkannt werden wollen.

Die außerordentlich unterschiedliche Struktur der Interessenorganisationen in der Bundesrepublik macht aber die Regelung demokratischer Legitimation und Kontrolle der Verbände durch ein *Verbändegesetz* zu einem untauglichen Mittel. Allerdings drängen die Liberalen darauf, daß der Staat in all jenen Bereichen, in denen er entweder Aufgaben an Verbände delegiert oder die Mitwirkung von Verbänden zuläßt, demokratische Mindestanforderungen im Sinne des Grundgesetzes an die Verbände stellt. Beteiligung an Anhörungen, Zugang zu staatlichen Informationen, öffentliche Förderung, Berufung in Gremien und Beiräte, Übertragung von hoheitlichen und Leistungsaufgaben usw. sollten danach nur denjenigen Verbänden zugestanden werden, die demokratische Mindestvoraussetzungen als verpflichtend anerkennen und erfüllen. Derartige Forderungen haben nichts mit einer Gängelung oder Disziplinierung der Verbände zu tun. Ein Verbändegesetz birgt in der Tat die Gefahr in sich, die freie Betätigung der Verbände derart zu beschneiden, daß hier ein Teil der Freiheit auf der Strecke bleibt. Der Verdacht der Gängelung und Disziplinierung insbesondere der Gewerkschaften drängt sich auf, wenn man etwa einen Vorschlag der schleswig-holsteinischen Grundsatzkommission der CDU liest, wonach eine Sozialpflichtigkeit der Verbände im Artikel 9 des Grundgesetzes verankert werden sollte.

Die *Enquête-Kommission zur Verfassungsreform des Deutschen Bundestages* hat den Vorschlag, ein einziges Organ der Verbandsbeteiligung, einen Wirtschafts- und Sozialrat beim Bundestag zu installieren, abgelehnt. Dieser Beschluß erscheint uns richtig zu sein. Die Offenlegung und damit Kontrollierbarkeit des Verbandseinflusses auf die Gesetzgebung wird durch ein solches Organ nicht gefördert, sondern eher behindert. Es gilt also, die bestehenden Beteiligungsmöglichkeiten der Verbände am öffentlichen Meinungs- und Willensbildungsprozeß im Sinne einer größeren Beteiligung der Bürger zu verbessern, aber auch sichtbarer und transparenter zu machen.

Liberale erkennen die notwendige und legitime Rolle der Verbände in der pluralistischen Demokratie an und werden daher allen Versuchen entgegentreten, das freie Wirken der Verbände zu behindern und zu reglementieren. Allerdings endet die Freiheit des Wirkens der Verbände dort, wo individuelle Freiheitsrechte gefährdet werden. Es gilt deshalb, Mißbrauch von Verbandsmacht aufzuzeigen, das Recht auf Selbstbestimmung des Individuums in den Verbänden und die demokratische Legitimation und Kontrolle des Wirkens der Verbände untereinander und in Richtung auf den Staat zu fördern, Monopolisierungstendenzen im Verbändebereich entschieden entgegenzutreten und die ausreichende Beteiligung der vom bisherigen Verbändesystem nicht repräsentierten oder auch nicht organisierbaren Interessen sicherzustellen.

Liberale haben den liberalen Rechtsstaat erkämpft. Liberale verteidigen die Grundrechte und Freiheiten des Bürgers gegen alle Versuche der Fremdbestimmung durch große Organisationen und deren Bürokratien. Liberale werden weiterhin durch politische Aufklärung und Bildung dafür sorgen, daß die Zahl der selbstbewußten, aktiven und mündigen Bürger wächst, die ihre Freiheiten und Rechte kennen und ihre Interessen zu organisieren und durchzusetzen wissen, damit nicht jene politische Entwicklung eintritt, vor der Ernst *Fraenkel* schon vor 20 Jahren gewarnt hat:

„Erstarren die Gruppen und Parteien zu einer Fassade, hinter denen sich nichts anderes verbirgt als das Machtstreben der Bürokratien der Partei- und Gruppen-Apparate, dann verwandelt sich pluralistisch-demokratische Gesellschaft in eine Masse isolierter Individuen, deren politisches

Denken durch die Massenkommunikationsmittel uniform gebildet wird und deren politische Reaktionen unschwer mit Hilfe demoskopischer Untersuchungen ermittelt werden können."

Liberale haben die Gefahr erkannt, die sich aus dem freien Wirken der gesellschaftlichen Interessen ergeben können.

„Die Machtansprüche von Interessengruppen und Verbänden können dazu führen, daß die Souveränität und Autorität des Parlamentes ausgehöhlt wird, sie können aber auch dazu führen, daß der einzelne aufhört, als ein freies, sich selbst verantwortliches Individuum zu handeln und dieses Handeln der Gruppe überläßt." (Hans-Dietrich *Genscher*, 1975).

Die Bundesrepublik Deutschland darf kein „Moderner Ständestaat" werden. Weder der „Gewerkschaftsstaat", noch der „Unternehmerstaat", sondern der Staat aller Bürger ist das Ziel liberaler Politik; ihm dient die Sorge um die ausreichende Interessenvertretung der Minderheiten und Randgruppen der Gesellschaft, ihm dient die wachsame Aufmerksamkeit und entschiedene Bekämpfung jeden Mißbrauchs der Freiheit.

3.2. Verbände und Neue Soziale Frage

Mit der Verwirklichung und Fortentwicklung der freiheitlichen und demokratischen Grundordnung in der Bundesrepublik Deutschland ist die Bedeutung der großen gesellschaftlichen Gruppen und Verbände ständig gewachsen. Sie sind integraler Bestandteil unserer pluralistischen Gesellschaft. Die Gruppen und Verbände artikulieren und vertreten spezielle Interessen unterschiedlicher Bevölkerungsgruppen. Sie bilden wirksame Gegengewichte im Wettstreit mit anderen organisierten Interessen und sind bedeutsame Träger des Meinungs- und Willensbildungsprozesses in einer arbeitsteiligen Wirtschaft und Gesellschaft. In ihrer Funktion, den gesellschaftspolitischen Willensbildungsprozeß zu strukturieren und zugleich zwischen den staatlichen Institutionen und dem Bürger zu vermitteln, bilden die Gruppen und Verbände ein wichtiges Element gesellschaftspolitischer Stabilität.

Diese Thesen sind in der CDU unumstritten. In der jüngsten Vergangenheit hat die CDU mehrfach deutlich zum Ausdruck gebracht, was sich für sie als freiheitliche Volkspartei eigentlich von selbst versteht: die Bedeutung und Legitimation von Gruppeninteressen in der pluralistischen Gesellschaft der Bundesrepublik Deutschland. Ich greife nur drei programmatische Dokumente heraus:

Im *Berliner Programm* (1971) heißt es:

„Politische Parteien, gesellschaftliche Gruppen und organisierte Interessen sind notwendiger Ausdruck der lebendigen Vielfalt unserer politischen Ordnung; sie erweitern die Möglichkeit des Staatsbürgers, seine politische Meinung zu äußern und zur gemeinsamen Willensbildung beizutragen."

In der *Mannheimer Erklärung von 1975* haben wir festgestellt:

Verbände „gehören heute zu den unverzichtbaren, verfassungsrechtlich gesicherten Bestandteilen unserer offenen und pluralistischen Gesellschaft".

Und im *Entwurf für ein Grundsatzprogramm* hat der Bundesvorstand der CDU am 8. Mai 1978 formuliert:

„In einer freien Gesellschaft bestimmen die Verbände ihre Aufgaben im Rahmen der geltenden Rechtsordnung selbständig. Die Prinzipien der Demokratie gelten dabei auch für die innerverbandliche Verfassung. Je größer die Organisationen werden, um so wichtiger wird auch Schutz der Meinungsvielfalt und der Minderheiten. In einer pluralistischen Gesellschaft soll keine Organisation umfassende Zuständigkeit beanspruchen".

Diese Aussagen formulieren nicht nur die Meinung einer Partei, sondern das Selbstverständnis der pluralistischen Demokratie, wie es auch im Grundgesetz seinen Niederschlag gefunden hat. Dennoch bedeuten diese Aussagen eine wesentliche und doppelte Abgrenzung:

— erstens gegenüber jenen Kritikern des Pluralismus rechts und links, die in der Existenz von Gruppen eine Gefährdung der staatlichen Autorität oder des „einheitlichen Volkswillens" erblicken und eine harmonische, konfliktfreie, „klassenlose" Gesellschaft anstreben;
— zweitens gegenüber jenen einäugigen Pluralisten, die bei der Anerkennung der Verbände von vornherein eine Trennlinie ziehen zwischen Verbänden, die das Gemeinwohl (die Emanzipation, den Fortschritt, den Sozialismus etc.) fördern und anderen Verbänden, die nur ihre „eigennützigen" Interessen verfolgen, das Gemeinwohl gefährden und den Fortschritt verhindern — und die deshalb in ihrer Macht begrenzt werden müssen.

Die CDU bejaht die Verbände allerdings nicht im Sinne einer naiven Pluralismustheorie. Nur in einem naiven Verständnis von Pluralismus kann man heute noch davon ausgehen, daß die organisierten Interessen sich quasi automatisch zum Ausgleich bringen und so das Gemeinwohl verwirklichen. Auch die stillschweigende Annahme, daß alle Interessen der Menschen in gleicher Weise organisierbar seien, wird durch die Erfahrung gründlich widerlegt. Verbraucher, alte Menschen, Kinder, haben keine Lobby. Das Gleichgewicht zwischen organisierten und nichtorganisierten Interessen, zwischen Gruppeninteressen und Allgemeininteressen ist nicht vorgegeben, sondern stellt sich als politische Aufgabe immer neu.

Der Staat als Anwalt des Gemeinwohls hat die Aufgabe, dafür zu sorgen, daß die Nichtorganisierten in der Gesellschaft im Wettstreit um die verteilbaren materiellen und immateriellen Güter gegen die Organisierten nicht an die Wand gedrückt und existentiell gefährdet werden. Läßt die staatliche Politik sich jedoch z. B. von der Leitlinie des Konflikts Arbeit/Kapital tragen, kann sie in der Sozialpolitik diesem Anspruch nicht gerecht werden. Im Gegenteil: sie läuft Gefahr, soziale Konflikte und Interessengegensätze zugunsten der Organisierten, Artikulationsfähigen und zu Lasten der Nichtorganisierten, weniger Artikulationsfähigen zu entscheiden. Die Trennungslinie zwischen Arbeit und Kapital ist eben nicht deckungsgleich mit der Trennungslinie zwischen Organisierten und Nichtorganisierten. Einmal sind Kapitaleigner und Arbeitnehmer heute gleichermaßen in starken Verbänden organisiert, wobei sich beide Kontrahenten durch ‚unheilige Allianzen‘ Einkommensvorteile vermittels erhöhter Inflationsgrade zu Lasten Dritter verschaffen können. Diese Dritten sind keine vernachlässigbare Größe: immerhin befinden sich ca. 50 % unserer Bevölkerung nicht im Erwerbsprozeß. Zum anderen ist die Schablone Kapital/Arbeit nicht deckungsgleich mit dem vielschichtigeren und auch breiteren Interessenspektrum der Verbände. Wir haben dies als „Neue Soziale Frage" formuliert. Dazu heißt es in der *Mannheimer Erklärung* von 1975:

„Die für die Wohlfahrt des Landes erheblichen Interessen und Ansprüche werden allerdings nicht durch die organisierten Interessenvertretungen erschöpft. Weite Interessenbereiche werden durch Verbände oder Organisationen nicht ausreichend vertreten. Alte und junge Menschen, Kranke und Behinderte, aber auch wichtige Rollenfunktionen, wie die des Sparers oder des Bürgers im Verhältnis zur Verwaltung, finden häufig keine organisierte Fürsprache. Ihre Interessen sind im Konzert der organisierten Sonderinteressen benachteiligt. Sie angemessen zur Geltung zu bringen, ist eine wichtige Aufgabe des Staates und der politischen Parteien als Organe politischer Willensbildung."

Und im *Entwurf für ein Grundsatzprogramm:*

„Wir bejahen die Freiheit der gesellschaftlichen Vereinigungen und Verbände auch dann, wenn sie, wie die Tarifpartner, tief in die Belange des ganzen Volkes eingreifen. Aber in einem demokratischen Gemeinwesen gibt es kein Recht ohne Pflicht und keine Freiheit ohne Verantwortung, weder für den einzelnen Bürger noch für Gruppen. Die Sozialpflichtigkeit aller gesellschaftlichen Kräfte zu gewährleisten, ist eine Aufgabe des demokratischen Staates. Ihm obliegt es, die nichtorganisierten Interessen zu schützen."

Die Verbände haben Macht und Einfluß in Staat und Gesellschaft. Anders können sie ihre Aufgabe — die Interessen ihrer Mitglieder zu vertreten — auch gar nicht erfüllen. Mit der Machtfrage werfen sie aber zugleich die Frage nach der Kontrolle und Legitimation ihrer Macht auf. Es ist ein Grundprinzip der Demokratie, daß jede Macht der Kontrolle bedarf. Das zentrale Problem jedes freiheitlichen Gemeinwesens, die Kontrolle staatlicher, wirtschaftlicher und gesellschaftlicher Macht muß als Ganzes gelöst werden. Es genügt nicht, Macht und Machtmißbrauch in einem Bereich wirksam zu kontrollieren, in einem anderen Bereich aber naiv oder bewußt darüber hinwegzusehen.

Gegenüber *staatlichen* Eingriffen ist die Freiheit des einzelnen in unserer Rechtsordnung vielfältig und wirksam garantiert. Die liberale Staats- und Verfassungstheorie hat die Antwort gegeben auf die Frage, wie die gemeinsame Freiheit aller Bürger im Staat möglich ist. In der *Wirtschaft* hat die Soziale Marktwirtschaft den Nachweis für die freiheitsstiftende, machtkontrollierende Funktion des Wettbewerbs erbracht. Der soziale Ausgleich nach den Prinzipien der Sozialen Marktwirtschaft hat zudem mit der sozialen Sicherheit auch die Voraussetzung dafür geschaffen, daß Freiheit für alle sozialen Schichten nicht bloß formal und abstrakt bleibt, sondern auch konkret genutzt werden kann. Daß Mitbestimmung und Betriebsverfassung ebenso zur Sozialen Marktwirtschaft gehören wie die Wettbewerbsgesetzgebung, darf nicht vergessen werden. Die Soziale Marktwirtschaft und der freiheitliche und soziale Rechtsstaat lassen sich verstehen als Antworten auf die Frage nach der Kontrolle von Macht in Staat, Wirtschaft und Gesellschaft.

Ordnung von Staat und Wirtschaft haben sich als wirksame Garanten gegen den Mißbrauch staatlicher und wirtschaftlicher Macht erwiesen. Das bedeutet nicht, daß diese Aufgabe für immer gelöst ist. Die Mechanismen zur Machtkontrolle müssen laufend überprüft werden, weil Machtkonzentration und Machtmißbrauch schnell in bestehende Lücken der Machtkontrolle hineinwachsen. Aber die Verbesserung der Mechanismen kann doch auf die bewährten verfassungs- und ordnungspolitischen Prinzipien zurückgreifen.

Die ordnungspolitische Diskussion um die Verbände bewegt sich demgegenüber auf weniger gesichertem Terrain. Wir stecken noch in den Anfängen einer Ordnungstheorie und -politik der Verbände. Immerhin wissen wir immer mehr darüber, wie die Verbände tatsächlich nach innen und außen wirken. Die verbesserte Information über die Verbandswirklichkeit hat einige Legenden wie z. B. über die „Macht des Kapitals" und über den „Gewerkschaftsstaat" zerstört. Sie hat aber auch das Ausmaß aufgezeigt, in dem die Verbände staatliche Entscheidungsmechanismen durchdringen, öffentliche Funktionen übernehmen und den Erfolg staatlichen Handelns bedingen.

Erst der reale Einfluß der Verbände hat die Frage nach der Legitimationsgrundlage ihres Handelns und nach ihrem Verhältnis zur staatlichen Autorität entstehen lassen. Sofern der Staat durch hektische Ausdehnung seiner Aktivitäten immer neue Ansatzpunkte für den Zugriff der Verbände geboten hat, hat er sich die Probleme zum Teil selbst geschaffen. Es besteht ein Zusammenhang zwischen wachsender Ausdehnung der Staatstätigkeit bzw. der Staatsinterventionen und wachsender Verbandsaktivität und Verbandsmacht. Je größer der Umfang staatlicher Aufgaben, desto geringer die Durchsetzungsstärke des Staates. Ein Staat, der allen alles andient, hat gegenüber den gesellschaftlichen Gruppen an Autorität verloren. Dies gilt in besonderem Maße, wenn er Verantwortung für Bereiche übernimmt (Beispiel: Vollbeschäftigungsgarantie!) in denen Erfolg oder Mißerfolg staatlicher Politik vom Handeln der autonomen Gruppen abhängig ist.

Immer mehr Bürger bemerken, daß ein Staat, der immer mehr Aufgaben an sich zieht, in Wirklichkeit kein starker, sondern ein schwacher Staat ist. Staatliche Autorität ist nicht gleichzusetzen mit einer Überfülle staatlicher Aufgaben, die nur unvollkommen bewältigt werden können. Eine ähnliche Erscheinung zeigt sich im Verbandsbereich. Verbände, die glauben, für alle möglichen Interessen und Probleme Ansprüche anmelden zu können, erweisen sich letztlich als überfordert. Ein Verband mit einem umfassenden Vertretungsanspruch muß notwendigerweise in innere politische Konflikte geraten, deren Lösung besser im allgemeinen politischen Raum aufgehoben wäre. Ein konkretes Beispiel: es fragt sich, ob sich die Gewerkschaften einen guten Dienst erweisen, wenn sie sich als umfassende Interessenvertretung etablieren und zu allen politischen Themen Stellung nehmen: von der Außenpolitik bis zur Umwelt- und Verbraucherpolitik. In der Vergangenheit zeigte sich, daß die Gewerkschaften im Konfliktfalle doch — legitimerweise — die Interessen der Arbeitnehmer in den Vordergrund rückten. Die Gewerkschaften bleiben glaubwürdig, wenn sie sich auf die Vertretung der Arbeitnehmerinteressen beschränken und kein allgemeines politisches Mandat für sich beanspruchen.

Je umfassender der Vertretungsanspruch von Verbänden wird, desto schärfer stellt sich die Frage nach der innerverbandlichen Willensbildung. Wieweit sprechen sie in ihren Stellungnahmen noch für ihre Mitglieder? Die Ausdehnung des Verbandseinflusses hat auch das Verhältnis zwischen Verband und Mitgliedern zum Problem gemacht. Im Grunde haben wir es hier mit einem paradoxen Sachverhalt zu tun. Die Bürger schließen sich Verbänden an, um auf diese Weise ihre Macht und ihren Einfluß in der Politik zu vergrößern. Zugleich müssen sie erkennen, daß sie innerhalb des Verbandes oft über sehr wenig Einfluß verfügen, daß sich die Verbandsinteressen vielfach verselbständigen. Diese Frage nach der innerverbandlichen Demokratie ist zunächst eine Anfrage an die Verbände: es liegt in ihrem eigenen wohlverstandenen Interesse, die Rückkoppelung zwischen Führung und Mitgliedschaft immer wieder neu herzustellen.

Die Probleme der Verbände lassen sich nicht dadurch lösen, daß man den Blick allein auf die Verbände konzentriert. Zumindest in ebenso hohem Maße sind die Verbandsprobleme eigentlich Probleme des Staates und der Parteien. Es ist der wankelmütige, der häufig und unberechenbar intervenierende Staat, der zum Spielball der Gruppeninteressen zu werden droht. Ein Staat, der das Prinzip der Konstanz der Wirtschaftspolitik wieder zum obersten Prinzip seiner

Orientierung machen würde, ein Staat, der sich auf die notwendigen Staatsaufgaben zurückbesinnt, würde als Adressat von Forderungen weniger Angriffsflächen bieten. Es wäre also widersprüchlich, einerseits eine Beschränkung der Verbände zu verlangen, andererseits dem Staat aber immer neue Lasten und Verpflichtungen aufzuladen.

Die CDU hat als einzige politische Partei die Probleme des Verbandswesens als ordnungspolitische Aufgabe erkannt und im Sinne ihrer Grundwerte Lösungen gesucht. Diese bestehen nicht in Patentrezepten à la Verbändegesetz. Eine Stärkung der staatlichen Autorität kann nicht durch Gesetze verordnet werden, und die Auswirkung von Rechtsnormen auf die demokratische Willensbildung in einem Verband ist ebenfalls begrenzt.

Ein zentraler Ansatzpunkt für eine Ordnung des Verbandswesens ist eine kritische Überprüfung der Rahmenbedingungen in Staat, Wirtschaft und Gesellschaft, unter denen die Verbände wirken. Diese Bedingungen sind in hohem Maße Auswirkungen von drei ordnungspolitischen Grundentscheidungen:

1. Der ordnungspolitischen Grundentscheidung für den Bereich der Wirtschaft, insbesondere über das erwünschte Maß an Zentralisation und Dezentralisation der wirtschaftlichen Entscheidungen.
2. Der ordnungspolitischen Grundentscheidung über die Rolle des Staates, über Art und Ausmaß staatlicher Tätigkeit.
3. Eine klare Zuordnung von Kompetenzen und Verantwortlichkeiten nicht nur zwischen Staat und Wirtschaft, sondern auch zwischen Staat und Verbänden.

In dieser Richtung sind die Lösungen zu suchen.

3.3. Die Stellung der Verbände in der Demokratie aus der Sicht der parlamentarischen Praxis

Aufgrund eines Beschlusses des Bundestages vom 21. Sept. 1972 wird beim Präsidenten des Bundestages eine öffentliche Liste von Verbänden und deren Vertretern geführt, die Interessen gegenüber dem Bundestag und der Bundesregierung vertreten. Diese Liste wird jährlich veröffentlicht, zur Zeit sind etwa 800 Verbände registriert.

Wenn man sich diese Liste ansieht, bekommt man einen Eindruck davon, welche Vielfalt sich in der Lebenswirklichkeit hinter der Sammelbezeichnung „Verbände" verbirgt. In dieser Liste sind u. a. folgende Vereinigungen verzeichnet:

Bundesverband der Deutschen Industrie
Deutscher Gewerkschaftsbund
Bundesvereinigung der Deutschen Arbeitgeberverbände
Deutscher Bauernverband
Verein Deutscher Maschinenbau-Anstalten
Zentralverband des Deutschen Handwerks
Verband der Automobilindustrie
Deutscher Lehrmittelverband
Verband Deutscher Flugleiter
Aktion Bildungsinformation
Aktion Saubere Landschaft
amnesty international
Arbeiterwohlfahrt
Bund der Vertriebenen
Deutscher Naturschutzring
Deutsches Rotes Kreuz
Bundesverband Deutscher Gartenfreunde
Deutscher Laienspielverband
Deutscher Sportbund
Arbeitsgemeinschaft der Verbraucherverbände

Deutscher Frauenrat
Deutscher Mieterbund
Allgemeiner Deutscher Automobil-Club
Bundesverband der Motorradfahrer
Deutsche Fußgänger-Liga
Bundesarchitektenkammer
Verband Deutscher Ingenieure
Vereinigung der Tech. Überwachungsvereine
Westdeutsche Rektorenkonferenz

Die Liste enthält zu Recht nicht die öffentlich-rechtlichen Körperschaften, die kommunalen Spitzenverbände, die Kirchen sowie die
Industrie- und Handelskammern und die gesetzlich in Kammern organisierte Selbstverwaltung verschiedener Berufe (Anwälte, Architek-
ten und Ärzte).

Vereinigungen werden zu den verschiedensten Zwecken gebildet:
die Interessen der Industrie bzw. der Arbeitgeber werden genauso
vertreten wie die Belange der Arbeitnehmer und der Verbraucher,
Interessen der Angehörigen eines Berufes, sozialpolitische Interessen
bestimmter Personenkreise, karitative Zwecke und nicht zuletzt der
Freizeitbereich. Viele Vereinigungen erfassen ihre Mitglieder nicht
nur in einer eng begrenzten Interessenlage, sondern mit einem ganzen Bündel von Interessen: die Mitglieder einer Gewerkschaft sind
nicht nur Arbeitnehmer, sondern auch Verbraucher, die Mitglieder
des ADAC sind nicht nur Autofahrer, sondern auch Fußgänger und
Anwohner von Straßen. Schon an der Verschiedenheit ihrer Zweck-
bestimmungen zeigt sich, daß die Vereinigungen politisch nicht nach
denselben Maßstäben behandelt werden können. Aber eine Differenzierung nach Zwecken wäre willkürlich: der ADAC ist zwar auch ein
Freizeitverein, es liegt aber auf der Hand, daß ein Briefmarkenklub
oder ein Kleingärtnerverein politisch nicht nach den gleichen Kriterien behandelt werden kann. Auch die Mitgliederzahl ist für die politische Bewertung allein kaum geeignet. Der Verband der Flugleiter
mit 2 000 Mitgliedern hat eben mehr Macht als der etwa gleich starke
Verband der Heilpraktiker. Bereits jetzt kann als Zwischenergebnis
festgehalten werden, daß mit dem Etikett „Verbände" die Probleme
eher verdeckt als daß Anküpfungspunkte für die Lösung der Probleme geschaffen werden.

Die Kräfte im gesellschaftlichen Bereich sind Bestandteil unserer politischen Gesamtordnung, genau wie die staatlichen Organe nur ein Teil des gesamten politischen Systems sind; oder um mit Ferdinand *Lassalle* zu sprechen: sie sind Bestandteil der Verfassung genauso wie die Borsig-Werke in Berlin Bestandteil der Verfassung sind. Es ist ein Wesensmerkmal des freien Staates und einer freien Gesellschaft, daß jeder Bürger seine Interessen selbst bestimmen und nach seinen eigenen Vorstellungen verfolgen kann. Es ist völlig selbstverständlich, daß man sich mit anderen zusammenschließen kann, um Interessen gemeinsam zu verfolgen. Wenn solche Zusammenschlüsse spontan und auf einen konkreten Zweck begrenzt entstehen, hat sich die Bezeichnung Bürgerinitiativen eingebürgert; organisierte Interessenvertretungen können aber auch auf Dauer angelegt sein, sie werden dann in der Regel als Verband bezeichnet. Organisierte Interessenvertretungen erfüllen eine wichtige Aufgabe für die Bürger wie für die Politik: sie können Interessen artikulieren und Plattformen für die öffentliche Geltendmachung von Interessen schaffen, andererseits sind sie für die Parteien und das Parlament ein unverzichtbarer Partner. Die Parteien können auf ein ständiges Gespräch mit diesen Vereinigungen gar nicht verzichten, wenn sie eine politische Gesamtkonzeption für das ganze Volk zustande bringen wollen. Politisch bedeutsam wird es erst, wenn Vereinigungen wirtschaftliche und politische Macht über andere ausüben können, wenn man von einer „Herrschaft der Verbände" sprechen könnte. Die schwierigen Probleme, die beim Ausgreifen von Organisationen über den Bereich ihrer Mitglieder entstehen, lassen sich nicht allgemein durch einen Federstrich des Gesetzgebers lösen. Es bedarf vielmehr der ständigen Aufmerksamkeit für die Entwicklungen in unserer Gesellschaft, um die Belange des Einzelnen und der Allgemeinheit gegenüber dem Einfluß mächtiger Organisationen zu wahren.

Das Grundgesetz, die staatliche Verfassung, garantiert in Artikel 9 die Vereinigungsfreiheit. Die Väter des Grundgesetzes waren gut beraten, daß sie in der Verfassung nicht den Versuch gemacht haben, die Aufgabe der Verbände zu umreißen. Dies hätte nur dazu führen können, der Dynamik in unserer Gesellschaft Fesseln anzulegen, ohne daß dem Schutz des Einzelnen vor gesellschaftlicher Macht hätte gedient werden können. Es läßt sich eben nicht ein für allemal sagen, welche Aufgaben den Vereinigungen im gesellschaftlichen Bereich zuwachsen und welche Rolle einzelne Vereinigungen dabei zu übernehmen haben.

Das Grundgesetz garantiert in Art. 9 III das „Recht, zur Wahrung und Förderung der Arbeits- und Wirtschaftsbedingungen Vereinigungen zu bilden". Damit akzeptiert das Grundgesetz, daß Vereinigungen durch die Vereinbarung von Löhnen selbst Politik machen können. Das Grundgesetz nimmt es ebenso hin, daß der einzelne Unternehmer durch Festsetzung von Preisen Politik machen kann. Die Regelungsbefugnis der Parteien eines Tarifvertrages ist begrenzt. Die Allgemeinverbindlicherklärung ist die Regel: die Parteien eines Tarifvertrages schließen diesen in dem Bewußtsein ab, daß er für alle gelten wird. Formal können Vereinbarungen nur die Mitglieder der Tarifvertragsparteien binden, Kampfmaßnahmen dürfen sich nur gegen die am Tarifstreit Beteiligten richten. Zweifelsfrei hält sich der Streik in diesem Rahmen: Die Arbeitsniederlegung der Gewerkschaftsmitglieder richtet sich nur gegen das Unternehmen, also einen am Tarifstreit Beteiligten. Die Aussperrung als Kampfmittel der Arbeitgeber trifft nicht nur die Gewerkschaftsmitglieder, sondern auch nichtorganisierte Arbeitnehmer, also am Tarifstreit Unbeteiligte. Damit überschreiten die Arbeitgeber die Grenze ihrer Tarifmacht.

Daß dieses Prinzip der Beschränkung auf die Tarifpartner gleichzeitig die Grenze der Verbandsmacht im Tarifbereich markiert, erweist sich im übrigen an folgendem: der Tarifvertrag gilt nur für die Mitglieder der Tarifvertragsparteien; wenn er auch für Arbeitnehmer und Arbeitgeber, die diesen nicht angehören, verbindlich werden soll, bedarf es der staatlichen Sanktion in der Form der Allgemeinverbindlicherklärung durch den Arbeitsminister.

Ohne Frage wird von den Vereinigungen im gesellschaftlichen Bereich Macht ausgeübt. Vertreter der verschiedenen politischen Richtungen haben nach einem Verbändegesetz gerufen, vor allem mit der Begründung, die Macht der Vereinigungen müsse durch Vorschriften über eine demokratische Binnenstruktur transparent gemacht und begrenzt werden. Ohne die Vorfrage nach der Legitimation des Staates zu Regelungen dieser Art zu beantworten, wird dann das Gebot der internen Demokratie für die Parteien (Art. 21 GG) kurzerhand auf die Vereinigungen im gesellschaftlichen Bereich übertragen.

Soweit zu sehen ist, kennen alle Vereinigungen unserer Gesellschaft demokratische Formen bei der Bestellung von Organen, ohne daß dazu staatliche Vorschriften erforderlich wären. In Teilbereichen unserer Rechtsordnung, so im Vereins-, Gesellschafts- und Aktienrecht, gibt es auch gesetzliche Vorschriften darüber. Mit scheint es eine gemeinsame Grundüberzeugung in unserer Gesellschaft zu sein, daß Leitungsorgane von Vereinigungen in demokratischen Verfahren von den Mitgliedern bestimmt werden. Die Forderung des Godesberger Programms der SPD, die Demokratie müsse die allgemeine Staats- und Lebensordnung werden, ist insoweit Ausdruck dieser gemeinsamen Grundüberzeugung. Der Kampf der Arbeiterbewegung für die Rechte der Arbeitnehmer in Betrieb und Unternehmen hat deutlich gemacht, daß der Bereich des Arbeitslebens nicht ausgespart werden darf. Es wird noch vieler Bemühungen bedürfen, bis in allen gesellschaftlichen Bereichen alle von einer Entscheidung Betroffenen auch die Möglichkeit der Mitwirkung haben; dies gilt sowohl in der Wirtschaft als auch im Berufssport.

Wo sich Vereinigungen an demokratische Spielregeln halten und auch keinen Einfluß auf die Politik nehmen wollen, ist es überflüssig und sogar schädlich, die Willensbildung zu reglementieren. Es gibt aber Vereinigungen, die staatliche Aufgaben wahrnehmen (Technische Überwachungsvereine, Industrie- und Handelskammern, Ärztekammern usw.), Steuergelder erhalten (z. B. Deutscher Sportbund) oder aber auf den Gesetzgeber einwirken wollen. Das gemeinsame Merkmal dieser Art von Vereinigungen besteht darin, daß sie in ihrem Wirken über den Kreis ihrer Mitglieder hinausgreifen, obwohl das Handeln der Vereinigung von außen nicht beeinflußt werden kann. Aus demselben Grund, der Vorschriften über die innerparteiliche Demokratie rechtfertigt, wird man von diesen Vereinigungen verlangen müssen, daß sie die Spielregeln einhalten, die beim Handeln mit Wirkung für die Allgemeinheit gelten: nämlich demokratische Binnenstruktur und Toleranz gegenüber abweichenden Auffassungen. Es gibt weiter Vereinigungen, deren Wirken in der Weltöffentlichkeit für das ganze deutsche Volk steht, weil sie staatliche Symbole verwenden, z. B. sich „Nationalmannschaft" nennen und mit der Nationalhymne geehrt werden. Hier wird man verlangen müssen, daß sich diese Vereinigungen so zu verhalten haben, daß jeder Bürger sich repräsentiert fühlen kann. Nicht nur die Allgemeinheit, sondern auch mancher einzelne Bürger hat auf Auslandsreisen Nachteile hinnehmen müssen, weil sich Vereinigungen dieser Art nicht an die Spielregeln gehalten haben.

Es ist festzuhalten, daß Vereinigungen des gesellschaftlichen Bereichs, auch wenn sie noch so viele Mitglieder haben, und diese Mitglieder in noch so vielen Interessenlagen erfassen, immer nur einen Teil des Volkes repräsentieren. Zum Handeln für das gesamte Volk kann aber nur berechtigt sein, wer vom ganzen Volk dazu legitimiert ist: das gewählte Parlament und die von ihm bestellte Regierung. Dann, wenn Entscheidungen notwendig sind, die über den Bereich einer Vereinigung oder den Bereich, der durch Verträge zwischen Vereinigungen geregelt werden kann, hinausgreifen, kann allein das Parlament entscheiden. Vereinigungen können anregen, vortragen und zu Stellungsnahmen auffordern, sie können um Entscheidungen kämpfen, sie können aber nicht selbst Entscheidungen treffen.

Die Notwendigkeit der Begrenzung gesellschaftlicher Macht wird als weiterer Grund für ein Verbändegesetz genannt. Man muß sich darüber im klaren sein, daß es unter den gesellschaftlichen Kräften eine sehr empfindliche Machtbalance eigener Art gibt. Ein Element dieser Machtbalance ist die Multifunktionalität der meisten Vereinigungen, die schon in der internen Willensbildung zu einem teilweisen Ausgleich der Interessen ihrer Mitglieder führt. Der ADAC kann sich beispielsweise nicht darauf beschränken, nur schnelle Straßen zu fordern, er muß auch für sichere Gehwege und für den Lärmschutz an Straßen eintreten. Die Gewerkschaften können sich z. B. nicht darauf beschränken, Umweltschutz am Arbeitsplatz zu fordern, sondern müssen sich darüber im klaren sein, daß Aufwendungen für diese Zwecke bei Lohnverhandlungen von der anderen Seite präsentiert werden.

Ein weiteres Element dieser Machtbalance ist das Vorhandensein konkurrierender Vereinigungen sowie die Möglichkeit, neue Vereinigungen gründen zu können. Für die Erhaltung der Balance besonders wichtig ist die Auseinandersetzung mit Vereinigungen, die gegensätzliche Interessen vertreten. Hier führt das Gewicht des Gegenspielers zu einer Beschränkung der Macht des anderen. Im wirtschaftlichen Bereich ist das Vorhandensein von Konkurrenz besonders wichtig, dort ist aber auch das staatliche Instrumentarium besonders ausgefeilt: wo Kartelle diese Konkurrenz auszuschalten drohen, können sie verboten werden; es ist sogar zu überlegen, ob nicht trotz der Vereinigungsfreiheit, die Kartelle für sich in Anspruch nehmen, nicht nur eine nachträgliche, sondern eine präventive Kontrolle von Kartellen eingeführt werden muß. Wenn die Position eines Unternehmens auf dem Binnenmarkt zu stark oder zu schwach ist, kann der Staat durch Regelungen des Außenhandels die Konkurrenz des Auslandes begünstigen oder bremsen.

Vor diesem Hintergrund stellt sich die Frage, ob der Staat der Entstehung von Übergewichten entgegenwirken oder sogar die Machtbalance der gesellschaftlichen Kräfte gewährleisten kann und soll. Ganz typisch dafür sind die ständigen Bemühungen um eine Verbesserung des kartellrechtlichen Instrumentariums. Die seit Jahren andauernde Diskussion um ein Presserechtsrahmengesetz zeigt, mit welch schwierigen Problemen wir es zu tun haben.

Angesichts der Vielfalt der Erscheinungen ist es sehr zweifelhaft, ob das Instrument des Gesetzes, das nur für alle gleichermaßen gelten kann, dazu überhaupt geeignet ist. Es ist nicht zuletzt aber auch fraglich, ob die Integrationsfähigkeit der Politik nicht Schaden nehmen wird, wenn der Staat Verantwortung für Fehlentwicklungen im gesellschaftlichen Bereich, die er nicht beeinflussen konnte, aufgeladen bekäme.

Es wurde schon mehrfach darauf hingewiesen, daß Vereinigungen im gesellschaftlichen Bereich immer nur ein Teil der Bevölkerung sind und diese auch nur mit einem Teil ihrer Interessen vertreten. Zwischen diesen Interessen kann es zu Reibungen und Konflikten kommen. Es muß deshalb eine Stelle vorhanden sein, die Interessenkonflikte entscheiden kann. Es ist Aufgabe des Bundestages, die verschiedenen Interessen transparent zu machen und dann eine begründete Entscheidung zu treffen. Wo der Rechtsbereich anderer berührt wird, können die Vereinigungen im gesellschaftlichen Bereich nichts mehr regeln, hier bedarf es der Entscheidung des Parlaments, das allein zum Handeln für das Ganze legitimiert ist.

In der komplexen Industriegesellschaft des ausgehenden 20. Jahrhunderts hat der Staat zunehmend Aufgaben der Sozialgestaltung und Verantwortung für Wirtschaft und Konjunktur übernommen.

Das hat zur Folge, daß Parlament und Regierung mehr als früher die Auswirkungen politischer Entscheidungen zu berücksichtigen haben. Eine verantwortliche Entscheidung kann nur getroffen werden, wenn man die Konsequenzen kennt und dann entscheidet, ob diese hingenommen werden sollen. In unserer Gesellschaft gibt es keine Stelle, bei der das gesammelte Wissen über Gesellschaft und Wirtschaft verfügbar ist und nur abgerufen zu werden brauchte. Vielmehr ist der Sachverstand in unserer Gesellschaft jeweils nur in Teilbereichen mobilisierbar; politisch bedeutsam ist weiter, daß Sachverstand und Interessenvertretung miteinander gekoppelt sind. Anders als der Sachverständige bei Gericht ist der für die politische Entscheidung benötigte Sachkundige an der Entscheidung interessiert und von ihr betroffen. Parlament und Regierung müssen deshalb Verfahren entwickkeln, die sicherstellen, daß die widerstreitenden Interessen transparent gemacht werden und ein echter Interessenausgleich zustande gebracht wird. Es muß verhindert werden, daß Einzelne oder Vereinigungen dem Gesetzgeber ihre Interessen unterschieben können. Die Möglichkeiten, auf das Parlament Einfluß zu nehmen, sind vielfältig: Interessenverbände können ihren Vertreter im Parlament haben, sie können auf einzelne Abgeordnete Einfluß nehmen (Berichterstatter!), sie können nicht zuletzt die Entscheidung durch Stellungnahmen und Informationen gegenüber dem Bundestag und seinen Ausschüssen zu beeinflussen versuchen. Eine große Rolle spielt weiter, daß Einfluß auf die Ministerialbürokratie genommen werden kann, denn die überwiegende Anzahl der Gesetzentwürfe sind Regierungsvorlagen. Andererseits ist die Regierung darauf angewiesen, das interessengebundene Sachwissen zu nutzen. Deshalb bestimmt die gemeinsame Geschäftsordnung der Bundesministerien (Besonderer Teil) in § 24, daß „die Vertretungen der beteiligten Fachkreise oder Verbände unterrichtet und um Überlassung von Unterlagen gebeten werden sowie Gelegenheit zur Stellungnahme erhalten" können. Bislang werden die eingegangenen Stellungnahmen dem Parlament nur auf Verlangen vorgelegt. Es könnte der Transparenz der Entscheidung durchaus dienlich sein, wenn bei der Einbringung wenigstens der politisch bedeutsamen Gesetzentwürfe die Stellungnahme der Interessenverbände beigefügt würde.

Es ist dann vor allem Aufgabe der vorbereitenden und begleitenden Arbeit der Fraktionen, diese verschiedenen Stellungnahmen zu verarbeiten. Die Bundestagsfraktion der SPD hat sich wiederholt in Klausurtagungen mit einer Materie intensiv befaßt und Interessenvertretern und Sachverständigen dabei Gelegenheit gegeben, ihre Position darzustellen. Die entscheidende Phase der Sacharbeit des Parlaments liegt in den Ausschüssen, wo die Experten der Fraktionen miteinander um die bestmögliche Lösung eines Problems ringen. Der Bundestag hat sich in seiner Geschäftsordnung das Instrument der öffentlichen Anhörung ("Hearing") geschaffen, damit die betroffenen Interessen vor aller Öffentlichkeit auf den Tisch gelegt werden und die Entscheidung des Parlaments transparent wird. Der Innenausschuß des Bundestages hat 1969 bis 1976 unter meiner Leitung dieses Instrument mit großem Erfolg benutzt, insbesondere bei der Gesetzgebung zum Umwelt- und Datenschutz. Das Hearing kann als Instrument parlamentarischer Arbeit erfolgreich eingesetzt werden, wenn folgende Bedingungen eingehalten werden:

1. Die entscheidenden Fragenkomplexe müssen vorbereitet werden,
2. die Auskunftspersonen müssen vorbereitende Stellungnahmen abgeben,
3. jede Auskunftsperson muß zu erkennen geben, in wessen Interesse oder Auftrag sie ihre Stellungnahme abgibt,
4. Vertreter des „Gegeninteresses" müssen präsent sein,
5. Wissenschaftler müssen hinzugezogen werden.

Der Ausschuß war dann in der Lage, die unterschiedlichen Meinungen der Vertreter der gegensätzlichen Interessen und der Wissenschaft zu ermitteln. Es kam mehrfach zu harten Kontroversen, die die Tragweite der zu treffenden Entscheidung deutlich zutage treten ließen, und es kam auch dazu, daß die Interessengebundenheit von Wissenschaftlern offenkundig wurde. Harte und ehrliche Interessenvertretung ist durchaus positiv zu bewerten, denn sie vermittelt ein zuverlässiges Bild. Wenn die Arbeitgeber z. B. bei der Einführung der Lohnfortzahlung für Arbeiter im Krankheitsfall angegeben haben, diese Maßnahme koste etwa 5 Milliarden DM, dann konnte der Gesetzgeber sicher sein, daß sie nicht mehr kostet. Tatsächlich lagen die Kosten später bei ziemlich genau 5 Milliarden DM.

Die Zusammenarbeit zwischen Gesetzgeber und Interessenvertretern ist eine auf Dauer angelegte Beziehung. Deshalb sollten die Manipulationsmöglichkeiten auch nicht überschätzt werden: ein Interessenverband, der zu manipulieren versuchte, wäre für die Zukunft diskreditiert und seiner Wirkungsmöglichkeiten beraubt; er wird deshalb bemüht sein, den Verdacht der Manipulation gar nicht erst aufkommen zu lassen. Als weitere Bedingung für Transparenz hat sich herausgestellt, daß das Protokoll des Hearings für interessierte Bürger in ausreichender Zahl zur Verfügung stehen muß. Die Protokolle der wichtigsten Hearings des Innenausschusses wurden in einer Auflage von ca. 50 000 Stück in der Reihe „Zur Sache" des Pressezentrums des Bundestages veröffentlicht und stehen interessierten Bürgern kostenlos zur Verfügung. Ein so umstrittenes Thema wie die friedliche Nutzung der Kernenergie ist vom Innenausschuß schon im Dezember 1974 nach allen Seiten ausgeleuchtet worden, und zwar bewußt unter der Überschrift „Das Risiko Kernergie". Das Protokoll des Hearings enthält eine Fülle von Argumenten, die eine Einschätzung der biologischen, technischen, rechtlichen wirtschaftlichen und ökologischen Probleme ermöglichen. Wie groß das Informationsbedürfnis der Bürger war, hat sich daran gezeigt, daß die Auflage von über 50 000 Stück sehr schnell vergriffen war. Mit der öffentlichen Anhörung hat das Parlament unter den geschilderten Voraussetzungen die Möglichkeit, zur Versachlichung der öffentlichen Diskussion beizutragen. Gerade die Hearings geben die Möglichkeit zu breiter Sachinformation; es ist aber leider festzustellen, daß die Massenmedien ihren Auftrag, die Vermittlung der parlamentarischen Diskussion zum Bürger hin zu leisten, in diesem Bereich nur unzulänglich erfüllen.

Um sichtbar zu machen, inwieweit Vertreter von Interessen unmittelbar im Parlament vertreten sind, hat der Bundestag Verhaltensregeln für Abgeordnete beschlossen. Danach hat jedes Mitglied des Bundestages seinen Beruf einschließlich der Personen, Firmen, Institutionen oder Vereinigungen, für die es beruflich tätig ist, anzugeben. Diese Angaben werden im Amtlichen Handbuch des Bundestages veröffentlicht. Weiter bestehen bezüglich vergüteter Nebentätigkeiten sowie von Vertragsbeziehungen mit Verbänden, Firmen und Organisationen Anzeigepflichten gegenüber dem Präsidium des Bundestages.

Zusammenfassend ist festzustellen, daß die Politik in der Entscheidung von Interessenkonflikten nur unabhängig bleiben kann, wenn es gelingt, die beteiligten Interessen transparent zu machen und vor der Öffentlichkeit die Argumente darzulegen, die die Entscheidung des Gesetzgebers tragen. Unzulässige Einflußnahme läßt sich nicht durch gesetzliche Kautelen oder Verbote verhindern. Wer dies meint, unterliegt einer Selbsttäuschung, denn dann würde man sich andere Wege der Beeinflussung der Politik suchen, die der öffentlichen Kontrolle entzogen wären. Die Illusion, mit gesetzlichen Verboten des Problems Herr werden zu können, ist vielmehr geeignet, die Wachsamkeit vor Einflüssen mächtiger Verbände zu verringern. Es ist der Vorschlag gemacht worden, die Verbände gesetzlich auf das Gemeinwohl zu verpflichten. Dieser Vorschlag bedeutet nichts anderes, als eine über Art. 9 GG hinausgehende Einschränkung der Vereinigungsfreiheit, denn Art. 9 GG läßt jede organisierte Interessenvertretung zu, die nicht gegen Strafgesetze, die verfassungsmäßige Ordnung und den Gedanken der Völkerverständigung verstößt. Es wäre auch ein Widerspruch in sich: denn es ist eine Sache, Interessen zu vertreten, und eine andere Sache zu entscheiden, inwieweit den Interessen Rechnung getragen werden soll. Verbandsvertreter können auch gar nicht legitimiert sein, das Gemeinwohl zu definieren, denn ihnen fehlt die Legitimation zum Handeln für das gesamte Volk. Diese Legitimation hat allein das Parlament.

In unserem Staat sind die Bürger und ihre Zusammenschlüsse frei, ihre Interessen offen zu vertreten. Mit gutem Grund hat sich das Grundgesetz einer Regelung der Aufgabe der Verbände enthalten. Es hat sich gezeigt, daß die Vielgestaltigkeit in der sozialen Wirklichkeit es gar nicht zuläßt, die Tätigkeit der Verbände gesetzlich zu regeln, denn ein Gesetz könnte nur für alle gleichermaßen gelten. Auch die erwünschte demokratische Binnenstruktur verlangt keine besondere gesetzliche Regelung.

Die Politik darf die Verbände allerdings nicht sich selbst überlassen. Wenn Verbände Regelungen getroffen wissen wollen, die Dritte berühren, dann dürfen sie diese Dinge nicht selbst regeln, dann bedarf es eines Gesetzes, das nur das Parlament beschließen kann. Das Parlament hat die verschiedenen Interessen transparent zu machen und zu einem Ausgleich zu bringen. Damit wird gleichzeitig ein Forum geschaffen, auf dem die Vorstellungen der verschiedenen Interessenverbände einer öffentlichen Diskussion und Kritik ausgesetzt werden. Das Parlament hat sich in dieser politischen Führungsaufgabe stets auf Neue zu bewähren.

3.4. Die Demokratie der organisierten Interessen

Seit der Auseinandersetzung, die Bundeskanzler *Brandt* mit den unternehmerischen Organisationen geführt hat, nachdem führende Unternehmer (allerdings nicht die Verbände) in einer Anzeigenaktion die Politik seines Kabinetts kritisiert hatten, ist es um das Thema des sogenannten „Verbändestaates" fast zu still geworden. Die Versuche aus Kreisen der FDP, ein Verbändegesetz in den Bundestag hineinzutragen, um den Einfluß der gesellschaftlich-wirtschaftlichen Organisationen auf Legislative und Exekutive durch ein Mehr an Öffentlichkeit zu kontrollieren und auf der anderen Seite Maßstäbe für die demokratische Struktur der Interessenorganisationen zu setzen, sind steckengeblieben. Auch das Interesse der Jungen Union, die, vor allem in Norddeutschland, bereit war, die Verbandskontrolle zum Thema einer innerparteilichen Diskussion in der CDU zu machen, ist seit einigen Jahren erlahmt.

Auf den ersten Blick ist das erstaunlich. Denn in der ersten Hälfte der siebziger Jahre standen zwei Gesetze im Mittelpunkt der Auseinandersetzung, bei denen Interesse und Einfluß der Verbände eine maßgebende Rolle spielten: das Berufsbildungsgesetz und das Mitbestimmungsgesetz.

Während der zeitweise hart umkämpften Regierungsvorlage zur Reform der Berufsbildung waren es die Verbände und Organisationen der Wirtschaft, deren Aktivität auf um so schärfere Kritik bei der führenden Regierungspartei, dem Bundeskanzler persönlich und den Gewerkschaften stieß, als sie sich mit ihrem Widerstand gegen die Regierungsvorlage im wesentlichen durchsetzten, was zur Ablösung des Bildungsministers *von Dohnanyi* und indirekt später zum Rücktritt seines Nachfolgers führte. Freilich zeigt die Entwicklung heute klarer als damals, daß es sich eigentlich wesentlich weniger um einen „Verbandssieg" handelte, als um das Scheitern der Bildungsreform, die, mangelhaft durchdacht und finanzpolitisch verfehlt, die Berufsbildung als Kern des modernen Bildungswesens vernachlässigt hatte und nun in den Schatten der weltwirtschaftlichen Rezession geriet. Auch dann, wenn die ursprüngliche Regierungsvorlage den Bundestag passiert hätte, wäre das Gesetz nicht angewandt worden. Denn inzwischen kam es nicht mehr auf ein Schrumpfen der betrieblichen Ausbildung zugunsten der Schule an, sondern auf das Gegenteil: die Förderung und Ausdehnung der Betriebsausbildung, koste es was es wolle.

Denkwürdiger ist allerdings die Tatsache gewesen, daß die Diskussion um das Mitbestimmungsgesetz nicht zu einer Wiederbelebung der Entwürfe zu einem Verbändegesetz geführt hat. Denn unter anderem haben die unternehmerischen Organisationen ihre Ablehnung mit der Gefahr eines „Gewerkschaftsstaates" begründet. Mit dem Schlagwort „Gewerkschaftsstaat" sollte darauf hingewiesen werden, daß die deutsche Einheitsgewerkschaft ihren erheblichen Machtzuwachs nicht mit einer entsprechenden Verantwortung verbinden, sondern „frei" bleiben wolle. Auf die Einzelheiten kommt es in diesem Zusammenhang nicht so sehr als auf die Tatsache an, daß es, trotz scharfer Zurückweisung des Vorwurfs, sie strebten eine besondere Machtposition an, gerade die Gewerkschaften waren, die ein Verbändegesetz am entschiedensten abgelehnt haben. Die unternehmerischen Organisationen hatten sich damit begnügt, es als überflüssig und in den entscheidenden Punkten für unwirksam für eine Kontrolle der Verbände zu halten. Es waren ja auch — sieht man von der Mitbestimmungsforderung ab, deren Durchsetzung den Gewerkschaften in der Tat eine im Vergleich zu allen anderen westlichen Staaten überragende Machtposition verschafft hat — keine Konflikte zwischen Regierung und Parlament auf der einen und den autonomen Gruppen auf der anderen Seite, die auch nur rückblickend eine Verbandskontrolle erforderlich gemacht hätten. Auf der anderen Seite bildeten die Verbände in den Augen vieler Abgeordneter ein Gegengewicht gegen den wachsenden Einfluß der Ministerialbürokratie auf die parlamentarische Willensbildung.

Hier, an diesem immer neuralgischer gewordenen Problem, liegt eine der wesentlichen Ursachen für das Abklingen der Diskussion über Macht und Einfluß der Verbände: anstelle der vor zehn Jahren noch beinahe als „klassisch" empfundenen Spannung zwischen der Parteiendemokratie und dem Pluralismus der organisierten Interessen ist es eine Verwachsung von Parteienstaat und Verwaltungsstaat, die verfassungspolitisch wesentlich schwerer wiegt. Die Parteien sind mehr und mehr in das Kraftfeld der Bürokratie geraten. Das läßt sich schon an dem rapiden Anschwellen der Gesetzgebung ablesen. Sie ist sicherlich ein Zeugnis parlamentarischen Fleißes. Aber das Ausmaß dieses Fleißes wird von der Ministerialbürokratie programmiert. In ihrer Hand ist die Gesetzgebungsinitiative. Hinter dem Gesetz folgt dann die Ausstattung des Gesetzes durch eine Fülle von Verordnungen, Richtlinien und anderen autoritativen Interpretationen zur Rechtsanwendung. Dieser Prozeß zwingt übrigens die Verbände und Organisationen der Wirtschaft ihren Mitgliedern einen besonderen Service für die Praxis des Verkehrs mit dem Verwaltungsstaat zu bieten.

Eine zweite Ursache liegt im Näherrücken des Verbandswesens an den Staat. Die Pluralismusdiskussion, soweit sie nicht unter polemisch-ideologischen Vorzeichen stand, entwickelte sich an den Schaubildern der *Adenauer*schen Kanzlerdemokratie. Er hat die „pluralistische Demokratie" bewußt neben den Parteienstaat gestellt. Er behandelte sie als ein Element zur Festigung seiner Mehrheit und sah in der Möglichkeit, mit Verbänden direkt zu verhandeln, eine Stärkung seiner Autorität in Parlament, Kabinett und seiner eigenen Partei. Aber auch seine Partei sollte sich des „vorpolitischen Raumes" — eine ihren Sinn verbergende Vokabel der Aera *Adenauer*, die heute fast ungebräuchlich geworden ist —, vor allem des kirchlichen und kommunalen Vereinswesens, annehmen und tat das auch mit Erfolg. Die Großverbände wurden, auf ihre Interessen fixiert, in den Dienst der Kanzlerdemokratie gestellt — mit der besonderen Funktion der Stabilisierung der öffentlichen Meinung. Auch die Gewerkschaften waren in dieses Konzept integriert. Das mehrheitsstabilisierende Resultat dieser Strategie schien damals so überzeugend, daß eine Partei wie die SPD, die sich in großen Teilen noch immer als „Arbeiterbewegung" verstand, „Volkspartei" werden wollte: Volkspartei werden, hieß sich dem Pluralismus der Interessen öffnen.

Seinen vorläufigen Höhepunkt erlebte der Pluralismus der organisierten Interessen mit der Verabschiedung des Gesetzes zur Sicherung von Stabilität und Wachstum der Wirtschaft. Die Formierung der Sozialen Marktwirtschaft zu einem Stabilitätssystem hatte schon Ludwig *Erhard* angestrebt. Seine Formel von der „Formierten Gesellschaft" war weder antiliberal noch antipluralistisch gedacht. Sie wies allerdings auf eine gewisse Verantwortlichkeit der großen Organisationen gegenüber der Demokratie hin. So scharf die „Formierte Gesellschaft" ideologisch umkämpft wurde, so selbstverständlich vollzog der Bundestag mit seinen Parteien — die Große Koalition — den Übergang zum Stabilitätssystem. Eines seiner Kernstücke, die „Konzertierte Aktion", mutete fast wie eine Intonierung der Formierten Gesellschaft an.

Allerdings täuscht das ideologische „Sum-Sum" dieser Jahre über die eigentliche Motivation dieses Übergangs: Sie war kaum innerpolitischer Natur, sondern ergab sich im Blick auf die ersten großen Inflationsschübe, die damals schon das Weltwährungssystem ins Wanken brachten — für ein derartig auf Exporterfolge angewiesenes Land eine tödliche Gefahr.

Das Stabilitätsgesetz und die von ihm eingerichtete Konzertierte Aktion haben Konflikte der Verbände untereinander und mit den jeweiligen Regierungen nicht verhindert, aber sehr weitgehend, durch den im Gesetz vorgesehenen Kommunikations- und Informationszwang, entschärft. Allerdings ist nicht zu übersehen, daß damit dem Parlament die Verantwortlichkeit für einen wichtigen Aspekt der sozial-ökonomischen Politik entzogen wurde. Darin lag freilich kein Kompetenzentzug, wohl aber eine „Entlastung", in deren Hinnahme sich die Schwäche des Parlamentarismus offenbart.

Das Stabilitätssystem selbst zeigte seit dem Beginn der siebziger Jahre zunehmende Funktionsstörungen. Einmal scheute sich die Regierung, die darin vorgesehenen Instrumente der Globalsteuerung konsequent und rechtzeitig einzusetzen. Mit dem Zusammenbruch des Systems von Bretton *Woods* und der Einführung freier Wechselkurse ging die Steuerung des Systems mehr und mehr auf die Bundesbank und ihr monetäres Navigationssystem über. Aus der Konzertierten Aktion wurde eine Reisegesellschaft mit schlechter Laune. Die Stimmung der Gewerkschaften besserte sich auch dadurch nicht, daß sie zeitweise allein am Kapitänstisch Platz nehmen durften.

Während das Stabilitätssystem noch funktionierte, änderte sich das politische Bild des Pluralismus. Seine Inanspruchnahme durch den Staat hatte seine ursprüngliche Farbigkeit verblassen lassen. Die Verbände legitimierten sich mehr und mehr durch ihr Verhältnis zur Regierung, zum Parlament und zur Ministerialbürokratie. Taktische Einstellungen ersetzten das frühere Bestreben nach einer originären Politik. Außenstehende Kritiker mißverstanden das als Lobbyismus. Davon konnte nicht ernsthaft die Rede sein.

Es handelte sich vielmehr um das Hervortreten des Verwaltungsstaates, der begann, die Verbände, ihren Sachverstand und ihre Beziehungen zur „Basis" arbeitsteilig für sich in Anspruch zu nehmen. In den sechziger Jahren hatte der Bundestag für seine Ausschüsse das amerikanische System der Hearings übernommen. In diesen Hearings sollte auch der Verbandseinfluß öffentlich zum Ausdruck kommen und auf seine fachliche und allgemeinpolitische Qualität überprüft werden. Seit den siebziger Jahren beginnt die Ministerialbürokratie selbst, Hearings zu veranstalten, beinahe eine Art konzertierte Aktion auf Kosten des Parlaments. Es ist nicht schwer, eine Fülle analoger Tatbestände für diese Tendenz zu finden.

Neben dem Hervortreten der „bürokratischen Demokratie" ist ein Moment zu registrieren, das von mindestens der gleichen Bedeutung ist: die Transformation des politisch profilierten Pluralismus in ein dualistisches System. Das ist ein Prozeß, der hier nicht in der notwendigen Breite dargestellt werden kann. Er ist nicht Ergebnis sozialer Konfliktsituationen, vor allem nicht einer erneuerten Klassenkampfsituation. Es handelt sich vielmehr um einen neuen, aus dem Regierungssystem kommenden politischen Stil. Willy *Brandt* hat ihn als Kanzler gefördert, weil ein solcher Dualismus ideologisch „einfach" zu handhaben schien, und Helmut *Schmidt* spielt ebenfalls lieber mit zwei als mit mehreren Bällen. Er hat ihn auch dem Ausland gegenüber als „Deutsches Modell" vorgestellt. Entsprechend änderte der Begriff „Consensus" seinen Sinn: er wurde immer weniger pluralistisch als dualistisch verstanden. Der DGB verließ nun seinerseits die pluralistisch inszenierte Konzertierte Aktion, nach außen hin als Protest gegen das Verhalten der Arbeitgeber. Aber gerade mit den Arbeitgebern wollte er auch in Zukunft konferieren – aber „dual", nicht im Pluralismus mit den anderen. Sollte sich dieser Trend verstärken, so wäre eine wichtige Zäsur erreicht.

Aber dies alles zeigt auch, daß die Zeit für ein Verbändegesetz nicht reif ist Die Verbände, von denen dabei die Rede ist, sind entweder zu schwach oder zu stark dazu. Der Verwaltungsstaat, die ,,bürokratische Demokratie", wäre keine kompetente Aufsicht über die Verbände, sondern würde sie noch mehr als bisher als Stütze für sich selbst in Anspruch nehmen. Die politischen Parteien, um ihre ,,Basis" besorgt, können sich Distanz zu den großen Organisationen, vor allem, wenn es sich um Massenverbände handelt, nicht leisten. Aber auch der transitorische Charakter des Interessenpluralismus läßt sich durch ein Gesetz nicht festhalten.

Heinz O. Vetter

3.5. Vom „Gewerkschaftsstaat" zum Verbändegesetz

I

Vorbereitet durch eine publizistisch-literarische Offensive gegen einen angeblich unmittelbar bevorstehenden „Gewerkschaftsstaat" sind verschiedene politische Vorstöße zu einer Verbändegesetzgebung unternommen worden. Dabei ist nicht zu übersehen, daß Überlegungen und Konzepte, die aus den Reihen der F.D.P. gemacht worden sind, durchaus solchen aus der CDU/CSU ähneln.

Bezieht man sich allerdings auf die Beschlußlage der politischen Parteien und auf offizielle Äußerungen ihrer führenden Repräsentanten, könnte man sich in der Sicherheit wiegen, die Verbändeproblematik sei „vom Tisch". Die Freien Demokraten hatten in den „Kieler Thesen" im November 1977 beschlossen, daß „zur Sicherung demokratischer Legitimation und zur Kontrolle der Verbände... nach liberaler Auffassung ein Verbändegesetz nicht erforderlich" sei. Und der stellvertretende F.D.P.-Vorsitzende Uwe *Ronneburger* bestätigte in seiner Begrüßungsansprache an den 11. Ordentlichen DGB-Kongreß im Mai 1978 in Hamburg ausdrücklich, daß seine Partei ein Verbändegesetz für nicht zweckmäßig, ja für überflüssig halte.

Ganz ähnlich äußerte sich an gleicher Stelle CDU-Generalsekretär Heiner *Geißler*, der zu den „anerkannten Prinzipien" des Verhältnisses DGB/Union die Ablehnung eines Verbändegesetzes zählte.

So wichtig es auch ist, diese Feststellungen aus berufenem Munde gehört zu haben, so begrenzt scheint ihre Reichweite: Im April 1978 veranstaltete das F.D.P.-nahe Thomas-Dehler-Institut in München eine Tagung, bei der es um Möglichkeiten einer Novellierung des Betriebsverfassungsgesetzes ging. Alle dort diskutierten Vorschläge — Fraktionsbildung im Betriebsrat, Änderung des Wahlverfahrens,

„Rechtskontrolle" von Betriebsratsentscheidungen, Sprecherausschüsse für leitende Angestellte — haben die gleiche Zielrichtung: Atomisierung und Schwächung des Betriebsrats. Besonders bemerkkenswert ist, daß gelegentlich auch von seiten der Sozialausschüsse der CDA Bemerkungen gefallen sind, die ein ähnliches Argumentationsmuster aufweisen.[1]

Zwar geht es bei solchen Absichten nicht mehr unmittelbar um ein Verbändegesetz, aber aller „Minderheitenschutz", alle vorgesehenen Gruppenrechte und Stärkungen des einzelnen — wie sie von der F.D.P. ja bereits erfolgreich im Mitbestimmungsgesetz 1976 verankert werden konnten — würden ein „Verbändegesetz auf Raten" ergeben. Diese Politik folgt der Erkenntnis, daß ein „ordnungspolitischer Rahmen" für die Verbände(sprich: Gewerkschafts)tätigkeit nicht mit einem Schlag geschaffen werden könne, sondern daß es dazu „eines kontinuierlichen Stromes von Maßnahmen" bedarf.[2]

In der CDU ist es vor allem Prof. *Biedenkopf*, der nicht müde wird, die „Sozialpflichtigkeit" der Verbände, ihre Unterwerfung unter ein nicht definiertes und nicht definierbares „Gemeinwohl" zu fordern. Und der Entwurf zu einem neuen CDU-Grundsatzprogramm trug an dieser Stelle offenbar seine Handschrift:

„In einer freien Gesellschaft bestimmen die Verbände ihre Aufgaben im Rahmen der geltenden Rechtsordnung selbständig. Die Prinzipien der Demokratie gelten dabei auch für die innerverbandliche Verfassung. Je größer die Organisationen werden, umso wichtiger wird auch der Schutz der Meinungsvielfalt und der Minderheiten. In einer pluralistischen Gesellschaft soll keine Organisation umfassende Zuständigkeiten beanspruchen.

Wir bejahen die Freiheit der gesellschaftlichen Vereinigungen und Verbände auch dann, wenn sie, wie die Tarifpartner, tief in die Belange des ganzen Volkes eingreifen. Aber in einem demokratischen Gemeinwesen gibt es kein Recht ohne Pflicht und keine Freiheit ohne Verantwortung, weder für den einzelnen Bürger noch für Gruppen. Die Sozialpflichtigkeit aller gesellschaftlichen Kräfte zu gewährleisten, ist eine Aufgabe des demokratischen Staates. Ihm obliegt es, die nichtorganisierten Interessen zu schützen."[3]

Das „Verbändeproblem" steht also weiterhin auf der Tagesordnung der politischen Parteien, wenngleich auch eher im nichtöffentlichen Teil. Unverkennbar ist jedenfalls die Nähe der CDU/CSU und F.D.P. in diesem Bereich.

Die unverfängliche Bezeichnung „Verbände" täuscht nicht darüber hinweg, daß bei allen Überlegungen in erster Linie die Gewerkschaften gemeint sind, daß es also z. B. um ein „Gewerkschaftsgesetz" geht. Ich möchte deshalb im folgenden zu den Hauptargumenten der Verbändegesetz-Modelle einige Anmerkungen aus gewerkschaftlicher Sicht machen.

Ein Blick auf die soziale Wirklichkeit der Bundesrepublik zeigt, wie lächerlich das Gerede vom nahenden „Gewerkschaftsstaat" ist: Anhaltende Massenarbeitslosigkeit, Rationalisierungen auf Kosten hochwertiger Arbeitsplätze, Leistungsdruck und Arbeitshetze in vielen Betrieben, Massenaussperrungen, ein verkrüppeltes Mitbestimmungsgesetz, das zudem von den Arbeitgebern noch vor das höchste Gericht geschleppt wird — um nur einige markante Beispiele zu nennen — sind wahrhaftig keine Indizien für einen übermäßigen Einfluß der Gewerkschaften.

Ähnlich realitätsfern, wenn auch z. T. publikumswirksam, wird im Hinblick auf ein Verbändegesetz argumentiert: Es sollen Bereiche reglementiert werden, die der Regelung nicht bedürfen; Rechte geschaffen werden, die längst vorhanden sind und Verhaltensweisen erzwungen werden, die sinnvoll nur freiwillig zu erreichen sind.

Als Ziele einer Verbändegesetzgebung werden immer wieder die innerverbandliche Demokratisierung sowie eine Verpflichtung der Verbände auf ein „Gemeinwohl" angegeben — sofern die Verbände „öffentliche Funktion" haben.

Bei den deutschen Gewerkschaften sehe ich weder ein Defizit an innerverbandlicher Demokratie noch mangelt es etwa an Minderheitenschutz. Die deutschen Gewerkschaften haben sich — nach einem schmerzhaften Lernprozeß — als Einheitsgewerkschaften nach dem Industrieverbandsprinzip organisiert. Bei allen Diskussions- und Entscheidungsprozessen müssen also sowohl unterschiedliche politische oder weltanschauliche Einstellungen bzw. berufsspezifische Interessen mit berücksichtigt werden. Alle, die sich in der Gelehrtenstube ausmalen, dabei werde sich letztlich immer das schwerste Gewicht durchsetzen, haben eben nur einen äußerst blassen Schimmer vom Kompromißcharakter der Einheitsgewerkschaft und der Art innerverbandlicher Meinungs- und Willensbildung.

Und wenn die eine oder andere Satzung Gewerkschaftsvorständen das Recht einräumt, Funktionäre einzusetzen oder zu bestätigen, ist das noch lange kein Indiz für mangelnde Demokratie oder gar Diktatur. Gewerkschaftliche Politik insgesamt ist nämlich ebenso sehr wie die organisatorische Einzelmaßnahme davon abhängig, daß sie von der Mitgliedschaft getragen wird. Dies ist schlagend deutlich bei der Tarifpolitik und beim Streik: Eine Tarifforderung, für die die Betroffenen nicht gegebenenfalls kämpfen wollen, ist nicht durchsetzbar; ein Streik, den die Betroffenen nicht wollen, ist nicht zu führen. Oder am Beispiel des „von oben" eingesetzten Bezirksleiters: Hat oder erringt er nicht das Vertrauen und die Mitarbeit der Mitgliedschaft, ist seine Arbeit zur Unwirksamkeit verdammt.

Eine fundamentale Bedingung für Gewerkschaftspolitik ist also, daß sie von der Mitgliedschaft getragen, akzeptiert wird. Dies ist m. E. ein stärkeres demokratisches Fundament, als es selbst Wahlen gewährleisten können.

Die angestrebte formalistische innververbandliche Reglementierung würde zweierlei erzielen: das Ende der politischen und organisatorischen Einheit der Gewerkschaften sowie ihre Handlungsunfähigkeit als Interessenvertretung. Bei unserer Ablehnung aller bisher bekannten Verbändegesetzentwürfe geht es nicht um eine Abwehr von mehr Partizipation. Das Wirken und die Erfolge von Bürgerinitiativen unterschiedlicher Art zeigen vielmehr, daß hieran Bedürfnis und Mangel bestehen. Das scheint mir allerdings auf ein Versagen der politischen Parteien zurückzuführen zu sein, dem anders abgeholfen werden muß als etwa durch gezielte Förderung der vermeintlichen Interessen partikularer Wählerklientele dort, wo es einem selbst nicht weh tut, also etwa im Betrieb oder in der Gewerkschaftsorganisation. Natürlich müssen auch die Gewerkschaften an ihren politischen und programmatischen Entscheidungen auf allen Ebenen noch mehr Mitglieder interessieren und beteiligen — aber wir haben dabei wahrscheinlich einen geringeren Nachholbedarf als die politischen Parteien. Eine solche verstärkte Mitwirkung und -entscheidung allerdings durch Gesetze und Verordnungen erzielen zu wollen, entspricht einer — offenbar typisch deutschen — „legalistischen" Denkweise, für die ein Problem gelöst ist, wenn es dafür einen Paragraphen oder gar ein ganzes Gesetzeswerk gibt. Daß nunmehr auch Liberale sich dieser Denkweise — zumindest im Hinblick auf die ungeliebten Gewerkschaften — verschrieben haben, läßt um die Verläßlichkeit ihrer Grundsätze fürchten. Die gerade von liberaler Seite propagierte und betriebene Reglementierung der Gewerkschaften würde jedenfalls nicht zu der angeblichen beabsichtigten „innerverbandlichen Demokratisierung" führen, sondern zu einer Auflösung der Einheits- in Richtungsgewerkschaften und zu einer Stärkung syndikalistischer und gruppenegoistischer Elemente. Dies ist nicht als selbstmitleidige Klage oder Drohung zu verstehen, sondern als Warnung an alle politischen Verantwortlichen: Erneuerungen des politischen Systems sind nicht dadurch zu erzielen, daß der kurz vor dem Kreislaufkollaps befindliche Arzt einem unliebsamen Patienten eigener Wahl eine schwächende Roßkur verschreibt.

Die Einheitsgewerkschaft ist nicht unantastbar, aber sie beruht auf einem Organisationsprinzip und einem politischen Grundkonsens, die sich bisher bewährt haben. Wer das zerstören will, sollte sich durch einen Blick in die Vergangenheit ein vielleicht dann doch abschreckendes Bild von der Zukunft machen.

Diejenigen, die das Heil — ob sie es nun zugeben oder nicht — sowieso in einer Vergangenheit sehen, in der Zucht, Ordnung und starke Männer herrschten, werden natürlich die notwendigen historischen Lehren nicht ziehen: In ihrem „Staatsverständnis" waren und sind die Gewerkschaften Fremdkörper, nicht nur, weil sie Reformen von Gesellschaft und Staat für notwendig halten, sondern auch deshalb, weil sie ständig für eine Verbesserung der Lebens- und Arbeitsbedingungen der Arbeitnehmer kämpfen.

III

Die Tarifautonomie ist durch das Grundgesetz garantiert. Bei vorgeblicher Anerkennung dieses Prinzips zielen alle Forderungen nach „Gemeinwohlbindung" oder „Sozialpflichtigkeit" der Gewerkschaften auf die faktische Beseitigung der gewerkschaftlichen Autonomie bei Tarifverhandlungen. Der gewerkschaftlichen Tarifpolitik, die traditionell von Unternehmern und bestimmten Politikern wie von „unabhängigen" Sachverständigen für Arbeitslosigkeit und Wirtschaftskrise verantwortlich gemacht wird, sollen die Zähne gezogen werden, indem sie — auf welche institutionelle Art auch immer — an Leitlinien, Orientierungsdaten o. ä. gebunden wird. Wer „Gemeinwohl" bzw. „Sozialpflichtigkeit" zu definieren hat und wie dies geschehen soll, ist bisher im Dunkeln gelassen worden. Geht man davon aus, daß es ein Gremium wie der „Sachverständigenrat zur Begutachtung der gesamtwirtschaftlichen Lage" sein könnte, dann weiß man, wohin die Reise gehen soll: zum Lohndirigismus.

Es erstaunt nicht, daß im Zusammenhang mit der „Gemeinwohlbindung" zwar viel über die Verantwortung von Gewerkschaften und Löhnen geredet wird, umso weniger aber vom Beitrag der Unternehmerverbände und der Preise zum „Gemeinwohl". Dahinter steckt sicherlich die Kenntnis des „Naturgesetzes", wonach die Löhne die Preise bestimmen. Sollte man allerdings mit Blick auf die Realität, etwa die Zusammensetzung der Benzinpreise, Zweifel an einem derartigen Wirken der Natur hegen, bleibt die Frage, wie unter dem Regiment des „Gemeinwohls" die Preise gemacht werden sollen.

Diese Frage weist auf eine bezeichnende Zwiespältigkeit im Denken der Gemeinwohl-Apologeten hin: Während sie einerseits für staatliche Eingriffe etwa in die Gewerkschaftsstruktur oder die gewerkschaftliche Tarifautonomie plädieren, beklagen sie andererseits lauthals zunehmende „Verstaatlichungstendenzen", etwa in der Sozial- und Wirtschaftspolitik und fordern schließlich kräftige staatliche Spritzen zur Anregung der „Selbstheilungskräfte der Marktwirtschaft".

Hier fügt sich das Staatsverständnis der Verbändetheoretiker zum Ganzen: Der Staat, der einerseits als „Zuchtmeister" die Gewerkschaften an die Kandare nehmen und ihre autonome Handlungsmöglichkeit einschränken soll, soll sich andererseits seiner sozialen und ökonomischen Verpflichtungen, etwa in den öffentlichen Diensten, begeben — damit Privatunternehmer die hier vermuteten Gewinnmöglichkeiten abschöpfen können — und soll schließlich dort subventionieren, wo ihm das viel beschworene Unternehmerrisiko delegiert wird, Unternehmer nicht bereit sind, soziale Verpflichtungen zu übernehmen und Gewinnerwartungen nicht eintreten. Aber damit nicht genug. Das Konzept „Zuckerbrot für das freie Unternehmertum, die Peitsche für die Gewerkschaften" reicht manchen System-

veränderern im weißen Kragen keineswegs aus. Sie wollen den Gewerkschaften den Garaus durch die Einrichtung von Arbeitnehmerkammern machen, die — als öffentlich-rechtliche Institutionen mit
Zwangsmitgliedschaft — gewerkschaftliche Funktionen wahrnehmen
sollen.[4] Daneben könnte es dann noch eine Unzahl weiterer ständischer Vertretungen geben, etwa für diejenigen Gruppen, die nach der
Theorie der „Neuen Sozialen Frage" gegenwärtig ohne wirksame Interessenvertretung sind wie z. B. die Rentner, die Alten und Kranken.

Der „Ständestaat" zur Verhinderung des „Gewerkschaftsstaats"!
Das Ergebnis einer solchen Rückentwicklung zu beinahe spätmittel-
alterlich anmutenden Organisationsformen — wie sie z. B. in Spanien
gerade überwunden wurden — läßt sich leicht voraussagen: Die
„Ständeräte", nach welchem Verfahren sie gewählt sein mögen, entwickeln aufwendige Aktivitäten und Bürokratien und blockieren sich
gegenseitig. Entscheidend ist, daß mit einer solchen Konstruktion die
Durchsetzungsmöglichkeiten der Gewerkschaften auf die Dauer beseitigt werden sollen.

Es ist nicht erstaunlich, daß die Verbändegesetz- und die Stände-
staat-Befürworter, denen es so sehr um die innerverbandliche Demokratie und um die „Zukurzgekommenen" geht, die vom DGB vorgeschlagenen Wirtschafts- und Sozialräte unisono ablehnen. Diese paritätisch zusammengesetzten Organe mit regionaler Untergliederung
wären in der Tat keine korporativistischen Anachronismen, sondern
garantierten die breite Partizipation der Arbeitnehmer z. B. an struk-
tur-, regional-, energiepolitischen Entscheidungen — ohne den Pri-
mat der Parlamente zu zerstören. Selbstverständlich müßten in diesen Gremien auch Kompromisse gefunden werden, die alle Beteiligten — auch die Gewerkschaften — mitzutragen hätten. Aber der
Zweck der Wirtschafts- und Sozialräte wäre es nicht, etwa Streik-
und Koalitionsrecht auszuhöhlen.

Es ist vollkommen unverständlich, wie die Enquête-Kommission
Verfassungsreform des Deutschen Bundestags angesichts dieser Sachlage, aber auch angesichts der positiven Erfahrungen mit Wirtschafts-
und Sozialräten in anderen europäischen Ländern, zu dem Ergebnis
kommen konnte, Wirtschafts- und Sozialräte seien verfassungswidrig.
Für die Gewerkschaften geradezu alarmierend ist die Verquickung

von Wirtschafts- und Sozialräten mit der Verbändeproblematik: Damit könnte eine Bundestagskommission die Tür geöffnet haben für − oben angedeutete − korporativistische Manipulationen.

Sie könnte damit einen verhängnisvollen Beitrag in der Diskussion um die Verbändefrage geleistet haben, deren Tenor lautet: Schwächung der Einheitsgewerkschaft, Aushöhlung von Streik- und Koalitionsrecht, Stärkung von Standesinteressen aller Art.

Auch wenn dies alles unter dem wohlklingenden Motto „Beseitigung von Pluralismusdefiziten" oder „Stärkung von Benachteiligten" läuft, kann das nicht darüber hinwegtäuschen, daß es in erster Linie um die „Zähmung der Gewerkschaften" geht. Wer den Charakter der Gewerkschaftsbewegung fundamental ändern will, wer die Gewerkschaften in eine „Zwangsjacke" stecken will, sollte seine wahren Absichten nicht mit wohltönenden Phrasen umnebeln, sondern deutlich sagen, was er will: das politisch-soziale System der Bundesrepublik grundsätzlich zu Lasten der Arbeitnehmer verändern.

Weil vieles dafür spricht, daß diese Zielrichtung hinter allen Verbändegesetz-Überlegungen steckt, lehnt der DGB sie ab und setzt ihrer Verwirklichung seinen Widerstand entgegen. Wer mehr Beteiligung der Arbeitnehmer an den gesellschaftlichen und sozialen Entscheidungen verwirklichen will, der sollte die Gewerkschaften unterstützen in ihrem Bemühen, Mitbestimmung auf allen Ebenen der Wirtschaft zu erhalten und durchzusetzen.

Anmerkungen

1 So deutete z. B. der Bundesvorsitzende der Sozialausschüsse der CDA, Dr. Norbert Blüm, an, daß bei Betriebsratswahlen „wenn es die Toleranz aus freien Stücken nicht schafft, Minderheiten zu schützen, ... eben mit gesetzlichem Zwang Chancengleichheit hergestellt werden" müsse. Rede von Norbert Blüm bei der Bundeskonferenz für Betriebs- und Personalräte am 25. Februar 1978 in Salzgitter (Ms.), S. 6

2 So Prof. Herder-Dorneich in einem Aufsatz in Heft 174 der Zeitschrift „die politische meinung" (Hrsg.: Dr. Bruno Heck, Vorsitzender des Kuratoriums der Konrad-Adenauer-Stiftung), S. 26—32. Der Autor fährt dann fort: „Wichtig dabei ist, daß diese Maßnahmen nach bestimmten Prinzipien ausgerichtet sind, sich nicht gegenseitig widersprechen und damit in ihrer Wirkung kompensieren." (S. 32)

3 Entwurf für ein Grundsatzprogramm der Christlich—Demokratischen Union Deutschlands. Vorlage des Bundesvorstandes an den 26. Bundesparteitag, 23.—25. Oktober 1978 in Ludwigshafen, Punkt 106, S. 28

4 Die in Bremen und im Saarland bestehenden Arbeiterkammern gehen auf besondere historische Entwicklungen zurück und geben deshalb — bei allen großen Verdiensten — keine Modelle ab.

4. DOKUMENTATION

4.1. FDP

4.1.1. Gesetz zur Ordnung der Verbände (Verbände-Gesetz)

vorgelegt von der Kommission des Bundesvorstandes der FDP „Gesellschaftliche Großorganisationen" in der Fassung, die auf der IX. Sitzung am 19.12.1976 in Murrhardt verabschiedet wurde.

1. Abschnitt: Allgemeine Bestimmungen

§ 1 Begriff der Verbände und Anwendungsbereich des Gesetzes.

(1) Verbände sind Vereinigungen von

a) natürlichen Personen oder juristischen Personen, die ihrerseits nicht Verbände sind (Mitgliedsverbände),

b) Mitgliedsverbänden (Spitzenverbände), die ideelle oder materielle Interessen ihrer Mitglieder organisieren und vertreten.

(2) Dieses Gesetz findet nur Anwendung auf politisch bedeutsame Verbände.

(3) Politisch bedeutsame Verbände sind:

a) Spitzenverbände,

b) Arbeitgeberverbände, Gewerkschaften und Berufsvereinigungen,

c) Zusammenschlüsse von Produzenten, Händlern, Anbietern von Dienstleistungen sowie Vereinigungen von Verbrauchern,

d) Verbände öffentlich-rechtlichen Charakters.

(4) Politisch bedeutsame Verbände sind auch die Vereinigungen nach Abs. 1, die mindestens eines der nachfolgenden Merkmale erfüllen:

a) Schlüsselstellung im gesellschaftlichen, wirtschaftlichen oder politischen Bereich,

b) beständig hohe Mitgliederzahl,

c) beträchtliche finanzielle Mittel,

d) hoher Organisationsgrad,

e) institutionelle Verankerung im öffentlichen Willensbildungs- und Entscheidungsprozeß.

(5) Politisch bedeutsame Verbände sind nicht Vereinigungen, die lediglich eine Dienstleistung für ihre Mitglieder zur Verfügung stellen oder mehrere Gleichinteressierte zusammenbringen, ohne Interessenvertretung nach außen betreiben zu wollen oder zu betreiben.
(6) Parteien und Religionsgemeinschaften im Sinne des Art. 140 GG sind keine Verbände im Sinne dieses Gesetzes.

§ 2 Verfassungsrechtliche Stellung und Aufgaben der Verbände.
(1) Die Verbände sind Bestandteil der freiheitlich demokratischen Grundordnung. Aus eigenem Recht erfüllen sie keine staatlichen Funktionen, sie sind auch keine politischen Parteien, leisten jedoch Beiträge zum politischen Entscheidungsprozeß.
(2) Aufgabe der Verbände ist es vor allem, Interessen für den einzelnen wahrzunehmen und Gruppeninteressen in den politischen Entscheidungsprozeß einzubringen, indem sie insbesondere
— Arbeits- und Wirtschaftsbedingungen fördern,
— Einzelinteressen kollektiv organisieren und Freiheitsrechte der Mitglieder gegen staatliche Eingriffe schützen,
— auf die Gestaltung der öffentlichen Meinung Einfluß nehmen.

§ 3 Name, Aktiv- und Passivlegitimation
(1) Der Name eines Verbandes muß sich vom Namen anderer Verbände deutlich unterscheiden.
(2) Ein Verband kann unter seinem Namen klagen oder verklagt werden.

§ 4 Gleichbehandlung
(1) Soweit Verbände zur Mitwirkung in Beratungs- oder Selbstverwaltungsgremien gesetzlich oder administrativ zugelassen oder zugezogen werden, sollen sie entsprechend ihrer Bedeutung für die jeweilige Aufgabe gleichmäßig beteiligt werden.
(2) Wenn ein Träger öffentlicher Gewalt den Verbänden (eines Interessenbereiches) Einrichtungen zur Verfügung stellt oder andere öffentliche Leistungen gewährt, dann soll er alle Verbände dieses Interessenbereiches (konkurrierende Verbände mit paralleler Zielsetzung) gleich behandeln.

2. Abschnitt: Die innere Ordnung der Verbände

§ 5 Die innere Ordnung der Verbände hat demokratischen Grundsätzen zu entsprechen.

§ 6 Satzung

(1) Der Verband muß eine schriftliche Satzung haben.

(2) Die Satzung muß Bestimmungen enthalten über:

a) Namen sowie Kurzbezeichnung, sofern eine solche verwandt
wird, und Sitz des Verbandes,

b) Verbandszweck, der eindeutig bestimmt und klar begrenzt das
Interesse erkennen läßt, das der Verband für seine Mitglieder
vertritt,

c) Aufnahme und Austritt der Mitglieder,

d) Rechte und Pflichten der Mitglieder,

e) Ordnungsmaßnahmen gegen Mitglieder und ihren Ausschluß,

f) Ordnungsmaßnahmen des Verbandes gegen Organe und Untergliederungen,

g) allgemeine Gliederung und Untergliederung des Verbandes (ge-
bietliche oder branchenmäßige Untergliederung),

h) Wahl, Amtsdauer, Zusammensetzung und Abberufung des
Vorstandes und sonstiger Organe,

i) Aufgaben, Befugnisse und Pflichten des Vorstandes und der
übrigen Organe.

j) Beschlußfassung durch die Mitglieder- und Vertreterversammlungen über die nach § 8 Abs. 3 und 4 diesen Organen vorbehal-
tenen Angelegenheiten,

k) das Verfahren, wenn die Auflösung des Verbandes oder einer
Untergliederung beschlossen werden soll.

§ 7 Gliederung

Die Verbände können sich in Gebiets- oder in Branchenverbände
gliedern.

Die Gliederung soll soweit ausgebaut sein, daß den einzelnen Mitgliedern eine angemessene Mitwirkung an der Willensbildung des Verbandes möglich ist.

§ 8 Organe

(1) Mitgliederversammlung und Vorstand sind notwendige Organe eines Verbandes sowie seiner Gebiets- oder Branchenverbände.

(2) Durch die Satzung kann bestimmt werden, daß an die Stelle einer Mitgliederversammlung eine Vertreterversammlung tritt, wenn die Durchführung einer Mitgliederversammlung nicht zumutbar ist. Die Mitglieder der Vertreterversammlung werden für höchstens drei Jahre durch Mitglieder- oder Vertreterversammlungen der Gebiets- oder Branchenverbände gewählt.

§ 9 Mitglieder- und Vertreterversammlung

(1) Die Mitglieder- oder Vertreterversammlung ist das oberste Organ des Verbandes sowie seiner Gebiets- oder Branchenuntergliederungen. Die Mitglieder- oder Vertreterversammlung tritt in jedem Kalenderjahr mindestens einmal zusammen.

(2) Vorstandsmitglieder des Verbandes oder der Untergliederungen oder Mitglieder anderer Organe des Verbandes können der Vertreterversammlung des Verbandes kraft Satzungsbestimmung angehören, dürfen aber in diesem Fall nur bis zu 1/4 der satzungsmäßigen Gesamtzahl der Versammlungsmitglieder mit Stimmrecht ausgestattet sein.

(3) Die Mitglieder- oder Vertreterversammlung beschließt über die Satzung, die Beitragsordnung, eine etwaige Schiedsordnung, den Haushaltsvoranschlag, den Haushaltsabschluß und die Auflösung des Verbandes und legt die Grundsätze der Verbandspolitik fest.

(4) Die Mitglieder- oder Vertreterversammlung wählt den Vorsitzenden und die übrigen Mitglieder des Vorstandes und die Mitglieder etwaiger anderer Organe.

§ 10 Rechte der Mitglieder

(1) Die zuständigen Organe des Verbandes entscheiden nach näherer Bestimmung der Satzung über die Aufnahme von Mitgliedern. Die Ablehnung eines Aufnahmeantrages braucht nicht begründet zu werden.

(1a) Führt jedoch die Ablehnung der Aufnahme in einem Verband, der dem Mitgliedschaftsbewerber gegenüber eine wirtschaftliche oder soziale Monopolstellung besitzt, zu einer unbilligen Benachteiligung des auf die Mitgliedschaft angewiesenen Bewerbers, so kann dieser die Aufnahme verlangen. Entgegenstehende satzungsmäßige Aufnahmebeschränkungen sind unwirksam, soweit sie bei Abwägung der Interessen aller Beteiligten sachlich nicht gerechtfertigt sind.

(2) Die Mitglieder des Verbandes haben das ihnen nach der Satzung zustehende Stimmrecht. Die Ausübung des Stimmrechts kann nach näherer Bestimmung der Satzung davon abhängig gemacht werden, daß das Mitglied seine Beitragspflicht erfüllt hat.

(3) Die Satzung trifft Bestimmungen über die Verbandsorgane, die Ordnungsmaßnahmen gegen Mitglieder anordnen.

(4) Ein Mitglied kann nur dann aus dem Verband ausgeschlossen werden, wenn es gegen die Satzung oder erheblich gegen Grundsätze oder die Ordnung des Verbandes verstößt.
Die Entscheidung über den Ausschluß ist schriftlich zu begründen. Gegen die Entscheidung ist der ordentliche Rechtsweg jederzeit offen.

(5) Leistungen, die ein Verband seinen Mitgliedern verspricht oder gewährt, ohne daß er Rechtsansprüche ausdrücklich eingeräumt hat, sind den Mitgliedern unter Beachtung des Gleichheitsgrundsatzes nach pflichtgemäßem Ermessen zu erbringen. Dabei darf der Rechtsweg nicht ausgeschlossen werden.

§ 11 Vorstand

(1) Der Vorstand muß mindestens in jedem dritten Kalenderjahr gewählt werden.

(2) Dem Vorstand eines Spitzenverbandes können Vorstandsmitglieder von Mitgliedsverbänden kraft Satzung angehören. Der Anteil der nach § 8 Abs. 4 gewählten Mitglieder darf 3/4 der Gesamtzahl der Vorstandsmitglieder nicht unterschreiten.

(3) Der Vorstand leitet den Verband nach Gesetz und Satzung sowie den Beschlüssen der Mitglieder- oder Vertreterversammlung. Er vertritt den Verband gemäß § 26 Abs. 2 BGB, soweit nicht die Satzung eine abweichende Regelung trifft.

(4) Zur Erledigung der laufenden oder der besonders dringlichen Geschäfte kann aus der Mitte des Vorstandes ein geschäftsführender Vorstand (Präsidium) gebildet werden.

§ 12 Zusammensetzung der Vertreterversammlung

Die Zusammensetzung der Vertreterversammlung oder eines sonstigen Organs, das ganz oder teilweise aus Vertretern von Gebiets- oder Branchenverbänden besteht, ist in der Satzung festzulegen.

§ 13 Verbandsschiedsgericht

(1) Zur Schlichtung und Entscheidung von Streitigkeiten innerhalb des Verbandes oder seiner Gebiets- oder Branchenuntergliederungen kann in der Satzung die Errichtung eines Schiedsgerichts vorgesehen werden.

(2) Die Mitglieder des Schiedsgerichts sollen für höchstens 5 Jahre gewählt werden. Sie dürfen nicht Mitglied des Vorstandes des Verbands oder des Vorstandes einer seiner Untergliederungen sein, nicht in einem Dienst- oder Arbeitsverhältnis zu dem Verband oder einer seiner Untergliederungen stehen und von diesem keine regelmäßigen Einkünfte beziehen.

Die Mitglieder des Schiedsgerichts sind unabhängig und an Weisungen nicht gebunden.

(3) Wenn ein Schiedsgericht errichtet wird, ist auch eine Schiedsordnung von der Mitglieder- oder Vertreterversammlung zu erlassen.

(4) Die Satzung kann vorsehen, daß das Schiedsgericht im Einzelfall mit Beisitzern besetzt wird, die von den Streitteilen paritätisch benannt werden.

(5) Die Schiedsgerichte haben den Beteiligten rechtliches Gehör und ein faires Verfahren zu gewähren, sie sind aber im übrigen in ihrer Verfahrensgestaltung frei. Die Ablehnung eines Mitgliedes des Schiedsgerichts wegen Befangenheit muß gewährleistet bleiben.

(6) Für die Schiedsgerichte gelten die Regelungen des § 91 I GWB.

§ 14 Willensbildung in den Organen

(1) Die Organe fassen ihre Beschlüsse mit einfacher Stimmenmehrheit der anwesenden Mitglieder, wenn die Satzung nicht eine erhöhte Stimmenmehrheit vorschreibt.

(2) Alle Wahlen sind geheim.

Bei Abstimmungen ist geheim abzustimmen, wenn dies mindestens 1/10 der anwesenden Stimmberechtigten verlangt.

(3) In den Vertreterversammlungen soll das Antragsrecht so ausgestaltet werden, daß eine demokratische Willensbildung möglich ist. Minderheiten ist die Gelegenheit zu geben, ihre Vorschläge ausreichend zu begründen und zur Erörterung zu stellen.

3. Abschnitt: Rechenschaftslegung

§ 15 Pflicht der Vorstände zur Rechenschaftslegung

(1) Der Vorstand des Verbandes und die Vorstände der unteren Gliederungen haben jährlich einen Rechenschaftsbericht zu erstatten.

(2) Der Rechenschaftsbericht besteht aus einem Tätigkeitsbericht und einem Haushaltsabschlußbericht.

(3) Der Tätigkeitsbericht muß Angaben darüber enthalten, in welcher Weise der Vorstand die satzungsmäßigen Ziele des Verbandes gefördert hat und soll eine Kontrolle ermöglichen, ob die Bemühungen des Vorstandes sich in dem von der Satzung umschriebenen Aufgabenbereich des Verbandes gehalten haben.

(4) Der Haushaltsabschlußbericht muß von besonders bestellten Rechnungsprüfern geprüft werden.

§ 16 Der Haushaltsabschlußbericht

(1) Im Haushaltsabschlußbericht sind Einnahmen und Ausgaben des Verbandes vollständig auszuweisen.

(2) In der Einnahme-Rechnung sind folgende Posten gesondert auszuweisen:

1. Einnahmen aus Mitgliedsbeiträgen,
2. Einnahmen
a) aus Vermögen,
b) aus Gewinn von Unternehmungen, die im Verbandseigentum stehen oder an deren Grundkapital oder Geschäftsvermögen der Verband Anteil besitzt,
3. Einnahmen aus Spenden,
4. Einnahmen durch Kredite.

§ 17 Pflicht zur Buchführung

Der Verband hat Bücher über seine Einnahmen und Ausgaben zu führen. Die Rechnungsunterlagen sind 5 Jahre aufzubewahren. Die Aufbewahrungsfrist beginnt mit Ablauf des Rechnungsjahres.

§ 18 Entlastung des Vorstandes
(1) Nach Vorlage des Rechenschaftsberichtes entscheidet die Mitglieder- oder Vertreterversammlung über die Entlastung des Vorstandes.
(2) Wird die Durchführung einer besonderen Buchprüfung beschlossen, dann darf als Prüfer nicht bestellt werden, wer Vorstandsmitglied, Mitglied der Vertreterversammlung oder Angestellter des zu prüfenden Verbandes ist oder in den letzten 3 Jahren vor der Bestellung war.

4. Abschnitt: Verbandstätigkeit

§ 19 Registerpflicht
(1) Verbände sind verpflichtet, sich in das beim Registergericht. . . . geführte Verbandsregister eintragen zu lassen.
(2) Einzutragen sind
a) der Name des Verbandes, einschl. der gebräuchlichen Abkürzung,
b) der Sitz
c) der Verbandszweck
d) der Vorstand
e) die Geschäftsführer, soweit der Vorstand die Geschäfte nicht selbst führt
f) die Mitglieder eines dem Vorstand übergeordneten Aufsichtsgremium, soweit das Aufsichtsgremium nicht die Mitgliederversammlung ist
g) Beauftragte oder Bevollmächtigte, die erhebliche Vertretungsaufgaben mit eigenem Entscheidungsrecht wahrnehmen, insbesondere regionale Beauftragte oder Bevollmächtigte.

§ 20 Verbandsvertreter
Verbände sollen ohne Rücksicht auf die rechtsgeschäftliche Vertretungsbefugnis diejenigen Personen in das Verbandsregister eintragen lassen, die ständig für den Verband nach außen tätig werden.

§ 21 Art und Weise der Interessenvertretung, Grundsatz

(1) Bei der Interessenvertretung hat ein Verband sich so zu verhalten, wie es Treu und Glauben mit Rücksicht auf die Verkehrssitte erfordern.

(2) Gegen grobe Verstöße gegen den Grundsatz des Absatzes 1 kann auf Antrag eines benachteiligten Dritten oder einer durch die Handlung betroffenen staatlichen oder politischen Stelle ein ordentliches Gericht Maßnahmen treffen.

(3) Das Gericht kann

a) durch Beschluß die beanstandete Handlung rügen. Dies ist auf geeignete Weise zu veröffentlichen.

b) Geldbußen verhängen.

c) Den Verband oder einzelne Vertreter zeitweilig oder auf Dauer von der Beteiligung an offiziellen Beratungs- oder Selbstverwaltungseinrichtungen ausschließen.

(4) Das Arbeitskampfrecht bleibt durch die Absätze 1, 2 und 3 unberührt.

§ 22 Verstöße

Grobe Verstöße im Sinne des § 20, Abs. 2, sind insbesondere die nachfolgenden Praktiken:

a) Vorsätzlich falsche Aussage vor einem Parlamentsausschuß, in einem parlamentarisch oder behördlich eingerichteten Sachverständigenausschuß, Beirat oder sonstigen Beratungsgremium sowie in Organen der Selbstverwaltung.

b) Die Behauptung oder Verbreitung einer Tatsache in Beziehung auf einen anderen, welche denselben verächtlich zu machen oder in der öffentlichen Meinung herabzuwürdigen geeignet ist, wenn diese Tatsache nicht erweislich wahr ist.

c) Die Androhung von Übeln gegenüber Mitgliedern und Außenstehenden den Eintritt oder Austritt betreffend.

d) Handlungen oder Unterlassungen mit dem Ziel, eine Konkurrenzorganisation grundsätzlich aus dem Wettbewerb auszuschalten oder in der Interessenvertretung zu diskriminieren.

§ 23 Gebot der Pluralitätserhaltung

Kann ein Verband aufgrund der Größe eines Beratungs- oder Selbstverwaltungsgremiums nicht personell beteiligt werden, so ist er auf

Verlangen in gleicher Weise wie ein beteiligter Konkurrenzverband über die Arbeit zu informieren. Soweit die Arbeitsergebnisse oder Unterlagen eines Beratungs- oder Selbstverwaltungsgremiums für vertraulich erklärt werden, ist diese Vertraulichkeit bei der Information sicherzustellen. Der personell nicht beteiligte Verband kann gegenüber dem Beratungs- oder Selbstverwaltungsgremium Anträge stellen und Stellungnahmen einreichen.

§ 24 Schutz der Freiheitsrechte Dritter
(1) Ein Verband darf staatliche Aufgaben nur wahrnehmen, wenn er die Gewähr dafür bietet, daß er für diese Aufgabe leistungsfähig ist.
(2) Nimmt ein Verband staatliche Aufgaben wahr, so hat ein Dritter gegenüber diesem Verband in bezug auf diese Aufgaben einen Anspruch auf Wahrung der Grundrechte.

§ 25 Parteipolitische Neutralität
(1) Verpflichtet sich ein Verband satzungsmäßig zur parteipolitischen Neutralität, so darf er im Rahmen seiner Interessenvertretung und Mitgliederinformation nicht parteipolitisch einseitig handeln. Der Verband darf seinen Mitgliedern insbesondere keine Wahlempfehlungen für oder gegen eine bestimmte Partei geben.
(2) Jedes Mitglied kann vor den ordentlichen Gerichten einen Antrag stellen, dem Verband eine parteipolitisch einseitige Interessenvertretung oder Mitgliederinformation zu untersagen.

5. Abschnitt: Beauftragter für das Verbändewesen

§ 26 Ernennung
(1) Der Bundespräsident ernennt auf Vorschlag des Bundestages mit Zustimmung des Bundesrates den Beauftragten für das Verbändewesen für den Zeitraum von 5 Jahren.
(2) Für das Amt, die Rechte und Pflichten des Beauftragten für das Verbändewesen gelten sinngemäß die Bestimmungen des Gesetzes über den Wehrbeauftragten des Bundestages.

§ 27 Aufgabenkreis

Der Beauftragte für das Verbändewesen hat

a) jährlich dem Deutschen Bundestag einen schriftlichen Bericht über die Tätigkeit und das Auftreten der Verbände zu geben.

b) festzustellen, welcher Verband sich verbotener Praktiken schuldig gemacht hat und dies dem Deutschen Bundestag zu berichten,

c) Bürgern mit Rat und Tat zur Seite zu stehen, wenn und soweit diese geltend machen, durch die Tätigkeit von Verbänden in ihren Freiheitsrechten behindert zu werden.

§ 28 Tätigwerden

(1) Der Beauftragte für das Verbändewesen wird auf Weisung des Deutschen Bundestages zur Prüfung bestimmter Vorgänge tätig. Er hat auf Verlangen einen Einzelbericht über das Ergebnis seiner Prüfung zu erstatten.

(2) Im übrigen wird der Beauftragte für das Verbändewesen nach pflichtgemäßem Ermessen tätig. Soweit Bürger ein Tätigwerden nach § 26, Ziffer c) verlangen, kann der Beauftragte für das Verbändewesen dies ablehnen, wenn es sich nach seiner Überzeugung um einen unbedeutenden Vorgang handelt.

(3) Zu Vorgängen, über die der Beauftragte für das Verbändewesen dem Deutschen Bundestag berichten soll oder will, gibt er den betroffenen Verbänden Gelegenheit zur Stellungnahme. Weicht der Bericht von der Stellungnahme eines Verbandes ab, so soll die Stellungnahme dieses Verbandes dem Bericht des Beauftragten für das Verbändewesen beigefügt werden.

6. Abschnitt: Übergangs- und Schlußbestimmungen

§ 29 Änderung von anderen Gesetzen

§ 49 des Arbeitsgerichtsgesetzes erhält folgenden neuen Absatz 2, die bisherigen Absätze 2 und 3 werden die Absätze 3 und 4:
Ein ehrenamtlicher Richter, der von einem Verband benannt ist, ist von der Ausübung seines Amtes ausgeschlossen, wenn er in einem verbandsrechtlichen Streitfall von organisationspolitischer Bedeutung, der seinen Verband betrifft, tätig werden soll.

§ 30 Beendigung bisheriger Verbandsbeteiligungen
(1) Soweit in Gesetzen die Beteiligung von Verbänden als Berater
oder in Selbstverwaltungsfunktionen unbefristet vorgesehen ist,
endet diese Beteiligung zum 31.12.1980.
(2) Absatz 1 gilt auch für befristete Beteiligungen, soweit das Ende
der Frist nach dem 31.12.1980 liegt.
(3) Soweit die Beteiligung durch allgemeine Wahl erlangt ist, bleibt
es bei der vorgesehenen Wahlperiode.

§ 31 Berlinklausel

§ 32 Inkrafttreten

4.1.2. *Aktuelle Perspektiven des sozialen Liberalismus*
vorgelegt von der Perspektivkommission der FDP am 25. Juli
1977 in Bonn (S. 84—86)

These 5 Verbände
Liberale Politik hält die Tätigkeit von Verbänden in der
freien und offenen Gesellschaft für notwendig und legitim.
Sie verkennt nicht, daß Interessen der Allgemeinheit und
von sozial Schwachen sich gegen übermächtige organisierte
Interessen oft nicht durchsetzen können. Sie nimmt Partei
für solche unterrepräsentierte Interessen und setzt sich dafür ein, Verzerrungen pluralistischer Einfluß- und Vertei-
lungsstrukturen durch bewußte politische Willensbildungsprozesse auszugleichen.
Die Wahrnehmung der Interessen ihrer Mitglieder begründet
den Auftrag der Verbände. Ziel liberaler Politik muß es folglich sein, Übermacht, Verselbständigung und Mißbrauch organisierter Interessen zu begegnen. Verbände, die den Anspruch erheben, im staatlichen Willensbildungsprozeß beteiligt zu werden, müssen ihre demokratische Legitimation
nachweisen und stärkere Transparenz verbandlicher Aktivitäten im politischen Raum herstellen. Verfilzungen zwischen staatlichen Instanzen und Verbänden sind energisch
zu bekämpfen.

225

Erläuterung

Liberalismus setzt auf freiheitliche gesellschaftliche und staatliche Willensbildung. Hierzu tragen die Verbände bei, indem sie vielfältige Einzelinteressen organisieren, gewichten und in den politischen und gesellschaftlichen Willensbildungsprozeß einbringen. Sie ermöglichen Bürgern die Wahrnehmung von Einzelinteressen, die sie allein nicht verfolgen und durchsetzen könnten.

Verbände können Freiheit ermöglichen, können sie aber auch bedrohen. Mächtige Interessengruppen tendieren dahin, den einzelnen Menschen zu vereinnahmen und seine Rechte und Freiheiten für ihn und in seinem Namen, aber ohne wirkliche Legitimation auszuüben. Diese Herrschaft unzulänglich legitimierter Bürokratie des Verbändeapparates gilt es zu verhindern. Liberale Politik fordert daher für Verbände, die den Anspruch erheben, im staatlichen Willensbildungsprozeß institutionell beteiligt zu werden, innerverbandliche Demokratie, Publizität des internen Verbandsgeschehens und Offenlegung der Herkunft und Verwendung ihrer finanziellen Mittel.

Dazu rechnen:
— Wahl der Verbandsvertreter analog zu den Regelungen des Parteiengesetzes
— Wahlverfahren, die auch Minderheiten eine Chance geben
— Antrags- und Initiativrechte aller Mitglieder
— regelmäßige Berichte über die Tätigkeitsbereiche sowie die sachliche und personelle Mitwirkung im außerverbandlichen Bereich.

Die freiheitliche gesellschaftliche und politische Willensbildung ist nicht nur von innen heraus durch mangelnde Legitimation gefährdet. Mißbrauch von Verbandsmacht und Unterrepräsentation sozialer Allgemeininteressen (die Interessen der Kinder, Alten, Behinderten, der Verbraucher, Umweltschutz etc.) verhindern, daß das freie Spiel der gesellschaftlichen Kräfte automatische Ergebnisse hervorbringt, die dem Wohle aller dienen.

Verfilzung zwischen staatlichen Instanzen und Verbänden müssen durch eindeutige Inkompatibilitätsregelungen verhindert werden. Nur gleicher Zugang zu staatlicher Information, angemessene Beteiligung und Anhörung bei der Besetzung von Positionen im öffentlichen Bereich sowie Nichtdiskriminierung bei öffentlicher Förderung sichern die unbehinderte Konkurrenz der Interessen und erhalten die Pluralität der Verbände untereinander.

Liberale Politik spricht sich daher für die Festlegung demokratischer Mindestvoraussetzungen aus, die Verbände künftig erfüllen müssen, wenn sie am öffentlichen Leben teilnehmen wollen. Beteiligung an Anhörungen, Zugang zu Informationen, öffentliche Förderung, Berufung in Gremien usw. werden dann nur den Verbänden zuteil, die die demokratischen Mindestvoraussetzungen als verpflichtend anerkennen und erfüllen.

Zur Sicherung demokratischer Legitimation und zur Kontrolle der Verbände ist nach liberaler Auffassung ein Verbändegesetz nicht erforderlich. Ein Verbändegesetz kann wegen der unterschiedlichen Struktur der Verbände wenig konkrete Forderungen verwirklichen und bringt gleichzeitig auch freie Verbände in die Gefahr staatlicher Disziplinierung.

4.2. CDU

4.2.1. Sozialpflichtigkeit der Verbände

vorgelegt von der Grundsatzkommission des CDU-Landesverbandes Schleswig-Holstein (Pressemitteilung) am 1. Oktober 1975 in Kiel (gekürzt)

Eine Verpflichtung der großen Interessenverbände, bei ihrem Wirken das Wohl der Allgemeinheit zu beachten, soll im Wege einer Verfassungsergänzung in das Grundgesetz aufgenommen werden. Einen entsprechenden Gesetzesvorschlag hat die Grundsatzkommission der schleswig-holsteinischen CDU erarbeitet. Mitglieder der Kommission wollen auf dem kommenden CDU-Landesparteitag beantragen, eine Empfehlung dazu an die Bundespartei zu beschließen. Landtagspräsident Dr. Helmut Lemke und der Landtagsabgeordnete Dr. Rolf Olderog erläuterten gestern (1. Oktober 1975) auf einer Pressekonferenz in Kiel die Vorstellungen der Grundsatzkommission.

Nach einen von dem Gremium einstimmig beschlossenen Vorschlag soll dem Art. 9 des Grundgesetzes ein 4. Absatz mit folgendem Wortlaut angefügt werden:

„Soweit Verbände und andere Vereinigungen bei ihrer Tätigkeit in den Bereich wesentlicher öffentlicher Interessen hineinwirken, sind sie verpflichtet, zugleich das Wohl der Allgemeinheit zu beachten. Das Nähere regelt ein Bundesgesetz."

Die CDU-Grundsatzkommission will damit deutlich machen, daß der Grundsatz der Sozialpflichtigkeit in der heutigen Zeit keineswegs auf Privatpersonen und Privateigentum an Produktionsmitteln oder an Grund und Boden beschränkt ist. Vordringlich ist es gegenwärtig, in gleicher Weise auch die soziale Bindung organisierter gesellschaftlicher Macht durchzusetzen. Die Interessenverbände sind zunehmend aus dem privaten in den öffentlichen Bereich hineingewachsen. Ihr Verhalten berührt nicht nur die Interessen der jeweiligen Vereinsmitglieder, sondern darüber hinaus eine große Zahl, ja oft sogar unmittelbar alle Bundesbürger. Typisch dafür ist das Aushandeln von Löhnen und Gehältern durch die Tarifparteien, Gewerkschaften und Unternehmensverbände. So gehen z.B. volkswirtschaftlich unverantwortlich hohe Tarifabschlüsse zwangsläufig zu Lasten der nicht organisierten Bevölkerungsgruppen, der alten Menschen, der Mütter mit Kindern, der nicht mehr Arbeitsfähigen, der Kranken und Behinderten oder etwa der Bürger in der Rolle des Sparers und insbesondere der Arbeitslosen.

Es ist inzwischen deutlich geworden, daß sich Parlamente und Regierungen nicht mehr darauf verlassen können, daß einflußreiche Gruppen, deren Aktionen unmittelbar auf das gesamtstaatliche Interesse einwirken, verantwortungsbewußt gegenüber der Allgemeinheit handeln. Die Verbandsführer stehen dabei häufig unter den Druck ihrer Mitglieder. Diesen ist mangels Überblick über die Zusammenhänge weniger an sinnvollen Kompromissen als an einer radikal harten Durchsetzung ihrer Interessen gelegen. Dem entspricht häufig die Unfähigkeit der politisch Verantwortlichen, harte Gegenpositionen zu beziehen. Sie fürchten, die Gunst wichtiger Wählerschichten zu verlieren und ziehen daher schwächliches Nachgeben einem Konflikt vor. Nicht die Angst, Stimmen zu verlieren, sondern der Mut, durch verantwortungsbewußtes Verhalten neue Stimmen zu gewinnen, sollte das Handeln der Politiker bestimmen. (...)

Das Grundgesetz gewährt die Vereinigungsfreiheit. Freiheit im Sinne der Verfassung bedeutet allerdings immer verantwortete Freiheit. Die eigenen Freiheitsrechte sind durch die Freiheitsrechte der anderen beschränkt. Mit dem Bekenntnis zum sozialen Rechtsstaat betont das Grundgesetz deutlich die soziale Verantwortung eines jeden einzelnen. Die gegenwärtige z.T. extrem egoistische Form der „Herrschaft der Verbände" hat wesentlich mit dazu beigetragen, daß das Thema von der „Unregierbarkeit unseres Staates (der westlichen Demokratien)" aktuell geworden ist (s. insbesondere auch England und Italien). Notwendig ist ein demokratischer Staat mit starker Autorität. Er muß seine Selbständigkeit und volle Handlungsfähigkeit gegenüber den gesellschaftlichen Verbänden zurückgewinnen, die nur Teilinteressen verfolgen. Nur wenn der gegenwärtig empfindlich gestörte gesellschaftliche Machthaushalt ein strukturelles Gleichgewicht wiederfindet, kann der Staat das Allgemeinwohl des Ganzen gegen die Eigennützigkeit seiner Teile durchsetzen.

Die CDU-Grundsatzkommission will durch die Ergänzung des Grundgesetzes das heute im Schwinden begriffene Bewußtsein der Verantwortung und der Sozialpflichtigkeit wieder stärker beleben. Sie verspricht sich davon eine nachdrückliche pädagogische Wirkung.

Die Ergänzung bedeutet aber zugleich auch einen Aufruf an den Gesetzgeber, das jeweils Erforderliche zu veranlassen. Dabei kann und darf die Freiheit und die Vielfalt der Verbände nicht in Frage gestellt werden. Die Kommission betont ausdrücklich, daß der demokratische Staat (im Gegensatz zum autoritär-dirigistischen Staat östlichen Musters) mit seiner Vielfalt von organisierten Meinungen und Interessen im Grundsatz über ein wirksames Informations- und Koordinierungssystem verfügt, das die Parteien und Regierungen in die Lage versetzt, aus der Wirkung und Gegenwirkung der verschiedenen häufig konkurrierenden Gruppen den jeweils erforderlichen und vertretbaren Kompromiß herauszufiltern.

Vielmehr hat der Gesetzgeber zu prüfen, wie weit es geboten ist, in einem „Verbandsgesetz" die Sozialpflichtigkeit der Verbände zu konkretisieren und insbesondere für die Gruppen, die — wie etwa die Tarifpartner — Aufgaben von besonderer öffentlicher Bedeutung wahrnehmen, ein grobmaschiges Verhaltensmuster aufzustellen. An eine Einschränkung der Tarifautonomie darf nicht gedacht werden. Im Gegenteil gilt es, sie durch vernünftige Verfahrensregeln zu sichern. So ist zu prüfen, wie weit eine erneute Tarifführerschaft durch den öffentlichen Dienst zulässig sein sollte. Zur Versachlichung der Tarifpolitik kann, wie schon in anderen Ländern, an die Möglichkeit einer „Abkühlungspause" gedacht werden. Denkbar ist ein Schlichtungsverfahren, in das Vertreter der Bundesbank und des Sachverständigenrates einzuschalten wären. Zu prüfen ist auch, wie weit ein Arbeitskampf lebenswichtige Bereiche unseres Staates wie Krankenhäuser, Ver- und Entsorgung und Verkehr lahmlegen darf. Im übrigen könnte daran gedacht werden, bewußt irreführende Informationen gegenüber Parlament, Regierung und anderen öffentlichen Einrichtungen unter Strafe zu stellen.

Darüber hinaus können gewisse Mindestanforderungen an die innere Struktur der bedeutsamen gesellschaftlichen Gruppierungen katalogisiert werden. Denn eine glaubwürdige Interessenvertretung setzt eine transparente innere Struktur und eine gewisse Gewähr dafür voraus, daß die jeweils repräsentierten Mitglieder auch tatsächlich einen gewissen Einfluß auf die Formulierung der Verbandsziele nehmen können. Bestimmte Verbände, insbesondere die Gewerkschaften, sind in ein Spannungs- und Konkurrenzverhältnis zu den politischen Parteien getreten. Je mehr sich die Vereinigung nach dem Gewicht ihrer politischen Einflußnahme der Bedeutung einer politischen Partei nähert, desto höher sind im Sinne des demokratischen Prinzips die Anforderungen an eine transparente innere Organisation und innerverbandliche Willensbildung zu stellen (z.B. auch Auskunftsrecht der Mitglieder, Publizität des Vereinsvermögens, Minderheitenschutz, Schiedsgerichtsbarkeit).

4.2.2. Gruppeninteressen und die Handlungsfähigkeit von Staat und Gesellschaft

vorgelegt in der „Mannheimer Erklärung" des CDU-Bundesvorstandes am 12. November 1975 in Mannheim (Auszüge)

Rolle der gesellschaftlichen Gruppen

Mit der Verwirklichung der freiheitlichen und demokratischen Ordnung in unserem Lande ist die Bedeutung der großen gesellschaftlichen Gruppen und Verbände ständig gewachsen. Sie gehören heute zu den unverzichtbaren, verfassungsrechtlich gesicherten Bestandteilen unserer offenen und pluralistischen Gesellschaft. Sie nehmen bestimmte Interessen unterschiedlicher Bevölkerungsgruppen wahr, bilden wirksame Gegengewichte gegen andere organisierte Interessen, die Ansammlung wirtschaftlicher Macht und gegenüber dem Staat. In ihnen vollziehen sich für die Funktion einer arbeitsteiligen Wirtschaft und Gesellschaft wesentliche Meinungs- und Willensbildungen. Damit strukturieren sie den Prozeß gesellschaftlicher Willensbildung und vermitteln zugleich zwischen den staatlichen Institutionen und dem Bürger.

Die für die Wohlfahrt des Landes erheblichen Interessen und Ansprüche werden allerdings nicht durch die organisierten Interessenvertretungen erschöpft. Weite Interessenbereiche werden durch Verbände oder Organisationen nicht ausreichend vertreten. Alte und junge Menschen, Kranke und Behinderte, aber auch wichtige Rollenfunktionen, wie die des Sparers oder des Bürgers im Verhältnis zur Verwaltung, finden häufig keine organisierte Fürsprache. Ihre Interessen sind im Konzert der organisierten Sonderinteressen benachteiligt. Sie angemessen zur Geltung zu bringen, ist eine wichtige Aufgabe des Staates und der politischen Parteien als Organe politischer Willensbildung.

Die großen gesellschaftlichen Gruppen und Verbände: Unternehmensverbände und Gewerkschaften, Großunternehmen, Interessenverbände und Selbstverwaltungsorganisationen verfügen, wenn sie wirksam sind, über gesellschaftliche Macht. Diese Macht ist notwendig, wenn die Gruppe ihre legitime Aufgabe erfüllen soll. Sie kann jedoch den gesellschaftlichen Machthaushalt auch nachhaltig stören und die Funktionsfähigkeit des Staates in bestimmten Teilbereichen beeinträchtigen. Dies gilt für die Auseinandersetzungen organisierter Gruppeninteressen untereinander ebenso wie für das Verhältnis der Gruppen zum Staat oder zur Allgemeinheit. Der Mißbrauch wirtschaftlicher Macht ist dafür ebenso Beispiel wie der Ausstand organisierter Spezialisten zum Nachteil der Allgemeinheit.

Von besonderer Erheblichkeit ist jedoch die Verbindung organisierter zu Lasten nicht organisierter Interessen. Beispielhaft dafür ist die Verbindung der gemeinsamen Interessen von Anteilseignern, Gewerkschaften und Management zu Lasten der Verbraucher und der Allgemeinheit. Dieser Konflikt stellt die Politik vor neue Aufgaben.

Mehr denn je gewinnt dabei die Aufgabe des Staates an Bedeutung, seine Gesamtverantwortung gegenüber den gesellschaftlichen Gruppen durchzusetzen und die Interessen der Allgemeinheit zu wahren. Dem demokratisch legitimierten Staat ist es aufgegeben, den Rahmen zu setzen, in dem die Gruppen sowohl im Inneren wie nach außen tätig werden.

Die Macht organisierter Interessen berührt nicht nur ihr Verhältnis zum Staat, sondern auch die Stellung des einzelnen zur organisierten Gruppe. Große gesellschaftliche Gruppen und Wirtschaftsorganisationen haben heute gegenüber dem einzelnen vielfach eine faktische Macht, die mit der hoheitlichen Macht des Staates vergleichbar ist. Im Gegensatz zu staatlichem Handeln unterliegt sie jedoch keiner wirksamen politischen oder rechtlichen Kontrolle. Daraus ergeben sich weitreichende Folgen für den einzelnen, den Staat, aber auch die Gruppe selbst.

Gesellschaftspolitische Aufgaben und die Neue Soziale Frage

Neben den bisherigen gesellschaftspolitischen Aufgaben sind in Zukunft aber auch noch andere drängende Probleme zu lösen. Zu dem Konflikt zwischen Arbeit und Kapital sind Konflikte zwischen organisierten und nichtorganisierten Interessen, zwischen Minderheiten und Mehrheiten, zwischen Stadt und Land und zwischen den Machtausübenden und Machtunterworfenen innerhalb der organisierten gesellschaftlichen Gruppen getreten.

Zu den Mächtigen in unserer Gesellschaft gehören heute nicht mehr allein die Kapitaleigner, sondern Kapitaleigner und Arbeitnehmer zusammen. Kapitaleigner und Arbeitnehmer sind heute in mächtigen Verbänden organisiert, die nicht nur die jeweiligen Sonderinteressen ihrer Mitglieder gegenüber der anderen Seite durchzusetzen versuchen, sondern die ebenso wirkungsvoll ihre Sonderinteressen gegenüber den nichtorganisierten Bevölkerungsgruppen behaupten. Die Nichtorganisierten, alte Menschen, Mütter mit Kindern oder die nicht mehr Arbeitsfähigen, sind den organisierten Verbänden in aller Regel unterlegen. Hier stellt sich die Neue Soziale Frage.

Die verbreitete Neigung, die mit ihr verbundenen Konflikte unbeachtet zu lassen, ist darauf zurückzuführen, daß in unserer Gesellschaft Interessenkonflikte zwischen Organisierten und Nichtorganisierten oder zwischen Erwerbstätigen und nicht mehr im Beruf Stehenden häufig zugunsten des Stärkeren und zu Lasten des Schwächeren entschieden werden. Die Politik der gegenwärtigen Bundesregierung beruht geradezu auf einem Bündnis der Starken gegen die Schwachen. Da die Schwachen − die Nichtorganisierten, die Alten und die Kinder − als Gruppe keine Mehrheit bilden, besteht für sie darüber hinaus die Gefahr, daß sie in unserer Gesellschaft auch politisch benachteiligt werden. Eine solche Entwicklung entspricht nicht unserem Verständnis von Solidarität und ist mit unserer Verfassung, insbesondere mit den in ihr verankerten Grundrechten und mit dem Sozialstaatsprinzip, unvereinbar.

Der Staat kann die neuen sozialen Fragen nur lösen, wenn er bereit und in der Lage ist, sich der wirklichen sozialen Probleme in unserem Land anzunehmen. Ein Sozialvertrag zwischen Staat, Wirtschaft und Gewerkschaften ist ungeeignet, den berechtigten Anliegen der Schwachen in unserer Gesellschaft Rechnung zu tragen.

Die bisherige Betonung des Konflikts zwischen Arbeit und Kapital hat häufig die Probleme der wirklich Schwachen und Bedürftigen in unserer Gesellschaft verdeckt. Hierzu gehören die

schwierige Stellung der Frau mit ihrer oft unerträglichen Mehr-
fachbelastung von Erwerbstätigkeit, Kindererziehung und Haus-
haltsführung, die Wahrung der Menschenwürde im Alter, die Lage
der Gastarbeiter, die soziale Sicherung älterer Selbständiger, die
Probleme der Kinder in einer Welt der Erwachsenen, die Frage
der Erziehungsfähigkeit unserer Familien und die Schwierigkeiten
von Behinderten und Alleinstehenden. Hinzu kommen Probleme
wie die Zerstörung der Umwelt, inhumane Stadtplanungen, familien-
feindliche Wohnungen und Krankheiten, die durch unsere Lebens-
und Arbeitsverhältnisse mitbedingt sind.

Die Verbesserung der Handlungsfähigkeit von Staat und Gesellschaft

Die Handlungs- und Leistungsfähigkeit von Staat und Gesellschaft
müssen gesteigert werden, wenn wir den zunehmenden Belastungen
im Inneren und von außen auch in Zukunft erfolgreich standhalten
wollen. Ziel unserer Politik ist deshalb

— die Leistungs- und Handlungsfähigkeit der Gesellschaft zu stei-
  gern,
— die Entscheidungs- und Durchsetzungsfähigkeit des Staates zu
  stärken,
— die Wirksamkeit und Wirtschaftlichkeit der öffentlichen Einrichtungen zu erhöhen,
— die Kontrolle staatlichen Handelns durch die Bürger und die von
  ihnen berufenen Organe zu verbessern.

Für die Steigerung der Handlungs- und Leistungsfähigkeit unserer
Gesellschaft müssen ihre dezentralen und offenen Strukturen erhalten und weiter ausgebaut werden. Bei der Erfüllung dieser Aufgabe spielen die gesellschaftlichen Gruppen und Verbände eine
wichtige Rolle. Durch ihre konstruktive Mitwirkung bei der Lösung wirtschafts- und gesellschaftspolitischer Aufgaben haben wir
in der Bundesrepublik Deutschland besondere Erfolge erzielt.
   Voraussetzung solcher Erfolge ist die Einordnung der gesellschaftlichen Gruppen und Verbände in das gesellschaftliche Ganze

und das Gemeinwohl. Das ist Ausdruck des allgemeinen sozialstaatlichen Grundsatzes, nach dem alle von der Verfassung garantierte Autonomie den Anforderungen der Gemeinwohlverträglichkeit unterworfen ist. Mit der Verwirklichung des Sozialstaatsprin-
zips wurde der Gedanke der Sozialpflichtigkeit von Eigentum auf
alle Formen gesellschaftlicher Machtpositionen erstreckt.

Zugleich ist die Einordnung der gesellschaftlichen Gruppen in
das gesellschaftliche Ganze Ausdruck ihrer begrenzten Legitimation.
Im Unterschied zum Staat, der von der Gesamtheit aller Bürger
legitimiert ist, vertreten die gesellschaftlichen Gruppen gesellschaftliche Teilbereiche und deren Interessen. Aus dieser unterschiedlichen Legitimation folgt, daß ein Sozialvertrag zwischen Staat und
autonomen Gruppen nicht möglich ist und daß der Staat seine
Autorität nicht mit den Gruppen teilen kann.

Umgekehrt können die Gruppen Verletzungen ihrer verfassungsrechtlich gewährleisteten Autonomie durch den Staat zurückweisen.
Das heißt allerdings nicht, daß der Staat die gesellschaftlichen
Gruppen gänzlich sich selbst überlassen darf. Die veränderte Stellung des einzelnen in der Gruppe erfordert vielmehr, daß unsere
Rechtsordnung auch hinsichtlich der demokratischen Gestaltung
der Gruppen und des Verhältnisses der Verbände zu ihren Mitgliedern durchgesetzt wird. Dies gilt insbesondere in den Bereichen des Minderheitenschutzes, der Verbandspublizität, der Schiedsgerichtsbarkeit und der Sicherung der demokratischen Willensbildung im Verband. Die berechtigten Interessen und Bedürfnisse
des einzelnen müssen auch im Rahmen des Verbandes berücksichtigt
werden.

Die Stärkung der Stellung des einzelnen innerhalb der gesellschaftlichen Gruppen und in der Gesellschaft ist eine grundlegende
Voraussetzung für die Steigerung der Handlungsfähigkeit von Staat
und Gesellschaft. Nur eine Gemeinschaft, die die Freiheit des einzelnen und seine wirtschaftlichen und sozialen Entfaltungsräume
achtet und sichert, kann darauf bauen, daß der einzelne seine Fähigkeiten für ihre Erhaltung einsetzt und sich mit ihr solidarisch erklärt. Eine solche freiheitliche Gemeinschaft hat aber auch einen
Anspruch auf die Solidarität und Mitwirkung ihrer Bürger. Erst
die Verbindung von Freiheit und Solidarität ermöglicht der Ge-

meinschaft, ihre Aufgaben gegenüber dem einzelnen und nach außen zu erfüllen und damit der Verwirklichung des Menschen zu dienen.

4.2.3. *Der Staat und die Macht der Verbände*

vorgelegt von der JUNGEN UNION DEUTSCHLANDS auf Ihrem Deutschlandtag in München (Oktober 1977)

1. *Verbände — notwendiger Bestandteil einer freien Gesellschaft*

Verbände sind ein notwendiger Bestandteil jeder differenzierten Gesellschaft. Freie Verbandsbildung und verbandliche Handlungsfreiheit zeichnen eine freiheitliche Gesellschaft aus. Pluralismus ist Voraussetzung gesellschaftlicher Selbstregulierung und Strukturprinzip freiheitlicher Ordnung.

Verbände stellen Organisationen gesellschaftlicher Selbsthilfe und Interessenvertretung dar. Sie sind Mehrzweckorganisationen. Sie artikulieren und formulieren Interessen und sammeln Sachverstand, sie vermitteln zwischen dem Einzelnen, der Gesellschaft und dem Staat und sie nehmen Einfluß auf den politischen Willensbildungs- und Entscheidungsprozeß. Als Selbsthilfe-, Dienstleistungs- und Wohlfahrtseinrichtungen erfüllen die Verbände Aufgaben, die ohne sie vom Staat wahrgenommen werden müßten (Subsidiaritätsprinzip).

Der Staat hat die Rolle und die Leistungen der Verbände in vielfältiger Weise anerkannt und ihnen im Rahmen seiner sozialstaatlichen Aktivitäten zahlreiche Vertretungs-, Mitwirkungs-, Entscheidungs- und Beteiligungsrechte in staatlichen Gremien und Verfahren, in Beiräten, Gerichten sowie Anhörungen eingeräumt. Im Hinblick auf Koalitionsfreiheit und Tarifautonomie hat der Staat die Freiheit der Sozialpartner verfassungsrechtlich besonders gesichert. Im Rahmen dieser Freiheit sind die Sozialpartner befugt, mit den Tarifverträgen gleichzeitig verbindliche Daten für Gesellschaft und Wirtschaft sowie den Sozialstaat zu setzen. Sie nehmen damit nicht nur, wie die übrigen Verbände, an der politischen Willensbildung teil, sondern bestimmen selbst in einem wichtigen gesellschaftlichen Teilbereich von großem öffentlichen Interesse die Entscheidung.

Verbände handeln in legitimer Betätigung ihrer Freiheit. Aufgaben, die die Verbände erfüllen, werden nicht sondern dadurch zu öffentlichen Aufgaben, daß sie von öffentlichem Interesse sind. Vielmehr hat nur der Staat über die öffentliche Natur einer Aufgabe zu entscheiden. Die Erhaltung, dynamische Entwicklung und Ausdifferenzierung gesellschaftlicher Aktivität und Macht außerhalb des staatlichen Bereichs garantiert ein Stück Machtteilung und -beschränkung im Sinne freiheitlicher Ordnung.

2. *Pluralismus der Interessengruppen schafft noch keine Gerechtigkeit*

Der Pluralismus der Interessengruppen und Verbände sichert aber noch nicht eine symmetrische, d.h. unter den Gesichtspunkten des Gemeinwohls gerechte Berücksichtigung aller Interessen, und zwar weder innerhalb eines Verbandes noch zwischen den Verbänden im Rahmen der Gesellschaft. Zahlreiche Interessen sind nicht organisierbar, andere vermögen sich ihrer Natur nach nur unzureichend durchzusetzen. Dazu kommt, daß sich im gesellschaftlichen Wettbewerb der Interessengruppen der Rang von Interessen oft nach der Zahl der Interessenten und der Stärke der Organisation richtet, sowie durch die finanziellen und publizistischen Möglichkeiten der Interessenten mitbestimmt wird. Dadurch entstehen neue Konflikte zwischen organisierten und nichtorganisierten Interessen, zwischen mächtigen Verbänden und einflußlosen Interessengruppen. Diese Konflikte stellen einen Teil der Neuen Sozialen Frage dar, die damit Ausgangspunkt der Frage nach Macht und Verantwortung der Verbände ist.

Der Staat hat angesichts des verbandlichen Ungleichgewichts vertretener Interessen die Pflicht, im Sinne eines „sozialen und strukturierten Pluralismus" auszugleichen und die Gerechtigkeit allen gegenüber herzustellen. Er muß dazu Autorität und Handlungsfähigkeit zurückgewinnen.

3. Sozialpflichtigkeit der Verbände

Die Eingrenzung der grundrechtlichen Gewährleistung der Verbandsautonomie durch eine Sozialpflichtigkeit ist in der Verfassung — anders als beim Eigentum — zwar nicht ausdrücklich verankert, jedoch ist jede vom Staat gewährleistete Autonomie der Gemeinwohlverträglichkeit unterworfen.

Das Gemeinwohl kann sich nur im Spannungsfeld zwischen Konflikt und Kompromiß, zwischen Konkurrenz und Konsens ergeben. Die Sozialpflichtigkeit der Verbände besteht daher in der Pflicht, bei der Durchsetzung eigener Interessen auch die Interessen anderer Gruppen zu berücksichtigen.

Idealtypisch haben in der parlamentarischen Demokratie die dafür legitimierten Organe — Parlament und Regierung — die Aufgabe, Gemeinwohl zu definieren. Das erfordert von Interessengruppen unabhängige Organe, die Orientierungen auch in solchen Bereichen geben müssen, in denen sie nicht allein entscheiden.

Die Durchsetzung des Gemeinwohls gegenüber Verbandsinteressen wird aber nicht nur durch die Übermächtigkeit von Verbänden gegenüber dem Staat gefährdet, sondern droht auch dort zu scheitern, wo ein Machtungleichgewicht von Verbänden untereinander besteht. In vielen gesellschaftlichen Bereichen werden Interessenkonflikte durch Regelungen von Verbänden untereinander gelöst. Wo Exekutive und Legislative oder die Rechtsprechung Einfluß auf derartige Regelungsmechanismen nehmen, muß eine einseitige Machtausnutzung verhindert werden.

Gemeinwohlorientierung kann zwar in Verfassung oder/und Gesetz auferlegt werden; niemand vermag jedoch die Einhaltung dieser Pflicht mit rechtsstaatlich zumutbaren Mitteln zu gewährleisten bzw. die Verletzung dieser Pflicht rechtlich zu ahnden, weil die Definition des Gemeinwohls dem öffentlichen Willensbildungsprozeß unterworfen ist. Die JU lehnt daher eine gesetzliche Festlegung der Sozialpflichtigkeit der Verbände ab.

4. Innerverbandliche Freiheitssicherung

Verbände von öffentlicher Bedeutung müssen ein Mindestmaß an innerverbandlicher Demokratie wahren.

Die Forderung nach Demokratisierung der innerverbandlichen Strukturen erhält ihre Rechtfertigung vor allem aus ihrem normativen Anspruch, nämlich der Sicherung eines Höchstmaßes an individueller Freiheit nicht nur im staatlich-politischen, sondern auch im gesellschaftlichen Bereich. Die Forderung nach innerverbandlicher Demokratie muß auf den jeweiligen Anwendungsbereich bezogen werden. Eine Beeinträchtigung individueller Freiheit ist immer dann wahrscheinlich und die Notwendigkeit verstärkter Mitspracherechte der Verbandsmitglieder ist immer dann gegeben, wenn

— ein Verband wichtige Interessen seiner Mitglieder vertritt
— ein Verband generelle — auch Nichtmitglieder bindende — öffentliche Funktionen wahrnimmt
— insbesondere wenn Interessenverbände in der Lobbyliste des Deutschen Bundestages eingetragen sind.

Um der Tendenz zur Oligarchisierung der innerverbandlichen Willensbildung entgegenzuwirken und die Mitglieder ausreichend an dieser Willensbildung zu beteiligen, sind die Verbände aufgefordert, folgendes sicherzustellen:

1. Sicherung der Beteiligung der Mitglieder durch
— Wahl der Verbandsvertreter nach demokratischem Verfahren.
— Begrenzung der Amtsdauer von Vorständen.
— Rechenschaftspflicht des Vorstandes.
— Willensbildung von unten nach oben in allen grundsätzlichen Fragen.
2. Hauptamtliche Funktionäre stellen nicht mehr als ein Viertel der Stimmberechtigten einer Delegierten- oder Vertreterversammlung, die die Vorstände oder sonstige Organe wählt.
3. Offenlegung der Finanzen.
4. Unabhängige Schiedsgerichtsbarkeit.

Hier ist der Ort für eine gesetzliche Regelung, die Rahmenvorschriften für ein Mindestmaß an demokratischer Willensbildung und Rechenschaftspflicht in den Verbänden enthalten soll. Eine solche gesetzliche Regelung soll keine Eingriffsbefugnis der Exekutive, sondern einklagbare Individualrechte der Mitglieder begründen. Sie sollte in Fortentwicklung des Vereinsrechts im BGB getroffen werden.

5. *Verstärkte Kontrolle der Körperschaften des öffentlichen Rechts /gegen Wirtschafts- und Sozialrat*

Die Junge Union Deutschlands lehnt die Einrichtung eines Wirtschafts- und Sozialrates ab.

Ein Wirtschafts- und Sozialrat auf Bundes- und Landesebene, in dem die mächtigsten Verbände und die Tarifpartner vertreten wären, würde die dort vertretenen wirtschaftlichen und damit politisch mächtigen Organisationen weiter privilegieren und das Ungleichgewicht zwischen Gruppen verstärken. Es entstünde eine wirtschaftsdemokratische Sekundärverfassung in Konkurrenz zum Parlament.

Zur Abstimmung und Orientierung wirtschaftlichen Handelns genügt das Instrument der Konzertierten Aktion.

Die Körperschaften des öffentlichen Rechts, denen der Staat öffentliche Aufgaben übertragen hat, sind von den freien privatrechtlichen Verbänden zu unterscheiden: der Staat übt über die Körperschaften eine Rechts- und Fachaufsicht aus. Diese Aufsicht muß konsequenter zur Vermeidung von Mißbräuchen ausgeübt werden. Insbesondere muß die Kompetenzüberschreitung solcher Organisationen verhindert werden. Der Staat muß ferner die demokratische und pluralistische Struktur der Körperschaften sicherstellen. Im übrigen muß überprüft werden, ob die wahrgenommenen Aufgaben notwendig von öffentlich-rechtlichen Organisationen getragen werden müssen.

Auch die Kirchen sind von den privat-rechtlichen Verbänden zu unterscheiden. Ihre staatsrechtliche Stellung erfordert eine gesonderte Betrachtung und Bewertung.

6. Mut zum Staat und zur Ordnungspolitik

Eine Hauptursache für das Anwachsen der Verbandsmacht ist die wachsende Ansiedlung der Staatstätigkeit bzw. der Intervention des modernen Sozialstaates in Wirtschaft und Gesellschaft. Der Staat bedient sich nicht nur des Sachverstandes der Verbände, sondern er beteiligt sie in vielfältiger Weise an öffentlichen Aufgaben. Die Verbände setzen die ihnen dadurch zugewachsene Macht wiederum im Kampf um die Durchsetzung ihrer Interessen gegen den Staat ein. Im ständigen Kompromiß mit den mächtigsten Gruppen beginnt sich dieses auf freien Wettbewerb und Machtbalance ausgerichtete System zu verfestigen und die staatliche Handlungsfähigkeit, insbesondere seine Ausgleichfunktion, zu überwuchern. Weniger das Wachstum und die Macht der Verbände sind Ursache für die Handlungsunfähigkeit des Staates, eher führt die Entwicklung zum Interventions- und Gefälligkeitsstaat, der zur Befriedigung der an ihn herangetragenen Forderungen verbandsspezifische Programme unterbreitet, zum weiteren Wachstum und zur Macht der Verbände.

Dazu kommt, daß die Orientierungslosigkeit des Staates in grundsätzlichen Fragen und eine ordnungspolitisch unbeständige Politik die Begehrlichkeit der Interessengruppen begünstigen, und zum verstärkten Vordringen des Verbandskompromisses beitragen. Schließlich hat die Verwischung der Konturen zwischen den Funktionsbereichen des Staates und der Gesellschaft den Staat in seiner Autorität und Durchsetzungsmacht entscheidend geschwächt.

Der Staat muß, wenn er von den Verbänden nicht überwältigt werden will, eine allen gesellschaftlichen Gruppen übergeordnete machtvolle Institution bleiben, um die Freiheit der Person wirksam zu schützen und soziale Gerechtigkeit herstellen zu können. Staat und Gesellschaft stehen zwar in einem engen Beziehungsverhältnis und sind vielfältig miteinander verflochten, aber erst die begriffliche Unterscheidung von Staat und Gesellschaft ermöglicht eine Trennung der gegenseitigen Funktionen und damit eine Sicherung staatlicher Autorität und Handlungsfähigkeit. Die Identität von Staat und Gesellschaft führt dagegen zum totalitären Staat. Nur ein handlungsfähiges politisches Entscheidungssystem ist in der Lage, sich bei der Bestimmung des Gemeinwohls gegenüber den Interessengruppen durchzusetzen.

Die Wiedergewinnung eines ordnungspolitischen Denkens ist die Voraussetzung für die Durchsetzung des Gemeinwohls in der öffentlichen Meinung und im politischen Prozeß.

Die Eindämmung des Gefälligkeitsstaates macht eine Überprüfung der staatlichen Tätigkeit unter ordnungspolitischen Gesichtspunkten notwendig. Dabei geht es nicht einfach um den allgemeinen Rückzug des Staates aus der Vielzahl regelungsbedürftiger komplexer Sachverhalte, sondern um eine Neuabgrenzung staatlicher und gesellschaftlicher Sphären. Leitbild muß auch im komplexen Sozialstaat der selbstverantwortliche Bürger sein, dessen Freiheit geschützt und dessen Eigenverantwortung gestärkt wird (Entstaatlichung).

Bestehende steuerliche Privilegien, die große Verbände in ihrer wirtschaftlichen Tätigkeit zu Wettbewerbsvorteilen verhelfen, müssen abgebaut werden.

7. Verbände und Parteien

Den Parteien kommt bei der Durchsetzung des Gemeinwohls, der Sicherung der staatlichen Autorität und der Formulierung ordnungspolitischer Vorstellungen die entscheidende Bedeutung zu. Wichtigste Voraussetzung für die Bewältigung dieser Aufgaben ist die Bewahrung ihrer Handlungsfähigkeit gegenüber den Verbänden. Parteien, die sich als verlängerter Arm von verbandlichen Interessen verstehen oder verhalten, verraten ihren verfassungsgemäßen Auftrag und gefährden die Funktionsfähigkeit des Staates. Den Jugendorganisationen der Parteien kommt in diesem Zusammenhang die wichtige Aufgabe zu, über alle tagesorientierte Politik hinaus auf die Grundsätze hinzuweisen.

Es ist legitim, wenn Verbände und Parteien sich wechselseitig zu beeinflussen versuchen. Aber eine Verfilzung zwischen einem Verband und einer Partei kann den Verband zu einem parteipolitischen Förderverein degradieren. Wo ein Verband aus parteipolitischem Opportunismus seine eigenen Ziele oder Forderungen aufgibt, stellt er seine Existenzberechtigung in Frage. Ein Verband, der sich dem Interesse einer Partei unterordnet, verzichtet z.B.

auf die Möglichkeit, alle seinem Interesse verbundenen Interessenten zu gewinnen.

Ein umfassender Anspruch auf ein politisches Mandat steht nur den demokratisch legitimierten Organen des Staates und den Parteien zu. Verbände dagegen vertreten Interessen und repräsentieren den Menschen als Interessenten. Daher steht ihnen ein umfassendes allgemeinpolitisches Mandat nicht zu. Autonome Gruppen können immer nur gesellschaftliche Teile vertreten — im Gegensatz zur Staatsgewalt, die durch alle Bürger legitimiert ist.

Verbände müssen sich auf die ihnen zugrundeliegenden Interessen beschränken.

(...)

9. Reformen müssen auf mehr Transparenz und institutionelle Funktionsfähigkeit zielen

Die Ablehnung eines Verbändegesetzes bedeutet freilich nicht, die Notwendigkeit von Reformen im Verbändewesen und insbesondere im Verhältnis von Verbänden und Staat zu verneinen.

Reformmaßnahmen müssen vor allem auf die Transparenz des politischen Prozesses gerade an den „Gelenkstellen", auf die verbesserte Funktionsfähigkeit der beteiligten Institutionen und Entscheidungsträger sowie auf die öffentliche Bewußtseinsbildung gerichtet sein. Die Sozialpartner erfordern besondere Aufmerksamkeit. Dabei ist zu beachten, daß das Gemeinwohl nicht vorherbestimmt ist, sondern im politischen Prozeß festgestellt wird. Der zentrale Ort der Demokratie ist das Parlament.

Das Gemeinwohl ist nichts Vorgegebenes, sondern es ergibt sich aus der Regelung des Konflikts entgegengesetzter Interessen. Das Gemeinwohl ist eine von den Kategorien des Rechts und der Gerechtigkeit geprägte regulative Idee. Im parlamentarisch-demokratischen Staat obliegt die Bestimmung des allgemeinen Interesses (Gemeinwohl) den demokratisch legitimierten Organen, dem Parlament und der aus ihm hervorgegangenen Regierung. Die Verbände sind als gesellschaftliche Einrichtungen an diesem Willensbildungs- und Entscheidungsprozeß auf vielfältige Weise beteiligt.

Die Parteien bilden die bestimmenden Elemente des politischen Prozesses.

Es kommt entscheidend darauf an, daß

1. die einzelnen Beteiligten — Staatsorgane, Parteien, Verbände — ihre Funktionen wahrnehmen, aber auch die gesetzten Grenzen einhalten,
2. die weitestgehende Transparenz dieses Willensbildungsprozesses, insbesondere an den „Gelenkstellen" und der daran Beteiligten gesichert wird, sowie
3. die öffentliche Meinung beeinflußt und aktiviert wird, damit sie ihre Kritik und Kontrollfunktion zugunsten des Gemeinwohls wahrnehmen kann.

Ziel aller Verbesserungsvorschläge im Sinne eines strukturierten Pluralismus muß es sein, die Entscheidungsmacht des Staates gegenüber partikularen sozialen Gewalten zu sichern und hierdurch zugleich den sozialen Frieden zu gewährleisten. Es ist eine wesentliche Aufgabe des Staates, die einmal gefundene Regelung auch kraftvoll und entschieden durchzusetzen.
(...)

11. Parlamente und Verbände

Je mehr sich der Leistungsstaat entwickelt, von dem der Bürger Fürsorge und Vorsorge in fast allen Lebensbereichen erwartet, desto deutlicher wird auch, daß sich die politische Entscheidungsgewalt auffächert. Die sogenannte „Politisierung" neuer Lebensbereiche hat die Macht des Parlaments aber nicht gesteigert, im Gegenteil, die Grenzen seiner Macht sind sichtbar geworden.

Zur Förderung der Durchsichtigkeit der Gesetzgebung und zur Stärkung der Stellung des Parlaments gegenüber den Verbänden fordert die Junge Union Deutschlands:

1. Information des Parlaments bereits in der Entstehungsphase der Rechtssetzung über die Empfehlungen der Verbände.

2. Frühzeitige Information der Öffentlichkeit.
3. Änderung der Arbeitsweise der Ausschüsse, d.h. Öffentlichkeit der Ausschüsse des Bundestages.
4. Verbesserung der Entscheidungshilfen für Abgeordnete und Fraktionen zur verbandsunabhängigen Informationsbeschaffung.
5. Beschickung der Ausschüsse durch die Fraktionen im Sinne ausgewogener Interessenvertretung, um zu verhindern, daß die Ausschußmitglieder in ihrer Mehrheit mit dem betreffenden Beratungsgegenstand verknüpfte Interessen vertreten; keine „Verbandsinseln".
6. Einführung einer öffentlichen Lobbyliste in allen Parlamenten und Ergänzung der Lobbyliste des Bundestages um eine weitere Spalte, aus der Einnahmen und Ausgaben sowie die Vermögensverhältnisse des jeweiligen Verbandes hervorgehen.
7. Anhörung und sonstige Beteiligung von Verbänden in staatlichen Gremien oder Beratungsprozessen nur, wenn diese Verbände ein Mindestmaß an demokratischer Binnenstruktur aufweisen, d.h. Wahl und Rechenschaftspflicht der Verbandsvertreter sowie innerverbandliche Mitwirkung.
8. Erschöpfende Berichterstattung darüber, welche Gutachter, Sachverständige und Materialien bei der Erarbeitung von Gesetzentwürfen, Berichten und Plänen herangezogen werden sowie über die Beteiligung der Verbände an Institutionen von Staat und Gesellschaft.

12. Verwaltung und Verbände

Außerordentlich wirksam ist der Einfluß der Verbände auf die Gesetzeserarbeitung. Dabei ist noch am wenigsten bedenklich, was am meisten kritisiert wird: die öffentlichen Pressionen. Die Einflußnahme erweist sich dort als sehr viel wirkungsvoller, wo sie sich im Stillen vollzieht, und zwar im Stadium der Referentenentwürfe beim Ministerium. In unkontrollierbarer Zusammenarbeit zwischen Beamten und Verbänden werden häufig bereits Fragestellung und Rahmen der Diskussion festgelegt. Wenn der Gesetzentwurf das Parlament erreicht, ist die Diskussion oft schon so weit vorgeformt, daß nur noch um unwichtige Einzelheiten gestritten wird. Dabei ist die Verwaltung nicht selten auf den Sachverstand der Verbandsbürokratie angewiesen.

Im Interesse einer wirksameren Kontrolle der Verbandseinflüsse im Bereich von Regierung und Verwaltung fordert die Junge Union Deutschlands:

1. Stärkere fachliche Spezialisierung der Verwaltung als Gegengewicht zu den Verbandsspezialisten.
2. Stärkung der konzeptionellen Durchsetzungskraft der politischen Führung dadurch, daß jedem Gesetzentwurf die Darlegung der politischen Zielsetzung gesondert vorangestellt werden muß.
3. Verstärkte Heranziehung von unabhängigen Sachverständigen.
4. Die Gutachten von Sachverständigen bzw. Beiräten sind zusammen mit den Stellungnahmen der Verbände den Gesetzentwürfen als Anlage beizugeben. In der Begründung des Gesetzentwurfes ist auf diese Gutachten und Stellungnahmen einzugehen.
5. Sicherung der Funktionsfähigkeit des öffentlichen Dienstes als einer unparteiischen administrativen Elite mit funktionsbezogener, insbesondere fachlicher Eignung, Befähigung und Leistung.
6. Die Übernahme von Nebentätigkeiten oder ehrenamtlichen Funktionen durch Beamte oberster Behörden soll insoweit ausgeschlossen werden, als dadurch im Hinblick auf ihre dienstlichen Aufgaben die Gefahr eines Interessenkonfliktes begründet wird.
7. Anlage einer jährlichen öffentlichen Liste, in der alle Fachressorts die ihnen von Verbänden zugegangenen Eingaben aufführen.
8. Kontinuierliche Veröffentlichung der Zusammensetzung der zahlreichen Beiräte im Hinblick auf die Verbandsvertretung.

13. Die Verantwortung der Sozialpartner

Wichtige volkswirtschaftliche Daten, die Rahmenbedingungen staatlichen Handelns, werden neben der Bundesbank und den

Großinvestoren von den Sozialpartnern gesetzt. Dabei kann zwar die Exekutive Vermittlerdienste leisten und kleinere Korrekturen erzwingen. Das ändert aber nichts daran, daß auf Dauer weder gegen die Unternehmer noch gegen die Gewerkschaften regiert werden kann und schon gar nicht gegen beide.

1. Die vom Grundgesetz garantierte Koalitionsfreiheit und Tarifautonomie findet allerdings ihre Grenzen darin, daß durch die tarifvertraglichen Vereinbarungen die gerechte Verteilung des Sozialprodukts und das Gedeihen der Volkswirtschaft nicht beeinträchtigt, durch Auswuchern der Arbeitskämpfe die staatliche Friedensordnung nicht gestört und durch Massierung des Einflusses beider Sozialpartner oder eines von ihnen die politische Handlungsverantwortung der Staatsorgane nicht verdrängt werden darf.

2. Die Sozialpartner haben kein allgemeinpolitisches Mandat. Sie sind Interessenvertretung und keine Parteien. Sie haben weder eine gesellschaftliche noch eine politische Allkompetenz.

3. Im Rahmen der Tarifautonomie stehen sich die Gewerkschaften als Einzelmitgliederorganisationen und die Arbeitgeberverbände als Zusammenschlüsse von Unternehmern sehr unterschiedlicher Größen- und Marktbedeutung gegenüber. Die Arbeitgeberseite weist darüber hinaus eine vielfach gestaffelte Lobby auf. Nationale und multinationale Großunternehmen machen ihren Einfluß nicht allein über die Verbände der Arbeitgeberseite, sondern häufig auch direkt geltend.

Dabei haben sie in den Verbänden der Arbeitgeberseite häufig mehr Einfluß als die mittelständischen Unternehmen. Einer Verbesserung der Partizipation kleiner und mittlerer Unternehmen in den Verbänden der Arbeitgeberseite kommt daher eine ebenso große Bedeutung zu, wie einer verstärkten Transparenz der dort getroffenen Entscheidungen. Den Verbänden der Arbeitgeberseite muß die Frage nach ihrer Offenheit und der demokratischen Struktur ihrer innerverbandlichen Willensbildung ebenso kritisch gestellt werden wie anderen Organisationen und Verbänden auch.

Im Hinblick auf die Personenmitgliederschaft bei den Gewerkschaften — im Gegensatz zur Unternehmensmitgliedschaft bei Arbeitgeber-Verbänden — ergeben sich zusätzliche Anforderungen.

4. Gewerkschaften sind als Organisation zur Vertretung der Arbeitnehmerinteressen unverzichtbar. Gewerkschaften sind aber nur solange Gegenmacht, wie sie selbst nicht allmächtig sind.

5. Eine Einheitsgewerkschaft ist dann eine glaubwürdige Alternative zu einem Pluralismus zwischen den Gewerkschaften, wenn Pluralismus und Offenheit in einer Einheitsgewerkschaft bestehen. Parteipolitische Einseitigkeit verstößt gegen das Gebot innerverbandlichen Pluralismus in einer Einheitsgewerkschaft und entzieht einer Einheitsgewerkschaft die Legitimation. Sie zieht das Entstehen von Richtungsgewerkschaften nach sich.

6. Die Monopolstellung der Einheitsgewerkschaft sowie der mitgliedschaftliche Charakter einer Gewerkschaft erfordern
- eine pluralistische Binnenstruktur,
- Minderheitenschutz,
- Transparenz der Entscheidungen,
- Sicherung der Partizipation der Mitglieder,
- Beschränkung auf die gewerkschaftliche Interessenvertretung,
- parteipolitische Unabhängigkeit.
Der Grad der innergewerkschaftlichen Demokratie ist ein Indiz für die demokratische Glaubwürdigkeit und Freiheitlichkeit der Gewerkschaft.

7. Gewerkschaften sprechen für ihre Mitglieder. Selbst ein hoher Organisationsgrad verleiht den Gewerkschaften nicht das Alleinvertretungsrecht für alle Arbeitnehmer. Auch das Recht der negativen Koalitionsfreiheit ist geschützt.

8. Der Streik ist ein legitimes Mittel zur Durchsetzung tarifpolitischer Forderungen. Im Hinblick auf die Waffengleichheit zwischen den Tarifpartnern stellt das Recht auf Aussperrung ein legitimes Gegenmittel dar. Der Streik als Mittel der politischen Auseinandersetzung wird abgelehnt.

4.2.4. *Staat und Verbände*

aus dem „Entwurf für ein Grundsatzprogramm der CDU", Vorlage des Bundesvorstandes an den 26. Bundesparteitag, 23.—25. Oktober 1978 in Ludwigshafen (Bonn o. J., S. 28)

In einer freien Gesellschaft bestimmen die Verbände ihre Aufgaben im Rahmen der geltenden Rechtsordnung selbständig. Die Prinzipien der Demokratie gelten dabei auch für die innerverbandliche Verfassung. Je größer die Organisationen werden, um so wichtiger wird auch Schutz der Meinungsvielfalt und der Minderheiten. In einer pluralistischen Gesellschaft soll keine Organisation umfassende Zuständigkeit beanspruchen.

Wir bejahen die Freiheit der gesellschaftlichen Vereinigungen und Verbände auch dann, wenn sie, wie die Tarifpartner, tief in die Belange des ganzen Volkes eingreifen. Aber in einem demokratischen Gemeinwesen gibt es kein Recht ohne Pflicht und keine Freiheit ohne Verantwortung, weder für den einzelnen Bürger noch für Gruppen. Die Sozialpflichtigkeit aller gesellschaftlichen Kräfte zu gewährleisten, ist eine Aufgabe des demokratischen Staates. Ihm obliegt es, die nichtorganisierten Interessen zu schützen.

4.3. SPD

Hermann Scheer, Verbandsgesetzentwurf — Bangemann auf Biedenkopflinie

aus: Die Neue Gesellschaft, H. 2 (1977), S. 114—117

Mit der Veröffentlichung des Entwurfs für ein Verbandsgesetz durch die Kommission „Gesellschaftliche Großorganisationen" (Verbände-Kommission) des FDP-Bundesvorstands hat der freidemokratische Koalitionspartner in Bonn nun ein Thema in den Ring der Koalition geworfen, von dem heute noch nicht zu sagen ist, ob es dort im Sande verläuft oder ob es zu einer koalitionspolitischen Belastung ersten Ranges wird. Wenn es auf die Tagesordnung von Bundesregierung und Parlament kommen sollte, wird mit Sicherheit letzteres der Fall sein. Zu einer solchen Folgerung muß man zwangsläufig kommen, wenn der Inhalt des Verbandsgesetzentwurfs näher betrachtet wird und wenn die politischen Begleitumstände und die Begleitkommentare in Rechnung gestellt werden.

Der Entwurf liest sich für den oberflächlichen Betrachter wie ein Katalog von Selbstverständlichkeiten. (...)

Um diesen Entwurf politisch werten zu können, sind zunächst einige Hintergrundnotizen nochmals in Erinnerung zu bringen.

Demokratisierung gegen Machtkartelle?

Die Mißstände liegen eigentlich klar auf der Hand: große Verbände haben sich institutionalisiert und treten mit einem Vertretungsmonopolanspruch auf, meist ohne dazu ein demokratisches Mandat aus der eigenen Verbandsorganisation zu haben. Sie beeinflussen die öffentliche Meinung ebenso wirksam wie den Gesetzgebungsprozeß. Am Entscheidungsprozeß innerhalb der Ministerialverwaltungen sind sie ständig beteiligt. Mittels der Verbandsorgane sind sie ideologie- und meinungsbildend gegenüber den Mitgliedern tätig. So kommt es, daß z. B. die Ärztekammern sogar ein öffentlich-rechtlich sanktioniertes Vertretungsmonopol haben und dennoch wirken und auftreten wie eine völlig einseitige Interessengruppe, die alles tut, um ihre Zwangsmitglieder auf den richtigen ideologischen und politischen Kurs zu trimmen. Verbände sind zwar aus einem pluralistischen Staat nicht wegzudenken. Doch ist in der Tat die Notwendigkeit gegeben, ihren Einfluß zumindest dort zu beschränken, wo er bereits stärker geworden ist als der einer parlamentarischen Mehrheit. Gerade wenn man das Prinzip der Demokratisierung aller Lebensbereiche verficht, ist hier mit anzusetzen. So gesehen, hätten Sozialdemokraten gegen Regelungen, die eine solche Demokratisierung gewährleisten, nichts einzuwenden, sie müßten solche Regelungen sogar unterstützen. Die Frage ist dabei allerdings, ob dies mittels eines Verbandsgesetzes geschehen kann oder soll.

Kampfansage an die Gewerkschaften

Die Begleitumstände und die Kommentierung des Verbandsgesetzentwurfs zeigen deutlich, daß zumindest eine Hauptstoßrichtung dieses Gesetzes gegen die Gewerkschaften gerichtet ist. Der Kommissionsvorsitzende Martin Bangemann ließ auch keine Gelegenheit aus, um gerade die Politik der Gewerkschaften als Beleg für die Notwendigkeit eines Verbandsgesetzes an zentraler Stelle zu nennen. Damit knüpfte er direkt an die Kampagne an, die der CDU-

Generalsekretär *Biedenkopf* während des Bundestagswahlkampfes angezettelt hatte. Die Vorgehensweise ist die gleiche: geklagt wird über die Machtkartelle der Verbände, die als anonyme Macht auftreten und sich von der Erfüllung ihres eigentlichen Verbandszwecks immer mehr entfernt hätten, gemeint sind vor allem und in erster Linie die Gewerkschaften. *Biedenkopf* formulierte dies in seinem Buch „Fortschritt in Freiheit" folgendermaßen: „Der Staat ist nicht berechtigt, das autonome Individuum nach den Zwecken seiner Freiheitsausübung zu befragen, wenn dieses innerhalb der Rechtsordnung, also rechtmäßig handelt... Organisierte Gruppen genießen keine vergleichbare Zweckfreiheit. Ihnen gegenüber hat der Staat das Recht und die Pflicht, sie nach ihren Zwecken und damit nach der Legitimation ihrer Autonomie zu befragen. Er hat dafür Sorge zu tragen, daß sich die organisierenden Gruppen und Verbände nicht aus ihrer Zweckgebundenheit lösen." (S. 157) Unter dem Vorzeichen der Sozialpflichtigkeit der Verbandsverhaltensweisen wird der Anspruch formuliert, „autonome Verbände nach der Fortdauer der Voraussetzungen zu befragen, die Bedingungen ihres öffentlichen Auftrages sind und um derentwillen der Staat ihnen Autonomie gewährt." Auf dieser Linie liegt die Forderung des FDP-Entwurfs nach gesetzlich einklagbaren Bestimmungen über den „Verbandszweck, der eindeutig bestimmt und klar begrenzt das Interesse erkennen läßt, das der Verband für seine Mitglieder vertritt." Das Ergebnis solcher Vorstellungen, würden sie Gesetz, wäre leicht auszurechnen: es soll Handhaben bieten, zunächst und vor allem die Handlungszwecke der Gewerkschaften zu begrenzen. Legt man die derzeitigen antigewerkschaftlichen Verlautbarungen verschiedenster Stellen zugrunde, sind die Eingrenzungsambitionen leicht zu beschreiben: angefangen von der Eingrenzung der gewerkschaftlichen Autonomie bei Tarifauseinandersetzungen bis zur Verpflichtung auf parteipolitische „Objektivität" und „Neutralität", von der Infragestellung des umfassenden gesellschaftspolitischen Anspruchs der Gewerkschaften bis zur Entpolitisierung der Gewerkschaftsbewegung. Eine Verwirklichung solcher oder ähnlicher Ambitionen würde die Substanz der Gewerkschaften insgesamt bedrohen. Sie ginge ebenso an die Substanz sozialdemokratischer Politik, weil mit den Gewerkschaften die größte gesellschaftliche Kraft eingeschnürt würde, die in ihren gesellschafts-

politischen Zielen und Grundvorstellungen der SPD am nächsten
steht. Es gäbe keine starke Kraft in der Gesellschaft mehr, auf die
sich die SPD-Vorstellungen noch stützen könnten, wären erst einmal die Gewerkschaften geschwächt. Allein schon deshalb dürfte es
sich von selbst verstehen, daß ein Verbandsgesetz nicht die Zustimmung der SPD finden darf.

Tückische Begründung

Mit bloßer Ablehnung ist es allerdings nicht getan, denn gewisse Begründungen für ein Verbandsgesetz verfehlen in der Öffentlichkeit
nicht ihre Wirkung. So wird eingewandt werden, daß allein mit Rücksicht auf die Gewerkschaften nicht etwas unterlassen werden könne,
was sich aufgrund immer offensichtlicher werdenden Machtmiß-
brauchs durch Verbände als notwendig erweise. Und es wird eingewandt werden, daß es im Interesse einer Ausweitung der Grundrechte erforderlich sei, bürokratische Bevormundungen in gesellschaftlichen Organisationen zu beseitigen einschließlich der Bürokratie in den
Gewerkschaften. Solche Begründungen finden nicht nur Resonanz
bei erklärten Gewerkschaftsgegnern, sondern auch bei manchem
„modern" oder „progressiv" Eingestellten und bei manchem Vertreter der „Neuen Linken". Nicht wenige Argumente gegen die Bürokratie in den Gewerkschaften lesen sich bei *Biedenkopf* und *Bangemann*
genauso wie bei den Trotzkisten. Deshalb wird es notwendig sein,
den Forderungen nach einem Verbandsgesetz nicht nur mit macht-
politischen, sondern auch mit sachlichen und demokratietheoreti-
schen Argumenten zu begegnen. Beides ist notwendig und möglich.

Unwirksames Mittel

Ein Verbandsgesetz ist insofern ein unwirksames Mittel, als es nur
dann die Handlungen starker Verbände beeinflussen könnte, wenn
man die Konsequenz einer völligen Zensur von Handlungen und Verlautbarungen ziehen wollte und könnte. Letzteres müßte zwangsläufig im Chaos enden, weil eine staatlich erzwungene Zweckeingren-
zung der Verbände sachlich nicht mehr begründbar ist. Jede Gewerkschaft und auch jeder Arbeitgeberverband wird plausibel begründen

können, daß jedes fachpolitische Ressort seinen Verbandszweck wenigstens mittelbar berührt. Es wäre tatsächlich anachronistisch, wollte man die genannten Verbände aus dem immer dichter werdenden Zusammenhang aller gesellschaftlichen Probleme herausreißen und sie auf einen isolierten Teilaspekt verweisen.

Als ebenso undurchführbar müssen gesetzgeberische Maßnahmen gelten, einen Verband politisch neutralisieren zu wollen. Noch schwieriger als die Definition politischer Neutralität wäre ihre Durchsetzung. Wer will eine Gewerkschaft daran hindern, wenige Wochen vor einer Wahl strukturpolitische Forderungen zu stellen oder Steuererleichterungen für Unternehmen abzulehnen, weil solche Forderungen an Wahlforderungen dieser oder jener Partei erinnern? Wer will einem Gewerkschaftler verbieten, öffentlich für die SPD, und wer einem Arbeitgeberfunktionär, öffentlich für die CDU zu votieren? Solange Verbände existieren, muß ein Verbandsgesetz, das die Praxis der Verbände beeinflussen soll, ausgehen wie das Hornberger Schießen. Solange die Verbandsmitglieder aufgrund ihres Interesses, das sie erst zu einer Mitgliedschaft führt, auch entsprechend politisch ausgerichtet sind, solange wird sich dies auch parteipolitisch niederschlagen. Solange die Mitglieder nicht in nennenswerter Anzahl andere Statuten fordern, solange helfen auch gesetzgeberisch verordnete Kriterien keinen Schritt weiter. Genausowenig wie es ein Grund zur Empörung (oder zur Entschuldigung) ist, daß Gewerkschafter der SPD näher stehen als der CDU oder FDP, genausowenig ist es ein Grund zur Empörung, daß die Arbeitgeber anderen Parteien näher stehen als der SPD. Beides ist doch sogar gut geeignet, um jemandes Politik charakterisieren zu helfen.

Infolgedessen sind allenfalls da politische Maßnahmen gegenüber Verbänden angebracht, wo wir es mit einem System von Zwangsmitgliedschaften zu tun haben. Dies ist der Fall bei den Kammern. Diese existieren auf öffentlich-rechtlicher Basis. Solange keiner die Möglichkeit hat, aus einer solchen Vereinigung auszutreten, müssen für die Kammern die gleichen Verhaltensvorschriften gelten wie für die ordentliche öffentliche Verwaltung.

Denaturieren die Kammern zu einer bloßen Interessengruppe unter Beibehaltung der Vorzüge der Zwangsmitgliedschaft, was — denke man nur an die Ärztekammern — heute fast der Regelfall ist, so sind eingreifende und korrigierende Maßnahmen angebracht und möglich. Dazu bedarf es freilich anderer Interventionen, als es ein Verbändegesetz ist. Das gleiche gilt für Maßnahmen, die ebenfalls angebracht sind, um Verbandseinflüsse besser übersehen und öffentlich kontrollieren zu können: Offenlegung der Bezüge von Abgeordneten, mehr Transparenz für die Beziehungen zwischen Ministerien und Verbänden, Ausbau des Systems parlamentarischer Hearings, frühzeitigere öffentliche Diskussion über Gesetzentwürfe bereits im Beratungsstadium usw.

Demokratie nicht nur formal verstehen

So sehr es darauf ankommt, die in Großorganisationen immer wieder auftretenden Bürokratien auch immer wieder zu versuchen abzubauen, so sehr muß man dabei eine höchst differenzierte Betrachtungsweise üben. Es hat sich inzwischen gezeigt, daß die simple Übernahme parlamentarischer, rätedemokratischer oder innerparteilicher Demokratiemodelle auf jedwede Organisation weder möglich noch sinnvoll ist. Es ist zwangsläufig ein Unterschied zwischen einer Organisation, die im wesentlichen aus ehrenamtlichen gewählten Funktionsträgern besteht, und einer, die vor allem oder auf wichtigen Ebenen von hauptamtlichen Funktionsträgern getragen wird. Bei diesen letztgenannten Organisationen ist es schon aufgrund der notwendigen Arbeitsplatzsicherheit den Funktionsträgern nicht zumutbar, sich innerhalb kurzer regelmäßiger Zeiträume zur Wahl zu stellen. Hauptamtliche Funktionsträger, die das Gros der Organisationsarbeit leisten, sind aber durch ehrenamtliche Funktionsträger nur schlecht oder gar nicht kontrollierbar, wie es sich auch organisationssoziologisch immer wieder nachweisen ließ. Die Kritik beispielsweise an mangelnder innergewerkschaftlicher Demokratie übersieht, daß sich in Gewerkschaften die Übereinstimmung zwischen Mitgliederwunsch und Verbandspolitik anders als auf formaldemokratische Art zeigen kann. Da jeder Arbeitnehmer — ob Mitglied der Gewerkschaft oder nicht — in den Vorzug der von Gewerkschaften erkämpften Lohn- und Gehaltserhöhungen sowie sonstiger Besserstellungen kommt, ist die Mitgliedschaft in einer Gewerkschaft mit einem nicht unerheblichen finanziellen Zusatzaufwand für den einzelnen verbunden. Deshalb zeigt allein schon die Mitgliederbewegung bzw. der Mitgliederstand mehr an Übereinstimmung auf, als dies formaldemokratische Prozeduren in anderen Organisationen aufzuzeigen vermögen. Der ständige Kontakt zwischen Mitglied und Vertrauensmann und über Betriebsräte und Gewerkschaftssekretäre bewirkt häufig eine größere unmittelbare Einflußnahme auf die tägliche Gewerkschaftspraxis im Betrieb, als dies über Abstimmungsprozesse erreicht werden könnte. Deshalb sollte die Art und Weise, wie in Gewerkschaften ein Abbau von Bürokratisierung und eine Erweiterung innergewerkschaftlicher Demokratie erreicht werden kann, den Gewerkschaften und ihren Mitgliedern überlassen bleiben. Vorschläge und Entwürfe von Politikern, die noch nie einen Gewerkschaftsbeitrag bezahlt haben und nicht einmal genau wissen, wovon sie reden, helfen da keinen Schritt weiter.

4.4. Gewerkschaften

Antrag des DGB-Bundesvorstandes
   aus: Anträge und Entschließungen des 11. ordentlichen Bundeskongresses des DGB in Hamburg, 21.—27.5.1978

Antragsteller: Bundesvorstand (angenommen)
Betr.: Antigewerkschaftliche Tendenzen

Wirtschaftskrisen sind für die Unternehmer und ihre Verbände, für die ihnen verbundenen Politiker und Publizisten seit jeher Anlaß zu dem Versuch, die Rechte der Arbeitnehmer und ihrer Gewerkschaften einzuschränken, ihre Ziele zu diffamieren und ihre Interessenvertretung zu schwächen. Kritik an gesellschaftlichen Mißständen wird als Angriff auf Staat und Verfassung denunziert, wobei gewerkschaftliche Politik, die auf die Beseitigung solcher Mißstände gerichtet ist, ihrer Gestaltungsmöglichkeiten beraubt werden soll.
   Die gegenwärtig anhaltende Wirtschaftskrise ist bereits zu verschiedenen antigewerkschaftlichen Offensiven genutzt worden. Beispiele dafür sind die ,,Gewerkschaftsstaats''- und ,,Filzokratie''-Kampagnen sowie die Erfindung einer ,,Lohn-Arbeitslosen-Spirale''. Diese

gezielten Kampagnen sollen dazu dienen, von den Ursachen der Krise, von den Macht-, Besitz- und Verteilungsverhältnissen in der Gesellschaft abzulenken.

Unter Ausnutzung von Ängsten gegenüber anonymen Bürokratien und Vorbehalten gegenüber Funktionären soll die Solidarität der Arbeitnehmer erschüttert werden. Diese Politik macht sich Vorurteile und Erklärungsmuster zunutze, die in weiten Teilen der Bevölkerung gängig sind.

Da diese ideologischen Aufrüstungen bisher noch nicht den gewünschten Erfolg gezeigt haben, werden sie zunehmend durch andere — meist unauffälligere, dafür aber um so wirksamere — rechtspolitische Mittel ergänzt, um die Rechte der Arbeitnehmer einzuschränken und die Gestaltungsmöglichkeiten der Gewerkschaften zu begrenzen.

Dabei sind besonders hervorzuheben

— die Forderung nach einem „Verbändegesetz",

— die Schaffung von Gruppenrechten und Standesprivilegien sowie die Begünstigung von Standesverbänden und Splittergruppen,

— die Einschränkung des Rahmens der Gewerkschaftspolitik durch die Rechtsprechung.

Mit der Forderung nach einem Verbändegesetz, das trotz seines neutralen Namens eindeutig auf die Gewerkschaften zielt, soll offenbar eine Reglementierung und Disziplinierung nach innen und außen erreicht werden: Die Gewerkschaften sollen einerseits an ein einseitig vorgegebenes „Gemeinwohl", an angeblich objektive Daten gebunden werden, andererseits soll — z. B. durch „Minderheitenschutz" und „Publizitätspflicht" — in ihren inneren Aufbau, in die demokratische und autonome Willensbildung der Gewerkschaften eingegriffen werden. Wenn auch die parteipolitische Beschlußlage und die parlamentarischen Durchsetzungsmöglichkeiten ein Verbändegesetz zur Zeit nicht wahrscheinlich machen, müssen alle Bestrebungen in dieser Richtung aufmerksam beobachtet werden. Gewerkschaften, die einem Verbändegesetz unterworfen würden, wären nicht mehr die gewachsenen Einheitsgewerkschaften, die sich seit nunmehr dreißig Jahren für die Arbeitnehmer und die Demokratie bewährt haben.

Die Einheitsgewerkschaften, die unterschiedliche weltanschauliche Richtungen und berufliche Interessen zu einer einheitlichen, wenn auch in sich differenzierten gewerkschaftlichen Willensbildung vereinigen, werden auch bedroht durch die politische und organisatorische Stützung und Stärkung von Splitterorganisationen und Standesverbänden. Das Koalitionsrecht wird oft mit dem Vorwand des angeblichen Gebots eines Koalitionspluralismus ausgehöhlt, um Organisationen zu stärken, deren Merkmal darin besteht, besonders arbeitgeberfreundlich zu sein. Auf der gleichen Linie sollen Sprecherausschüsse für leitende Angestellte gegen die Gewerkschaften wirken. Die Wahlrechtsbestimmungen des Mitbestimmungsgesetzes von 1976 bieten ein besonders deutliches Beispiel für die Tendenz, Splittergruppen und Standesorganisationen zu privilegieren.

Parallel zu den Versuchen, das Grundgesetz zur Sicherung bestehender Privilegien und Machtverhältnisse zu mißbrauchen, ist häufig eine Rechtsprechung zu beobachten, die den Handlungsspielraum der Gewerkschaften einengt. Von ausschlaggebender Bedeutung sind in diesem Zusammenhang die Bemühungen, die Aussperrung zu legitimieren und das Streikrecht einzuengen. Damit werden die Kernbereiche gewerkschaftlicher Autonomie berührt. Die Gewerkschaften verwahren sich insbesondere gegen die Absichten von Politikern, Publizisten und Wissenschaftlern, die öffentliche Meinung gegen die gewerkschaftliche Tarifpolitik zu mobilisieren. Jeder Versuch, die Tarifpolitik der Gewerkschaften mit pseudo-wissenschaftlichen Gutachten oder Lohnleitlinien zu beeinflussen, beeinträchtigt die Tarifautonomie.

Diese Angriffe auf die gewerkschaftliche Arbeit von verschiedenen Seiten bergen die Gefahr eines „Verbändegesetzes auf Raten", eines schleichenden Verlustes gewerkschaftlicher Handlungsfähigkeit. Diesen Angriffen setzen die Gewerkschaften entschiedenen Widerstand entgegen. Sie kämpfen vor allem für

— eine aktive, gestaltende Tarifpolitik, die die uneingeschränkte Koalitionsfreiheit und Tarifautonomie, wie sie im Grundgesetz verankert sind, zur Voraussetzung hat;

— eine Gesetzgebung und Rechtsprechung, die gewerkschaftliche Handlungsmöglichkeiten nicht einschränkt;

— den Ausbau der Mitbestimmung am Arbeitsplatz, im Betrieb, im Unternehmen sowie die Einführung einer Mitbestimmung in der Gesamtwirtschaft;

— die Kontrolle wirtschaftlicher Macht, die die alleinige Entscheidung der Unternehmen über Investitionen, Arbeitsplätze und Ausbildungsplätze aufhebt. Die Gewerkschaften werden alle Möglichkeiten ausschöpfen, um diese antigewerkschaftlichen Tendenzen zurückzudrängen. Sie werden den Versuchen, die Rechte der Arbeitnehmer und ihrer Gewerkschaften einzuschränken, die Solidarität der organisierten Arbeitnehmerschaft entgegenstellen.

4.5. Unternehmer

Ständestaatliche Tendenz eines Verbändegesetzes
aus: Rolf *Rodenstock*, Macht und Verantwortung der Verbände in der Demokratie, Vortrag anläßlich der „Pyrmonter Unternehmergespräche" am 22.3.1976 in Hannover, Sonderdruck des Deutschen Instituts-Verlags, Köln, S. 32—33

Verbändegesetz als Machtregulator

Wie kann das berechtigte Interesse von Staat und Gesellschaft an starken und effizienten Verbänden einerseits und der verantwortliche Gebrauch ihrer Macht andererseits gewährleistet werden? Ich bin skeptisch, ob dies durch ein Verbändegesetz, das in letzter Zeit wieder verstärkt diskutiert wird, erreichbar ist. Verantwortlicher Umgang mit der Macht kann zwar zum Postulat erhoben, aber kaum normativ garantiert und kontrolliert werden. Macht und der verantwortliche Umgang mit ihr ist einer freiheitlichen pluralistischen Gesellschafts- und Staatsordnung wie der unsrigen eine sich täglich neu stellende Aufgabe und ein ständig zu meisterndes Risiko. Ein Verbändegesetz könnte zwar die innere Verbandsstruktur normieren und damit einen ständestaatlichen Zustand heraufbeschwören. Es könnte aber schwerlich erzwingen, daß diese Norm mit demokratischem Geist ausgefüllt wird. Ein Verbändegesetz könnte — ähnlich wie das Parteiengesetz — allenfalls Transparenz der Verbandsfinanzierung vorschreiben. Aber auch dies garantiert noch lange nicht den sachgerechten Umgang mit Verbandsmacht. Problematisch bliebe ein Verbandsgesetz, das zielgerichtet auf die Sozialpartner abgestellt wäre. Dem Grundsatz der Tarifautonomie würde es nämlich widersprechen, nur die Sozialverbände allzu strengen gesetzlichen Reglementierungen zu unterwerfen. Zum anderen sind Arbeitgeber- und Arbeitnehmerverbände unterschiedlich strukturiert und mit verschiedenartigen Aufgaben befaßt. Unternehmer sind einmal Sozialpartner und Tarifpartner der Gewerkschaften. Sie sind daneben in Unternehmensverbänden organisiert, die sich weniger mit sozial- als vielmehr mit allgemeiner Wirtschaftspolitik befassen. Die Gewerkschaften sind nicht nur Tarifpartner, sondern widmen sich vielfältigen sozialen Selbsthilfeaufgaben und betreiben mächtige Wirtschaftsgebilde. Das Berufsbildungsgesetz beteiligt die Gewerkschaften an der im dualen Prinzip durchgeführten Berufsbildung (paritätische Besetzung der Berufsbildungsausschüsse bei Industrie- und Handelskammern). Unternehmen sind in Industrie- und Handelskammern zwangskorporiert. Im Bereich der betrieblichen und unternehmerischen Mitbestimmung ist für die Gewerkschaften ein besonderer gesetzlicher Status gegeben. Alle diese Unterschiedlichkeiten erschweren es, ein Verbändegesetz zu statuieren, auch wenn es im Sinne der bisherigen Diskussionen vorrangig für Arbeitgeber- und Arbeitnehmerverbände gelten soll. Ich sehe mich darum außerstande, gegenüber einem Verbändegesetz zu einer positiven Einstellung zu gelangen.

4.6. Parlament

Enquete-Kommission Verfassungsreform des Deutschen Bundestages aus: Beratungen und Empfehlungen zur Verfassungsreform. Schlußbericht der Entquete-Kommission zur Verfassungsreform des Deutschen Bundestages, Teil I: Parlament und Regierung, hrsg. vom Presse- und Informationszentrum des Deutschen Bundestages, Bonn 1976 (Zur Sache 3/76), S. 245—247

4 Fragen zur Stellung der Verbände in der politischen Ordnung

4.1 Vorbemerkungen

Die Kommission war sich anläßlich der Diskussion um die Frage der Einführung eines Wirtschafts- und Sozialrats einig, daß mit dieser

Fragestellung zugleich auch Probleme der Position der Verbände in unserer politischen Ordnung aufgeworfen sind. Namentlich gilt dies für diejenigen Verbände, die auf die politische Entscheidungsgewalt einzuwirken vermögen. Die Kommission mußte gleichzeitig aber auch erkennen, daß der Erörterung dieses Themas in Anbetracht ihrer Zeit- und Arbeitskapazität Grenzen gesetzt sind, nicht zuletzt aber auch durch ihren Arbeitsauftrag, nämlich unter Wahrung der Grundprinzipien des Grundgesetzes tätig zu werden, denn mit dieser Thematik sind Grundfragen des Verhältnisses von Staat und Gesellschaft, der Grundrechte, insbesondere des Artikels 9 GG, der parlamentarischen Demokratie und der Bedeutung der Staatsgewalt in ihrer Beziehung zu Macht und Einfluß der Verbände angerührt. Die Kommission war sich im klaren, im Thema Staat und Verbände ein eminent wichtiges verfassungspolitisches Problem zu sehen, dem langfristig auch verfassungsrechtliche Konsequenzen innewohnen und das in der Bundesrepublik Deutschland seither vielfach erörtert wurde und heute, insbesondere im Hinblick auf die starke Einflußnahme der Tarifparteien auf das ökonomische und mit ihm auch auf das politische Geschehen, mehr denn je von zentraler Bedeutung geworden ist.

4.2 Problemstellung

Im öffentlichen Leben der Bundesrepublik Deutschland besitzen die Verbände eine bedeutsame Funktion, namentlich im Bereich der Beziehungen zwischen Staat und Wirtschaft. Mag man es auch für überzogen erachten, von einem „Verbändestaat" zu sprechen, so ist es jedenfalls nicht unzutreffend, die staatliche und gesellschaftliche Ordnung als „verbandsimprägniert" zu kennzeichnen. Die Verbände nehmen Interessen wahr und besitzen Sachverstand, ohne den Parlament und Regierung bei vielen Entscheidungen nicht mehr auskommen können. Nicht zuletzt gehören sie zu gewichtigen Vermittlern einmal gefällter Entscheidungen. In ihrer Wirksamkeit auf das politische System sind jedoch Abstufungen unter den Verbänden zu erkennen, worauf bereits in den Abschnitten 1 und 2.1 hingewiesen wurde. Bestimmte Verbände sind auf Grund der ihnen durch das Grundgesetz zugewiesenen Rechtsmacht in der Lage, durch ihre in eigener Verantwortung getroffenen Entscheidungen politisch und ökonomisch bedeutsame Daten zu setzen, die von den politischen Entscheidungsorganen nicht unmittelbar verändert werden können, sondern als feststehend in ihre politischen Entscheidungen einbezogen werden müssen. Zu dieser Gruppe von Verbänden gehören vor allem die Tarifvertragsparteien, wenn sie im Rahmen von Artikel 9 Abs. 3 GG tätig werden. Daneben ist die große Gruppe von Verbänden erkennbar, die zur Wahrung ihrer Interessen Einfluß auf die politische Entscheidungsgewalt zu nehmen suchen, ohne diese — jedenfalls rechtlich — präjudizieren zu können. Schließlich sind Verbände zu beobachten, die weder auf Grund ihrer Mitgliederzahl noch des Gewichts der von ihnen vertretenen Interessen in der Lage sind, politisch wirksamen Einfluß zu nehmen, solchen auch gar nicht ausüben wollen.

Diese rechtlich, politisch und wirtschaftlich unterschiedlich zu bewertende Position der Verbände und die dadurch aufgeworfenen Probleme stellten die Kommission vor erhebliche Schwierigkeiten, eine in sich geschlossene Beurteilung zu finden. Die im folgenden genannten Problem- und Fragestellungen sieht die Kommission als Schwerpunkte einer notwendigen Klärung an:

- Innere Organisation der Verbände, gegebenenfalls unter Berücksichtigung des in Artikel 21 Abs. 1 Satz 3 GG genannten Prinzips
- Regelungen für Aufnahme und Ausschluß in einem Verband
- Einflußnahme der Verbände auf die politischen Entscheidungsträger
- Eingrenzung der Verbandsmacht zur Sicherung der Entscheidungskompetenz des Parlaments und der parlamentarisch verantwortlichen Regierung
- Verdeutlichung der Verbandsmacht als Interessenwahrnehmung.

Die Kommission hat sich im besonderen mit der jüngst erhobenen Forderung der Einführung einer Verfassungsvorschrift über eine Sozialpflichtigkeit der Verbände, die an der Bewältigung öffentlicher Aufgaben teilnehmen, beschäftigt; vor allem sollte dies für diejenigen Vereinigungen gelten, die auf Grund von Artikel 9 Abs. 3 GG über nachhaltige Entscheidungsmacht im Wirtschafts- und Arbeitsleben verfügen. Vorbild war hierfür Artikel 14 Abs. 2 Satz 2 GG. Einmütigkeit bestand in der Kommission darüber, daß eine solche Klausel dazu zwinge, zwischen den Verbänden zu differenzieren und diejenigen außer Betracht zu lassen, denen eine Einflußnahme auf das politische Geschehen nicht zukomme, sondern nur diejenigen zu erfassen, die nach Bedeutung oder Mitgliederzahl eine besondere Mächtigkeit verkörpern. Nicht einig war sich die Kommission darüber, ob eine solche Formulierung an der Wirklichkeit etwas ändere, und darüber, wie dem Begriff der Sozialpflichtigkeit oder der Gemeinwohlpflichtigkeit eine konkrete Ausdeutung gegeben werden könne. Während teilweise die inhaltliche Bestimmtheit von Sozialpflichtigkeit aus dem Vorbild des Artikels 14 Abs. 2 Satz 2 GG oder aus den Grundgesetzbestimmungen zur wirtschafts- und konjunkturpolitischen Verantwortung des Staates hergeleitet wurde, wurde anderenteils die Unklarheit dieses Begriffes unter anderem mit dem Hinweis hervorgehoben, daß gerade die Tarifparteien stets ihre soziale Verantwortung betonten. Angesichts der Notwendigkeit zu einer umfassenderen Realanalyse in diesem Bereich und des Zwangs, die vielfältigen Implikationen einer solchen Regelung sorgfältig zu überprüfen — Aufgaben, die von der Kommission nicht mehr geleistet werden konnten —, sah sie von einer konkreten Empfehlung zur Frage einer die Sozialpflichtigkeit bzw. Gemeinwohlpflichtigkeit der Verbände festlegenden Verfassungsänderung ab.

5. Sachregister

6. Ausgewählte Bibliographie zur Korporatismus-Diskussion

I. Quellen und Darstellungen der Diskussion bis Ende des II. Weltkrieges

Bowen, H., 1947: German Theories of the Corporate State, New York

Cole, G. H. D., 1921: Guild Socialism, New York

Dobb, M., 1974: Studies in the Development of Capitalism, London (2. Aufl.)

Elbow, M. H., 1966: French Corporative Theory 1789–1948, New York

Feldman, C. D., 1974: Der deutsche Organisierte Kapitalismus während der Kriegs- und Inflationsjahre 1914–1923, in: Winkler, H. A. (Hg.), Organisierter Kapitalismus, Göttingen, S. 150 ff.

ders., 1975: Die Freien Gewerkschaften und die Zentralarbeitsgemeinschaft 1918–1924, in: Vetter, H. O. (Hg.), Vom Sozialistengesetz zur Mitbestimmung, Köln, S. 229 ff.

Fossati, E. (Hg.), 1938: Korporative Wirtschaftstheorie, Jena

Krohn, C.-D., 1978: Autoritärer Kapitalismus, in: Stegmann, D./Wendt, B.-J./Witt, P. G. C. (Hg.), Industrielle Gesellschaft und politisches System, Bonn, S. 113 ff.

Kocka, J., 1974: Organisierter Kapitalismus oder Staatsmonopolistischer Kapitalismus? Begriffliche Vorbemerkungen, in: Winkler, H. A. (Hg.), Organisierter Kapitalismus, Göttingen, S. 19 ff.

Maier, C. S., 1975: Recasting Bourgeois Europe, Princeton

Mayer-Tasch, P. C., 1971: Korporativismus und Autoritarismus. Eine Studie zu Theorie und Praxis der berufsständischen Rechts- und Staatsidee, Frankfurt

Napthali, F., 1928: Wirtschaftsdemokratie, Köln/Frankfurt (4. Aufl. 1977)

Nell-Breuning, O. v., 1959: Ständischer Gesellschaftsaufbau, in: Handwörterbuch der Sozialwissenschaften, Stuttgart, Bd. 10, S. 6 ff.

Nocken, U., 1978: Corporatism and Pluralism in Modern Germany History, in: Stegmann, D./Wendt, B.-J./Witt, P.-C. (Hg.), Industrielle Gesellschaft und politisches System, Bonn, S. 37 ff.

Winkler, H. A. (Hg.), 1974: Organisierter Kapitalismus. Voraussetzungen und Anfänge, Göttingen

ders., 1969: Unternehmerverbände zwischen Ständeideologie und Nationalsozialismus, in: Varain, H. J. (Hg.), Interessenverbände in Deutschland, Köln, S. 228 ff.

II. Theorien und Konzeptionen

Alemann, U. v./Heinze, R. G., 1979: Neokorporatismus. Zur neuen Diskussion eines alten Begriffs, in: Zeitschrift für Parlamentsfragen 10, S. 469 ff.

Anderson, C. W., 1977: Political Design and the Representation of Interests, in: Comparative Political Studies 10, S. 127 ff.

Bopp-Schmehl, A./Kypke, U., 1979: „Korporatismus" statt „Pluralismus"?, in: Blätter für deutsche und internationale Politik, H. 12, S. 146 ff.

Cawson, A., 1978: Pluralism, Corporatism and the Role of the State, in: Government and Opposition, Vol. 13, S. 178 ff.

Harrison, R. J., 1980: Pluralism and Corporatism, London

Jessop, B., 1980: Corporatism, Parliamentarism and Social Democracy, in: Schmitter, P./Lehmbruch, G. (Hg.), Trends Towards Corporatist Intermediation, Beverly Hills/London

ders., 1978: Capitalism and Democracy: The Best Possible Political Shell? in: Littlejohn, G. (Hg.), Power and the State, London, S. 10 ff.

Lehmbruch, G., 1979: Parteiensystem und Interessenverbände in der Politikentwicklung, in: Matthes, J. (Hg.), Sozialer Wandel in Westeuropa, Frankfurt/New York, S. 591 ff.

ders., 1979: Concluding Remarks. Problems for Future Research, in: Schmitter, P./Lehmbruch, G. (Hg.), a.a.O.

Lehner, F., 1979: Grenzen des Regierens, Königstein/Ts.

Lowi, T., 1969: The End of Liberalism, New York

Meier, K. G., 1978: Corporatism and Interest Intermediation, Ms., Mannheim

ders., 1980: Some Problems of Defining Corporatism as State/Interest Groups Constellation, Ms., Mannheim

Nedelmann, B./Meier, K. G., 1977: Theories of Contemporary Corporatism: Static or Dynamic?, in: Comparative Political Studies 10, S. 39 ff.

Offe, C./Wiesenthal, H., 1979: Two Logics of Collective Action: Theoretical Notes on Social Class and Organizational Form, in: Political Power and Social Theory, Vol. 1

Panitch, L., 1977: The Development of Corporatism in Liberal Democracies, in: Comparative Political Studies 10, S. 61 ff.

ders., 1979: Trade Unions and the Capitalist State: Corporatism and its Contradictions, Ms. (erscheint in: New Left Review)

ders., 1980: Recent Theorizations of Corporatism: Reflections on a Growth Industry, in: British Journal of Sociology 31, 159 ff.

Teubner, G., 1979: Neo-korporatistische Strategien rechtlicher Organisationssteuerung: Staatliche Strukturvorgaben für die gesellschaftliche Verarbeitung politischer Konflikte, in: Zeitschrift für Parlamentsfragen 10, S. 487 ff.

Wasserberg, A. F. P., 1979: Social Change and "Neo"-Corporatism: Notes on the Growing Contradictions between Logistics (Unterbau) and Logics (Überbau), in: Matthes, J. (Hg.), Sozialer Wandel in Westeuropa, Frankfurt/New York, S. 423 ff.

ders., 1978: The Researchability of Corporatism, Ms. (World Congress of Sociology, Uppsala)

ders., 1978: Creeping Corporatism: A Cuckoo's Policy, Ms. ECPR Workshop, Grenoble

Winkler, J. T., 1976: Corporatism, in: European Journal of Sociology 17, S. 100 ff.

Wolfe, A., 1977: The Limits of Legitimacy, New York

III. Internationale Debatte

Alemann, U. v., 1979: Auf dem Weg zum industriellen Korporatismus?, in: Gewerk. Monatshefte 30, S. 552 ff.

Alemann, U. v./Heinze, R. G., 1978: Del Estado Estamental al Corporativismo Liberal? in: Revista de Estudios Politicos, 5, 145 ff.

Bonnet, K., 1978: Corporatist Developments in advanced Capitalist Society: Competing theoretical Perspectives, Ms. University of Sussex (SSRC-Conference)

Cohen, S., 1969: Modern Capitalist Planning: The French Model, Cambridge

Crouch, C., 1977: Class Conflict and the Industrial Relations Crisis, London

ders., 1979: The Politics of Industrial Relations, Manchester

Draper, H., 1961: Neo-Corporatists and Neo-Reformers, in: New Politics 1, S. 87 ff.

Edelman, M./Fleming, R. W., 1965: The Politics of Wage-Price Decisions. A Four-Country Analysis, Urbana

Estor, M., 1965: Der Sozial-ökonomische Rat der niederländischen Wirtschaft. Institution und Funktion eines zentralen und repräsentativen Wirtschaftsrates als Problem der Organisation der Wirtschaftspolitik, Berlin

Hammergren, L. A., 1977: Corporatism in Latin American Politics: A Reexamination of the Unique Tradition, in: Comp. Pol. 9, 455 ff.

Hannah, L., 1976: The Rise of the Corporate Economy, London

Harris, N., 1972: Competition and the Corporate Society, London

Hirschmann, A. O., 1970: Exit, Voice and Loyality, Cambridge

Hotz, B., 1979: Politik zwischen Staat und Wirtschaft, Diessenhofen

Ionescu, G., 1974: Centripetal Politics: Government and the New Centers of Power, London

Lang, W., 1978: Kooperative Gewerkschaften und Einkommenspolitik. Das Beispiel Österreichs, Frankfurt

Lijphart, A., 1968: The Politics of Accomodation. Pluralism and Democracy in the Netherlands, Berkeley/Los Angeles

ders., 1969: Consociational Democracy, in: World Politics 21, S. 207 ff.

Malloy, J. M. (Hg.), 1977: Authoritarianism and Corporatism in Latin America, Pittsburgh

Marris, R., 1972: The Corporation, Technology and the State: Is Corporate Economy a Corporate State?, in: American Econom. Rev. 62, S. 103 ff.

ders. (Hg.), 1974: The Corporate Society, London u. a.

Morris, J. A./Rapp, S. C., 1977: Corporatism and Dependent Development: A Honduran Case Study, in: Latin American Res. Rev. 12, S. 34 ff.

Marsh, D./Grant, W., 1977: Tripartism: Reality or Myth?, in: Government and Opposition, Vol. 12, S. 194 ff.

Nuscheler, F., 1979: Regierung auf Vereinbarung der „neuen Stände"? Diskussion und Befund des Korporatismus in Großbritannien, in: Zeitschrift für Parlamentsfragen 10, S. 503 ff.

Pahl, R. E./Winkler, J. T., 1974: The coming corporatism, in: New Society v. 10. Okt. 74, S. 72 ff.

dies., 1976: Corporatism in Britain, in: Centre for Studies in Social Policy (Hg.), The Corporate State — Reality or Myth? A Symposium, London, S. 5 ff.

Panitch, L., 1976: Social Democracy and Industrial Militancy, Cambridge

ders., 1979: Corporatism in Canada?, in: Studies in Pol. Economy 1, 43 ff.

Pike, F. B./Stritch, T. (Hg.), 1974: The New Corporatism. Social-Political Structures in the Iberian World, London

Rall, W., 1975: Zur Wirksamkeit der Einkommenspolitik, Tübingen

Rogowski, R./Wasserspring, L., 1971: Does Political Development Exist? Corporatism in Old and New Societies, Beverly Hills/London

Rokkan, S., 1966: Norway: Numerical Democracy and Corporate Pluralism, in: Dahl, R. A. (Hg.), Political Oppositions in Western Democracies, New Haven, S. 70 ff.

Ruin, O., 1974: Participatory Democracy and Corporativism. The Case of Sweden, in: Scandinavian Political Studies 9, S. 171 ff.

Schmitter, P. C., 1975: Corporatism and Public Policy in Authoritarian Portugal, Beverly Hills/London

Schmitter, P. C./Lehmbruch, G. (Hg.), Trends Towards Corporatist Intermediation, Beverly Hills/London

Streeck, W., 1978: Staatliche Ordnungspolitik und industrielle Beziehungen, in: Bermbach, U. (Hg.), Politische Wissenschaft und politische Praxis (PVS-Sonderheft 9/78), S. 116 ff.

Ulman, F./Flanagan, R. J., 1971: Wage Restraint. A Study of Income Policies in Western Europe, Berkeley/Los Angeles

Valentin, F., 1978: Corporatism and the Danish Welfare State, in: Acta Sociologica (Supplement), S. 73 ff.

Westergaard, J., 1977: Class, Inequality and 'Corporatism', in: Hunt, A. (Hg.), Class and Class Structure, London, S. 165 ff.

Wilensky, H., 1976: "New Corporatism", Centralization, and the Welfare State, Beverly Hills/London

Winkler, J. T., 1975: Law, State and Economy: The Industrial Act 1975 in Context, in: British Journal of Law and Society 2, S. 103 ff.

ders., 1977: The Corporatist Economy: Theory and Administration, in: Scase, R. (Hg.), Industrial Society: Class, Cleavage and Control, London, S. 43 ff.

ders., 1976: Corporatism, in: European Journal of Sociology 17, S. 100 ff.

Young, S./Lowe, A. V., 1974: Intervention in the Mixed Economy. The Evolution of British Industrial Policy 1964—1972, London

IV. Bundesrepublik

Alemann, U. v., 1980: Verbändestaat oder Staatsverbände? Die Bundesrepublik auf dem Wege vom Pluralismus zum neuen Korporatismus, in: ZEIT, Nr. 39, 19.9.80, S. 16

ders. (Hg.), 1981: Neo-Korporatismus, Frankfurt (i.E.)

Beyme, K. v., 1979: Der Neo-Korporatismus und die Politik des begrenzten Pluralismus in der Bundesrepublik, in: Habermas, H. (Hg.), Stichworte zur ,Geistigen Situation der Zeit' (1. Bd.), Frankfurt, S. 229 ff.

ders., 1980: Vielfalt in der Gemeinschaft: Gewerkschaften in Europa, in: Gewerkschaftliche Monatshefte 31

Böckenförde, E. W., 1976: Die politische Funktion wirtschaftlich-sozialer Verbände und Interessenträger in der sozialstaatlichen Demokratie, in: Der Staat 15, S. 457 ff.

Czada, R./Dittrich, W., 1980: Politisierungsmuster zwischen Staatsintervention und gesellschaftlicher Selbstverwaltung, Ms. (erscheint in: Ronge, V. (Hg.), Am Staat vorbei, Frankfurt/New York)

Eschbach, R., 1980: Korporatismus — Bericht von einer neueren Diskussion, in: Die Neue Gesellschaft 27, S. 231 ff.

Esser, J./Fach, W./Gierszewski, G./Väth, W., 1979: Krisenregulierung — Mechanismen und Voraussetzungen, in: Leviathan 7, S. 79 ff.

Esser, J./Fach, W., 1979: Internationale Konkurrenz und selektiver Korporatismus, Ms. (Tagung des AK „Parlamente, Parteien, Wahlen" der DVPW in Neuss); (erscheint in: Alemann, U. v. (Hg.), Neo-Korporatismus, Frankfurt/New York 1981)

Heinze, R. G., 1979: Neokorporatistische Strukturen im politischen System der Bundesrepublik? (Politisch-soziologische Untersuchungen über Entwicklungstendenzen des postpluralistischen Verbändesystems), Dissertation an der Fakultät für Soziologie der Universität Bielefeld

ders., 1981: Verbändepolitik und „Neokorporatismus", Opladen (Westdeutscher Verlag, Frühjahr 1981); (überarbeitete Fassung der Diss.)

Hemmer, H. O., 1979: Ständestaat oder Mitbestimmung? Alternativen „korporatistischer" Entwicklung, in: Zeitschrift für Parlamentsfragen 10, S. 464 ff.

Hübner, K./Moraal, D., 1980: Zwischen Verbändegesetz und „Konzentrierter Aktion", in: Prokla 38, S. 41 ff.

Kastendiek, H., 1980: Neokorporativismus? Thesen und Analyse-Konzepte in der westdeutschen Diskussion und in der internationalen ''corporatism''-Debatte, in: Prokla 38, S. 81 ff.

Kielmansegg, Graf P., 1979: Organisierte Interessen als „Gegenregierungen"?, in: Hennis, W./Kielmansegg, Graf P./Matz, U. (Hg.), Regierbarkeit (Bd. II), Stuttgart, S. 139 ff.

Lehmbruch, G., 1977: Liberal Corporatism and Party Government, in: Comparative Political Studies 10, S. 91 ff.

Lehmbruch, G./Lang, W., 1977: Die ,,Konzertierte Aktion". Ansätze zu einem neuen Korporatismus in der Bundesrepublik?, in: Der Bürger im Staat 12, S. 202 ff.

Meyer, W. R., 1980: Strukturpolitische Krisenbewältigung im Ruhrgebiet — Thesen zur Ruhrkonferenz, in: Ellwein, T. (Hg.), Politikfeld-Analysen 1979 (Wiss. Kongreß der DVPW), Opladen, S. 676 ff.

Müller-Jentsch, W., 1979: Neue Konfliktpotentiale und institutionelle Stabilität, in: PVS 21, S. 268 ff.

ders., 1980: Vom gewerkschaftlichen Doppelcharakter und seiner theoretischen Auflösung im Neokorporatismus, Ms.

Offe, C., 1978: The Attribution of Political Status to Interest Groups. Observations on the West German Case, Ms.; (auch in: Berger, S. (Hg.), Interest Groups in Western Europe, Cambridge)

Roth, W., 1979: Strukturräte als eine Form der überbetrieblichen Mitbestimmung, in: Zeitschrift für Parlamentsfragen 10, S. 544 ff.

Scharpf, F. W., 1978: Autonome Gewerkschaften und staatliche Wirtschaftspolitik: Probleme einer Verbändegesetzgebung, Köln/Frankfurt (Schriftenreihe der Otto Brenner Stiftung, Bd. 12)

Streeck, W., 1979: Gewerkschaftsorganisation und industrielle Beziehungen, in: PVS 21, S. 241 ff.

ders., 1979: Organizational Consequences of Corporatist Cooperation in West German Labor Unions. A Case Study, Berlin (IIMV; dp/78—55)

ders., 1980: Qualitative Demands and the Neo-Corporatist Manageability of Industrial Relations, Ms. (Berlin)

Wiesenthal, H., 1979: Die Konzertierte Aktion im Gesundheitswesen, Diplomarbeit an der Fakultät für Soziologie der Universität Bielefeld

7. Autorenverzeichnis

Ulrich von Alemann, geb. 1944, Professor für Politische Wissenschaft an der Universität — Gesamthochschule — Duisburg

Rüdiger Altmann, geb. 1922, Dr. phil., Publizist, 1963—1977 stellv. Hauptgeschäftsführer des Deutschen Industrie- und Handelstages

Heiner Geißler, geb. 1930, Dr. jur., Generalsekretär der Christlich-Demokratischen Union (CDU)

Rolf G. Heinze, geb. 1951, Dipl. Soz., Dr. soz. wiss., Assistent an der Universität — Gesamthochschule — Paderborn

Gerhard Lehmbruch, geb. 1928, Professor für Politische Wissenschaft an der Universität Konstanz

Claus Offe, geb. 1940, Professor für Politische Wissenschaft und Soziologie an der Universität Bielefeld

Friedrich Schäfer, geb. 1915, Prof. Dr., MdB, stellv. Fraktionsvorsitzender der SPD-Bundestagsfraktion

Philippe C. Schmitter, geb. 1938, Professor für Political Science an der University of Chicago

Wolfgang Tönnesmann, geb. 1949, wiss. Assistent (Verw.) an der Universität Düsseldorf

Günter Verheugen, geb. 1944, Generalsekretär der Freien Demokratischen Partei (F.D.P.)

Heinz O. Vetter, geb. 1917, Bundesvorsitzender des Deutschen Gewerkschaftsbundes (DGB)